西方传统 经典与解释

Classici et commentarii

HERMES

HERMES

在古希腊神话中，赫耳墨斯是宙斯和迈亚的儿子，奥林波斯神们的信使，道路与边界之神，睡眠与梦想之神，死者的向导，演说者、商人、小偷、旅者和牧人的保护神……

西方传统 经典与解释

Classici et commentarii

HERMES

色诺芬注疏集

刘小枫 甘阳◉主编

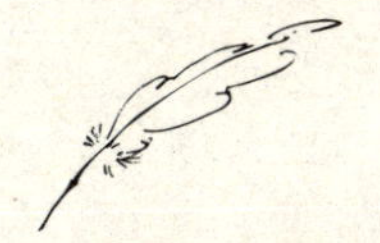

色诺芬与苏格拉底

Xénophon et Socrate

[法]纳尔茨（M. Narcy） 托尔德希拉斯（A. Tordesillas）◉编

冬一 慈照◉译

华东师范大学出版社

华东师范大学出版社六点分社　策划

出版说明

古希腊伟大的著作家色诺芬(Xenophon,约公元前 430—350)是苏格拉底的两位最善于通过写作从事文教的学生之一,传下的著作体裁多样、论题广泛:有史称西方自传体小说开山之作的《居鲁士上行记》、承续修昔底德笔法而修的史书《希腊志》、与柏拉图的《王制》争辩的长篇纪事作品《居鲁士的教育》、以苏格拉底为作品主角的"苏格拉底文学"四篇和若干主题广泛的短作(如《斯巴达政制》、《邦国资源》、《希耶罗王》、《阿格西劳斯》、《骑术》、《狩猎术》等等)。

自希腊化时期以来,色诺芬就已经无可争议地具有古希腊经典作家的地位,其著作因文笔质朴清新,从古罗马时代以来到近代,一直是西方古典文学的基础范本。锡德尼在说到历史上的纪事作家(希罗多德、李维)的笔法时,曾留给我们这样一段话:

> 色诺芬卓越地虚构了另一个这种计谋,它是由阿白拉达塔斯为居鲁士做的。我很愿意知道,如果你有机会用这样的正当欺蒙来为你的君王服务,你为什么不同样向色诺芬的虚构学习,偏偏要向别人的真实学习呢?事实上,向色诺芬学

习还要好些，因为这样可以保住鼻子。（锡德尼，《为诗一辩》，钱学熙译，人民文学版 1964，页 26）

自笛卡儿—康德—黑格尔以来，“形而上学”在西方文教制度中逐渐僭取了支配地位，色诺芬因不谈“形而上学”逐渐遭遇冷落，不再被看作地位很高的古希腊经典作家，取而代之的是苏格拉底之前的自然哲人。汉语文教界与西方文教制度接榫时，接手的是以现代形而上学为基础的自然科学和人文—社会科学，由此可以理解，为什么我们会跟着西方的形而上学后代对色诺芬视而不见。

在恢复古典的自由教育风气影响下，晚近二十年来，西方学界整理、注疏、读解色诺芬著作又蔚然成风，成就可观。“色诺芬注疏集”志在成就汉译色诺芬著作全编，广采西方学界晚近成果，不拘形式（或采译疏体专著、或编译笺注体译本、或汇集各类义疏），不急欲求成，务求踏实稳靠，以裨益於端正教育风气、重新认识西学传统和我国文教事业的全新发展。

古典文明研究工作坊

西方典籍编译部甲组

2004 年 11 月

目　录

中译本说明

《论语》中的孔子形象与《庄子》中的孔子形象判然有别——柏拉图和色诺芬笔下的苏格拉底形象虽然不是判然有别，至少相当不同：色诺芬笔下的苏格拉底不大像是我们眼中的哲学家，或者说更接近《论语》中的孔子形象。

引人深思的是，直到18世纪之前，色诺芬笔下的苏格拉底都比柏拉图笔下的苏格拉底更广为人知，相比之下，柏拉图的作品似乎一直是学园内部的秘学。随着形而上学在近代成为显学，柏拉图的苏格拉底作品迅速取代色诺芬的苏格拉底作品，近人对色诺芬的评价也一落千丈——翻开20世纪的各色西方哲学史教科书，我们可以看到，色诺芬不是受到奚落（比如大名鼎鼎的罗素所写的《西方哲学史》），就是被一笔带过，甚至干脆忽略不计。在西方学界，20世纪已经召开过多次"国际性"柏拉图学术研讨会，却似乎从未召开过以色诺芬为主题的"国际性"学术研讨会。本书是法国普罗旺斯大学古典学系发起并组织召开的首届色诺芬国际学术研讨会的论文集，集中讨论色诺芬的一本书——《回忆苏格拉底》，时在2003年。

在20世纪，唯有思想史大家施特劳斯不遗余力为色诺芬正名，他的第一本解读色诺芬作品的专著出版于上个世纪 40 年代——足足半个世纪以后，我们才见到施特劳斯努力的结果：从本文集中我们可以看到，施特劳斯的色诺芬研究已经成为当今古典学界研读色诺芬的经典文献，尽管施特劳斯既非古典学科班出身，也从未在古典学系执过教。色诺芬在 18 世纪后半叶开始受到贬低，与当时德国兴起的新古典主义（Neoclassicism）思潮直接相关：19 世纪的德国学界以确立具有现代特色的古学（Altertumswissenschaft）为荣。但在尼采、莱因哈特（Karl Reinhardt）和施特劳斯眼里，19 世纪的德语文史学界所确立的古学范式，是学界的一大耻辱。因为，这种范式培育出的是对古代经典自以为是的学术姿态（比如大名鼎鼎的古希腊哲学史家策勒），甚至培育出古典“盲人”——施特劳斯在给沃格林的信中曾说，如今的好些古典学家是“瞎子”。这一说法听起来不厚道，但施特劳斯仅仅在私信中才如此表达对德国古典学范式的批评，与尼采在自己书中对德国古典学范式的公开斥责相比温和多了。《保利古典古学百科全书》（*Paulys Realencyklop die der classischen Altertumswissenschaft*）被视为德国古典学界的学术丰碑，施特劳斯以具体例子公开指证这个丰碑的“盲目”时，言辞温和得多，古典学专业毕业的人几乎看不出来。

我们出国留洋，如果对西方人文社会科学各类专业学科没有自觉的反省意识，那么，回国以后，我们除了会用洋博士身份自娱，恐怕不会对中国的学术建设有什么实际意义。比如，色诺芬笔下的苏格拉底很可能有助于我们更好地理解《论语》中的孔子，但按照 19 世纪的德国学界确立起来的古典学传统，我们会继续对色诺芬视而不见。

古工坊

2011 年 6 月于华东师范大学

法文版编者前言

纳尔茨、托尔德希拉斯

[7]从古典时代至19世纪末叶，色诺芬乃是认识苏格拉底的重要源泉。昔人似乎从未质疑过作为柏拉图代言人的苏格拉底。① 亚里士多德(Aristote)毫不犹豫地将苏格拉底于对话中传授的义理归于柏拉图，这在随后的世纪中，一直毫无异议。然而，长期以来，另一种意见则认为，就真实的苏格拉底而言，柏拉图的见证对于认识苏格拉底的生平来说，太过单薄。另有文献，增益了与苏格拉底相关的传统，囊括其生平、性情、品行和思索。许多这样的文献，因稍晚的作家引用过一些片段，从而使我们得以有所间接了解。与此相反，色诺芬的作品则如柏拉图的一样，完整地流传了下来：他的证言不容置疑，不仅因其文学才华令人倾慕，而且撰述《希腊志》，见证苏格拉底，均已为世所公认。不过，色诺芬的苏格拉底肖像，就生平方面而言，所提供的信息比柏拉图的

① 参 G. C. Field,《后亚里士多德传统中的苏格拉底和柏拉图》("Socrates and Plato in the Post-Aristotelian Tradition")，见 *The Classical Quarterly*，18(1924)，页127—136；19(1925)，页1—13，后收入 T. Irwin 编《古典哲学：论文集》(*Classical Philosophy: Collected Papers*)，vol.2，《苏格拉底和其同代者》(*Socrates and his contemporaries*)，New York-Londres，1995，页297—319。

更少，他完全以苏格拉底与其同代人的对话为内容，忠实呈现出苏格拉底的教导纲要（compendium），本身似乎没有任何要成为一位原创性思想者的倾向。这就是为什么，不是经由柏拉图，而是经由色诺芬，苏格拉底才被认为是一位思者在历史上留下印迹。

[8]对于现代读者来说，这一结论无疑显得很特别，但对于启蒙时代上流社会的学者来说，却并不奇怪。这一点可从1815年施莱尔马赫（Schleiermacher）的一篇演讲中得到解释，这篇题为《论哲人苏格拉底的价值》[①] 的演讲，推动了两派观点之争。施莱尔马赫要弄清楚的是，如果苏格拉底（仅）是色诺芬描绘的那样的思者，那么，柏拉图何以能毫无争议地塑造了苏格拉底这样一位代言人：这是"苏格拉底问题"（question socratique）的要害所在。该问题本来是要集中讨论柏拉图的苏格拉底承继，结果却将色诺芬的见证抛置一边，或更简单地说将之掩埋。柏拉图的作品是见证还是原创，对于其间的界线，人们从未达成一致意见。虽然这一偶然并未蒙蔽我们对真实的苏格拉底的认识，但长期以来，至少淡化了人们对色诺芬的苏格拉底作品的关注，色诺芬近乎成为遭到整个20世纪后半叶所有哲学史家冷淡的话题。

近年来，人们重新焕发了对色诺芬作品的兴趣。然而，较之于柏拉图的作品，人们对色诺芬所述的苏格拉底的兴趣，实际上仅局限在史实记载的可靠性和严格的叙述价值上。在以苏格拉底为主角的作品中，色诺芬给出了他自己关于哲学的观点，当然，与柏拉图的苏格拉底差别极大。正因为如此，色诺芬的苏格拉底

---

① F. E. D.Schleiermacher，《论作为哲人的苏格拉底的价值》（"Über den Werte des Sokrates als Philosoph"），Abhandlungen der kgl. Preussischen Akad.der Wiss. zu Berlin *1814/15*，*Philos. Kl.*，1818，页50—68，后收入A. Patzer（编），*Der historische Sokrates*，Darmstadt，1987（Wege der Forschung，585），页41—58。

特别值得注意。与柏拉图一样，色诺芬在描绘同一导师的肖像时，不仅呈现了自己的个人观点，还透露了贯穿于苏格拉底圈子、其谈话甚至争辩中的张力，这就使得对苏格拉底这一角色的回忆和理解愈发有分量。仅此而言，这足以使色诺芬成为一条基本线索，帮助我们认识"苏格拉底身后"不久之事，以及理解随后世纪里对苏格拉底的认识史。

以上这些反思是我们举办这次研讨会的起因，这本集子是该研讨会论文的汇编。会议于2003年11月6日至9日在普罗旺斯大学(Aix-Marseille I)召开，是第一次专门题献给色诺芬的苏格拉底作品的国际性研讨会。[9]会议仅试图概要性地彰显上文提到的这一新趋向，并尽量尝试研究色诺芬的苏格拉底见证的多种可能性路径；而不是要付以定论，这些着实为时过早。大部分与会者都集中于讨论《回忆苏格拉底》(*Mémorables*)，这不足为怪，在色诺芬的苏格拉底作品中，这部作品影响最大；而《齐家》(*Économique*)却以更为明朗的方式，提出了苏格拉底这一角色的历史性问题。要注意色诺芬呈现苏格拉底时显出的矛盾：苏格拉底自身的历史、经济和社会状况，在《齐家》中近乎明显地以虚构方式呈现；在《回忆苏格拉底》中则表现为见证。这与苏格拉底本身情况不符，亦不同于柏拉图的呈现。《齐家》里的苏格拉底提出了如何妥善管理家业及城邦的构想，同时也透露出苏格拉底关于辩驳术(dialectique)的理论和践履，这两者在起点和目的上不可分离，人们在苏格拉底的言辞观中，同样可以找到在其信仰观中存在的德性尺度。

德性倡导者乃是这些不同的研究显示出的苏格拉底的主要特征，也是色诺芬在某些篇幅中甚至借助某些超人之处所展呈的理想典范——既是理论者又是自我的主人。这一典范是苏格拉底本人一再倡导的呢，还是相反，仅仅是《回忆苏格拉底》作者的虚构？显然，这个问题没法回答。无论如何，要作出回答都需注意这样一个事实：古典时代更为关注的不是柏拉图笔下的苏格拉底，而是有德性并作为德性倡导者的色诺芬的苏格拉底。正是这位苏格拉底，才可成为西塞罗（Cicéron）所说的那个将哲学从天上带到人间的人。

色诺芬的德性灵魂

莫里松(Donald Morrison) 撰

(美国莱斯大学)

识辨前提

[11]对自利问题(l'égoïsme)的兴趣,使我选择色诺芬的德性灵魂学(la psychologie morale)为题。一个以自身利益为行为终极理由的人是自私的。就这一领域可能有的不同区分,我们必须马上分出两种不同的自利主义:

1) 合理的自利(l'égoïsme rationnel):对于每个人来说,唯一合理的终极目标是自身的幸福或美好生活;①

2) 灵魂的自利(l'égoïsme psychologique):其实,所有人的所有行为的终极目标是自身的幸福。

灵魂自利所持的立场乃以自身的幸福为最终目标;合理自利

① 我所称的"自利"(l'égoisme),在新近的英文著作中通常称为Eudémonisme[幸福论],见Vlastos(1994)页281(参看White [2002])。后一用法在我看来会使人产生错觉,我已于2003年的一篇文章中加以阐释。在目前这篇文章中,我所称的"自利性"与其他地方用法一致,尽管描绘和陈述不尽相同,我的用法不同于专题文献和哲学文献中的普遍用法。

所持的立场是，当一种方式是合理的时候，整个施动者（tout agent）以或必须以这种方式行事。合理自利和灵魂自利二者频繁显现于苏格拉底身上。某些学者甚至宣称，自利性乃是希腊道德哲学的一个基本特征，对自利伦理的僭越[12]是现代伦理不同于古典伦理的一个显著区别。

自利的反面——其最极端的对立面——可以称为“纯粹利他”（pur altruisme）：

3）纯粹的合理利他（le pur altruisme rationnel）：对于一个人来说，唯一合理的终极目标是他者的利益。

对我们的考察来说，最为重要的，乃是对自利的简单否定。如果自利是错误的，那么，至少一个人的终极目标中包含了他者的美好生活。如何称呼这一倾向最为方便，并不清楚。因为就我们而言重要的是，否定自利之时，我常称作“寻常利他”的因素，取代了我们通常归于大多数人的混合动机：

4）合理利他（普通）（l'altruisme rationnel[ordinaire]）：至少在某些人合理的终极目标中，有时为某位他者的幸福或美好而生活；

5）灵魂利他（普通）（l'altruisme psycologique[ordinare]）：至少在某些人的终极目标中，有时为某位他者的幸福或美好而生活。①

自利和利他，根据我们的定义，与个人意向的组构有关。既然不能对一个人的意向构成直接进行观察，自利就很难显露。不妨设想，斯蒂尔潘（Stilpon）试图干活挣钱以养活自己及家人，他这样做是否有自利的意向呢？无法单独就其行为作出判断。假

① 学者和哲人竞相琐碎地指出“终极目标”的不同含义和种类。在此，我对该词的使用并不如此精确。我所说的“以某位他者的美好生活为终极目标”，包含了人们有时说的“为己而操心他者”。

如我们审查斯蒂尔潘的意向,他可能会对我们说,其意向同时涉及他自己及其家人。这一回答是否就说明斯蒂尔潘不自利呢?不。如果斯蒂尔潘不失理智地相信,他自身的幸福和家人的幸福彼此关联,那么,对家人的操心,就成为中间目标,完全是来缘于他的终极目标,即自身的幸福。

有一类行为构成了对自利的决定性考验:自我牺牲(le sacrifice de soi):

[13]6) 自我牺牲(le sacrifice de soi):有意为了异己或超己的利益,牺牲自身的美好生活。

如果存在本真的自我牺牲的情况,那么灵魂自利则是错误的。如果自我牺牲有时是理智的,那么理智自利则是错误的。

我们可以另一种方式超越灵魂自利:

7)(简单的)意志脆弱([simple]faiblesse de la volonté):对善做评判时,由于会受到别的心理因素(比如发怒)影响,最终以被认为会损害其自身利益的方式行事。①

自我牺牲和意志脆弱以彼此相反的方式超越了灵魂自利。牺牲精神所执行的行为超越了灵魂自利,它任凭自己向外发展,且看到于自身之上延展的利益。意志脆弱所执行的行为,在向内发展的同时也超越了灵魂自利,却没有看到自利方式所蕴含的利益。

柏拉图和色诺芬笔下的灵魂自利

在最近的一篇文章中,我考察了柏拉图对话——人们称为“第一对话”或“苏格拉底对话”(参 Morrison[2003])——中的自

① 后面我将谈到与意志的脆弱相反的一种形式:“刻意的意志脆弱”。

利性证据。出人意外地，我的结论是否定的：在这些对话中，苏格拉底没有一处明确对自利表示赞许，除了仅在一个地方含蓄地加以承认(《普罗塔戈拉》354c—d)。

色诺芬的苏格拉底则不同。不是在柏拉图、而是在色诺芬笔下，我们可以最为清楚地找到苏格拉底的自利声明：①

> 因为我相信，所有人都会在一切可能的行为中，选择他们认为对自己最为有利的行为，他们履行的也正是这些行为。(《回忆苏格拉底》卷三，9.4；Chambry 法译本)②

为何在色诺芬而不是柏拉图笔下，能够找到灵魂自利的明确声明呢？苏格拉底自利的赞成者[14]倾向于认为取决于下述事实：色诺芬拥有足够的哲学敏锐力来正确理解苏格拉底的自利；柏拉图读过色诺芬《回忆苏格拉底》中的这段文字，却没有完全理解；柏拉图对色诺芬这段文字的不完全理解，解释了柏拉图作品对苏格拉底自利的阐释含糊而略显混杂的原因。

我则倾向于另一种说法：色诺芬的文字证明自利问题存在于苏格拉底圈子的"讨论中"。我认为历史上真实的苏格拉底讨论过这一问题，尽管我们并不知道他对此持有怎样的观点。

色诺芬的苏格拉底是否相信"利他的可能性"？我知道，作为哲人，我不喜欢自利，因此，我很希望色诺芬的苏格拉底会相信利他。我将感激所有能证明这一点的人。但是，就我所知，事实则要求作出这样的结论，即色诺芬的苏格拉底不相信利他的可能

---

① Zeller 将这段文字视为苏格拉底自利的最基本的证据，参 Zweiter Teil 和 Erster Abteilung(1922)页 143，注释 2。

② [译注]本书所引的色诺芬或柏拉图，均据法文作者所引译本逐译，以体现法文版译者对原文的理解，与现有中译本可能有出入，为稳妥起见，请参较阅读。

性。当然,他重视并赞扬人们为他们的家庭、友人和国家的利益效力的行为。但是,苏格拉底似乎认为,每当一个人以此种方式行事的时候,他会认为不仅是在为他的家庭、友人和国家的利益效力,同时也是为了他自己的利益。色诺芬的苏格拉底似乎不曾为我所称的"自我牺牲"留下位置。他从来没有提到任何矛盾的情况,在这种情况中,利他的行为操控着为己的辛劳,施动者为了一个更为广大的目的自觉选择牺牲自身的私利。

我们不妨来看几个更明显的自我牺牲的例子。色诺芬的苏格拉底承认这样一个观点——其在苏格拉底学说的政治哲学中频繁出现——即优秀的掌权者的职责乃是为其臣民带来幸福。

> 人们选择一位君主,不是因为他仅求自全,乃是为了那些推举他的民众的利益(《回忆苏格拉底》卷一,2.3;另参《居鲁士的教育》[*Cyropédie*]卷一,6.8。)。

色诺芬在对理想君主阿格西劳斯(Agésilas)的描绘中,对此给予了明晰阐述:

> 他认为好君主的职责(ergon[①]),就是尽其所能为臣民效力(《阿格西劳斯》8.1)。

[15]然而,"好君主的职责是什么"的问题,并不同于"为何这样的人会选择接受并扮演好君主的角色"。色诺芬赞扬阿格西劳斯是一位爱邦者(philopolis),他也赞扬了居鲁士(Cyrus)的博爱,但对阿格西劳斯,他从来都没有提到这一点。当他谈到居鲁士

---

① [译注]ἔργον,本义为"作为",此处更接近"职责"义,故按法译(fonction)取义。

时，则有些过分地否认，无论是居鲁士还是阿格西劳斯，都曾有意背离自身私利（contre leur intérêt propre）行事。当然，这些人物不是苏格拉底。但是，认为没有人以牺牲自我的方式行事，似乎是色诺芬、也是色诺芬的苏格拉底的一个永恒论题。苏格拉底这样游说卡尔米德（Charmide）从政：

> 不要无视城邦的事务，如果它们能够因你好转的话。因为如果它们变好，不仅其他民人，你的友人和你自己也能从中享受到好处。（《回忆苏格拉底》卷三，7.9）

关于利他并冒着自我牺牲危险的情况，战场上的士兵是最好的例子。士兵为了拯救自己的国家而搏斗时，冒着会失去一切的危险——只要——如果他阵亡了。在说了人们推举好的君主是为了臣民的利益后（《回忆苏格拉底》卷三，2.3），苏格拉底接着说：

> 所有的人为了使他们自己的生活变得可能更好（hos beltistos）而争斗（strateuontai）。

需要指出的是，苏格拉底的说法有这样的意图：除去表像，士兵搏斗的理由仍属于自利范畴。

履行义务

我所知道的可以否认色诺芬的苏格拉底承认灵魂自利的一个最重要的理由，就当时来说，是对职责这一概念异乎寻常的清晰理解。当然，如同其他后来者——比如康德——所知，履行义务并不等同于履行私利（agir par intérêt），这两种意向有时会彼此对立。

色诺芬作品中，最清楚的纯粹履行义务的普遍意向的事例，出现在苏格拉底和欧绪德谟(Euthydème)讨论虔诚和正义的一段文字中。苏格拉底赞扬那些懂得律法规范的人——正是如此才是正义的——他们拥有正义的德行，人们能够[16]信任他们来执行正义的行为。苏格拉底认识到正义行为的问题可分为两部分：懂得什么是正义，以及将这一学问付诸实施。他认为前者难以实现，而后者却相对容易。他提出这样一个修辞性的问题："你见过那些不履行他们认为必须做(ἃ οἴονται δεῖν)的事情的人吗?"欧绪德谟回答："没有"(《回忆苏格拉底》卷四，6.6)。在这一情况下，"必须做的"，即"律法(les lois)(或礼法[les normes sociales])所要求做的"。① 苏格拉底在这里宣布的行为准则，等同于"每个人履行他所认为的义务"。

这一行为准则彰显了职责和私利之间的矛盾。如果律法要求您做某件与您的私利无关的事(但涉及城邦的利益)，您必须做的和您的私利就可能产生矛盾。《回忆苏格拉底》卷三 9.4 说到每个人都会做与其私利相关的事，这里则是每个人履行他认为是其职责范围的事，色诺芬的苏格拉底自相矛盾?

或许，稍后在《回忆苏格拉底》第四卷一段关于勇气的讨论中，苏格拉底重新肯定了他的准则。他对欧绪德谟说"每个人[善者和恶者]履行着其认为必须的行为(χρῶνται ὡς οἴονται δεῖν)"(卷四，6.11)。但是这里对"他们履行所认为的职责"的解释，则不

① 在这段文字中，苏格拉底同时使用了 nomos[律法]和 nomima[礼法]。[译注]自公元前 5 世纪或曰希腊古典时代始，在智术师、柏拉图及亚里士多德那里，nomos 一词具体引申为"律法"，与 physis[自然]相对。此前在古希腊诗人那里，比如荷马、赫西俄德及肃剧中，则含有"习俗；风俗"(对应法文 les coutumes)之义，或简曰"礼法"。本译本按论文集作者用法，一般译为"律法"(les lois)。

太指向自身。哲人们区别了“必须”的不同词义：当涉及个人时，则需是律法或规范所要求的，理解为职责或义务所“必须”的是理智的；当涉及需要勇气的场合时——面对恐惧或危险——其他的解释则显得更合情理，其中“履行必须做的”可以成为“‘必须’合理”——执行合理或理智的行为。在讨论勇气之前，苏格拉底谈到了善和美（《回忆苏格拉底》卷四，6.8—9）。他将善定义为有用，并指出“有用”是一个不完整的谓语，因为有用总是对某人才有用。苏格拉底从而解释说，有用是就一物有用且美而言。在这种情况下，当苏格拉底谈到那些“履行他们认为必须的行为”的人时，很自然地可理解为“履行他们认为有用的行为的人”。这里“必须”是人们称作“审慎的‘必须’”：履行涉及其私利的行为。①

[17]总结一下，色诺芬的苏格拉底似乎认为：

（1）每个人总是履行着他认为对其自身最为有利的行为（卷三，9.4）；

（2）每个人总是履行着他认为正义的行为（即服从于律法或礼法）（卷四，6.6）；

（3）每个人总是履行着他认为有用的行为，而对于一个人来说有用的东西，对他者来说却不一定有用（卷四，6.8—9）。

这是苏格拉底提出以下问题所需的全部要素：如果律法约束与个体利益产生矛盾，如果律法要求履行对共同体有用却对个体构成威胁或有害的行为时，将会如何？面对职责和私利的矛盾，一个人必须（合理地[rationnellement]）去做，还是倾向于（灵魂上有说服力地[psychologiquement parlant]）去做呢？

---

① 当然，对于合理自利的拥护者来说，合理的“必须”和审慎的“必须”彼此交融。

可惜，苏格拉底并未直接这样提问。① 然而，卷四稍前部分苏格拉底与希琵阿斯(Hippias)关于正义性质的著名讨论中，他则以含晦的方式做了部分解释。在《回忆苏格拉底》卷四 4.15—17 中，苏格拉底称颂了服从律法的人。在这段谈话中，他坚持认为服从律法的良好习惯，无论对城邦还是它的每个民人来说，都是极大的好事。

重要的是，苏格拉底在此所说的，乃是本质上显示了功利规则的一段言辞：始终如一的服从律法的习惯，久而久之，对城邦(《回忆苏格拉底》卷四，4.15—16)与对作为个体的民人(卷四，4.17)同样有用，[18]尤其民人必须在服从还是不服从律法之间进行选择时。②

这段言辞与所有显示了功利规则的其他言辞一样，遇到的乃是同一个问题：那个寻找最大有用性的人，当面临可能会违规的情况时该怎么办？对于色诺芬的苏格拉底，我们可以提出这样的问题：苏格拉底是否相信他从来都不会违规？或苏格拉底是否准备否认他从来都不会陷入借违反律法而获得更多好处的困境？

---

① 色诺芬也没有直接提到这一问题，他至少指出了四种苏格拉底为履行其职责而宁愿冒的失去人身自由的危险：(1)阿尔基努斯(Arginuses)事件(《回忆苏格拉底》卷一，1.18；卷四，4.2；参《希腊志》卷一，7.12—15)；(2)萨拉明(Léon de Salamine)受捕(《回忆苏格拉底》卷四，4.3)；(3)拒绝服从禁止其施教的禁令(《回忆苏格拉底》卷一，2.30—37；卷四，4.3)；(4)拒绝在诉讼中使用非法手段使自己获救(《回忆苏格拉底》卷四，4.4)。在《回忆苏格拉底》卷四第 4 章中，这四段经历被色诺芬作为苏格拉底正义性和其服从律法的例证——即他履行自身职责的例证。这些证据并不很有说服力，因为人们不会去冒自我牺牲的危险，除非失去生命比付出不正义代价得救更好。鉴于柏拉图的众多睿智讨论，我们知道这一问题棘手而巧妙，但(不顾诉讼时苏格拉底的高龄)没有任何证据说明色诺芬曾遇到这样的难题。感谢多里安(L.-A.Dorian)指出这一点。当人们谈到苏格拉底和作为意向的义务时，当然需要将色诺芬的这段文字与柏拉图的《申辩》28b 相对比。

② 就此段更为详细的考察，请参 Morrison(2001)(英文版 Morrison[1995])。另参 Johnson(2003)，并比较 Gray(2004)和 Johnson(2004)。

苏格拉底难道会否认职责和私利会产生矛盾？

柏拉图的苏格拉底就完全否认职责和私利会产生矛盾，至少其言辞中暗含这一结论：在《申辩》中，苏格拉底说“贤士从来不会陷入困境”（《申辩》，41c）。而色诺芬的苏格拉底从未有过如此鲜明的表态。也正是在这一假定的基础上，前文提到的前提(1)－(3)才严密。

伟大的伦理哲人斯基维克（Henry Sidgwick）毫不犹豫地把下面这段文字赋予色诺芬的苏格拉底：

> 注意，我们将误解苏格拉底强调的“善的学问”，如果我们将之理解为与私利相区分的德行学问的话。苏格拉底言辞的有力性，取决于德行和私利概念在善这一单独范畴中不可分割的联合……色诺芬由之继承的正面德性教导的核心，正是其深信人世之善有不同的组成部分，而且各部分之间本质上相互协调。①

自　制

我在前面提到，苏格拉底认为，自利包含了对意志脆弱的否定。如果每个人总是履行他认为对他最为有利的行为的话，那么，没有人会以对立于他认为最好的方式行事。多里安针对色诺芬的苏格拉底所表现的自制和意志的脆弱，写有一篇出色的论文（参 Dorion [2003]）。[19]然而，他所认为的“意志的脆弱”，与我所理解的“意志的脆弱”并不相同。我建议将之区分为“刻意的意

---

① Sidgwick(1931)，页 26。Sidgwick 为苏格拉底描绘了一幅混合肖像，兼取材于色诺芬和柏拉图。他所引的这条“论断”，似乎就是德行即学问。

志脆弱”(faiblesse accentuée de la volonté)和“天真的意志脆弱”(simple faiblesse de la volonté)。

当一个人清楚知道什么是最好的行为,可依然不如此行事,即是*刻意的意志脆弱*。

当一个人仅对什么是最好的行为有所知觉,可依然不如此行事,即是*天真的意志脆弱*。①

多里安在他的文章中证明,色诺芬的苏格拉底否认存在刻意的意志脆弱。但事实上,持相反立场的评论者通过引用大量原文,指出这种看法并不成立。色诺芬的苏格拉底认为“清楚知道什么是最好的行为——即德行——的人,有必要且必然会去履行”(参 Dorion[2003],页 652)。这一论断由柏拉图的《普罗塔戈拉》而闻名。但是,在《普罗塔戈拉》中,使得这一原则成立的,乃是认知这一极重要的概念。知道什么对自己有利,并不等于在面对什么行为是自己必须履行的问题时,简单判断并相信一种立场。要真正明白什么对自己有利,需要有如下智慧为基础——灵魂完全清楚什么是善、什么是恶,并能操控所有情况,也就是说灵魂有能力坚定地选择善。这一认知概念有力地证明,所有的不恰当行为,乃是由于行为的发出者没有认识到什么是应该做的。“刻意的意志脆弱”更应称为“认知的脆弱”。在这一场合下,不足够的不是我们的意志——我们判断的能力,或者我们决定的最好的行为——而是我们的认知。

色诺芬的苏格拉底似乎与柏拉图的一样,都认为正是在这种情况下,认知——真正的智慧(sophia)——才重要。色诺芬自身并不赞同《普罗塔戈拉》中的苏格拉底,他认为智慧在另一种情况下才有力。在《普罗塔戈拉》中,苏格拉底相信德行如此强

① 亚里士多德在《尼各马可伦理学》卷七章 2 中提到了这一区分。

大,以至它从来都不会迷失。色诺芬有见识地[20]指出,一切都如同强健者的体魄一样,会随着岁月和缺乏锻炼而衰弱,精神德行同样也会随岁月而流失(《回忆苏格拉底》卷一,2.19—23)。[①]但是色诺芬与《普罗塔戈拉》一样,认为只要精神德行在场,就能有效地控制我们的行为。在《回忆苏格拉底》卷一2.19—23中,色诺芬虽然是以自己的名义自由谈论,但是在卷三5.13中,他也借苏格拉底表达了类似的观点(就城邦而不是其民人失去德行这个问题)。

但是,那些相信柏拉图的苏格拉底是灵魂自利的诠释者的人,在《普罗塔戈拉》中同样得到了对"天真的意志脆弱"的否定——即否定一个人从来不会以对立于其所相信对他有益的方式行事。[②] 当然,灵魂自利作为判断理论和自觉意向,其自身并不包含对意志脆弱的否定。我们可以想象这样一种情况,为了拯救自己的生命,一个人必须逃离一处火宅,但出于对滞留其中的他所挚爱女人的眷恋(不合理的),他却返回了火宅。然则,持柏拉图的苏格拉底是灵魂自利支持者观点的人,通常认为这一理论基于排除了天真的意志脆弱的哲学灵魂。苏格拉底的哲学灵魂被认为是"智性的",其灵魂仅有一个组成部分,即明辨的部分。也就是说,在苏格拉底的灵魂中,没有另一个组成部分或要素——情绪、贪欲,这些会与明辨力相对立,并成为一个人以与他认为最好的行为反向而行的原因。

非常有意思的是,在《居鲁士的教育》中,色诺芬十分清楚地指出,除了《王制》之外,柏拉图作品中完全没有这一哲学抉择。阿拉斯帕斯(Araspas)对居鲁士(Cyrus)说:

---

① 色诺芬在这段文字中所指的对象,应该是安提斯忒涅(Anthisthène)。

② 这一立场在《普罗塔戈拉》358b6—d2中得到了明晰的表达。

> 如果灵魂是单一的，它则不能同时既善又恶，也不能同时欲求善和恶，同样不能同时欲求去做和不做一件事。但显然存在着两个灵魂，当是善的那个引领时，人们做善事；当是恶的那个引领时，则试图做恶。(《居鲁士的教育》卷四，1.41)

[21]色诺芬的苏格拉底认为我们有两个还是一个灵魂呢？他是否始终否定质朴的意志脆弱，或文本存在矛盾？为了澄清这些，让我们来看看下面几个重要的片段。

如同"第一柏拉图"① 的苏格拉底一样，色诺芬的苏格拉底并没有明确讨论灵魂的组成部分。但苏格拉底用来描述自制及其对立物的言辞，构成了色诺芬的苏格拉底相信灵魂由多个部分组成的决定性证据。② 苏格拉底所用的是争斗和控制的隐喻。一个人与他的情绪搏斗，直到他控制了情绪或是情绪控制了他；不管怎样，都是胜利者来统治和支配。苏格拉底的隐喻意寓了行动的能力。如同《王制》那样，灵魂的组成部分区分为彼此具有的与"我"对立并搏斗的能力。可以从一长段精彩的片断中看到关于争斗的言辞：即苏格拉底和欧绪德谟关于自制的讨论，见《回忆苏格拉底》卷四 5.2—11。我仅引用其中一部分：

- 告诉我，欧绪德谟，他说，你认为无论对个人还是城邦来说，自由都是一个高贵而伟大的属物？
- 是的，我认为就最高意蕴来说，它们是同一的。

---

① [译注]指柏拉图的苏格拉底对话作品。

② 这里我用的是"组成部分"(partie)这个中性而宽泛的词。我们如阿拉斯帕斯那样，将这些部分称为"多样的灵魂"(âmes multiples)，或灵魂内部的多种"要素"(facteurs)或"力"(forces)。因为——不同于阿拉斯帕斯——色诺芬的苏格拉底并没有谈到这一问题，我们不知道他是如何来定义这些"部分"的。关于认为灵魂中有的是"力"，而不是不同的组成部分，参看 Bobonich(2002)。

- 那么，你是否支持让一个受肉体享乐支配、并由此不能履行更好行为的人获得自由呢？
- 当然不会。
- 或许，事实上，履行更好的行为对你来说就意味着自由，你是否认为拥有制止自己如此行事的导师，即是被奴役了呢？
- 绝对是。
- 那么，在你看来，那些缺乏自制的人就是完全缺乏自由了？
- 当然了。(《回忆苏格拉底》卷四，5.2—4)

需要指出，色诺芬的苏格拉底所说的是，受肉体享乐支配的人为那些履行“更好行为”(ce qui est le mieux)的人所制止。他没有说制止履行“其所希望的行为”(ce qu'il souhaite)，[22]或“其所认为的更好行为”(ce qui lui semble le mieux)。这段文字包含了伯林(Isaiah Berlin)称为“消极自由”(liberté négative)的理论(参 Berlin[1969])——该理论被认为是思想史上最明晰的陈述之一：被妨碍履行确实好的行为，乃是被奴役，自由蕴含于履行确实好的行为(而不是看上去好的行为)的能力之中。

我必须略微停下来谈谈 enkrateia 和 akrasia 这两个关键术语的翻译(同样也是解读)问题。① enkrateia 很容易翻译为“自制”。但是，我们必须注意到，enkrateia 与人们有时译成“自制”或“节制”的 sophrosyne(德性)并不是一回事。akrasia 很难译，最常见的“不纵欲”的译法并不能让人满意。色诺芬的苏格拉底认为，没有人不会不纵欲，但又认为很多人都忍受着 akrasia。对 akrasia

① 就柏拉图和色诺芬作品中 akrasia 和其他术语的运用，请参考 Dorion(2003)页 668，注释 43。

的另一种译法是“不节制”，但这一翻译有陷阱，因为它错误地暗示 akrasia 与 sohprosyne（tempérance[节制]）相反。我认为比较好的译法是，用“缺乏自制”来翻译 akrasia 及其同根词——多里安同样提到这个译法。这个译法虽信实却欠雅致，我很期待有更好的译法。

就柏拉图的苏格拉底的德性灵魂通常所表现的方式来看，苏格拉底既否定意志脆弱的存在，又否定灵魂有多个组成部分。这两个原则有着一定的哲学关联：没有人不去履行对他来说是最好的行为，因为灵魂中没有任何其他“组成部分”或“力”来迷惑我们的判断，并迫使我们行它事。色诺芬的苏格拉底似乎否定意志脆弱的存在，但同时又承认灵魂中存在着多种组成部分，而且相互间彼此冲撞。① 什么是构成灵魂的原动力？它如何运作？如果我的爱欲占了道德判断的上风，并推动我与邻居的妻子发生关系，我难道没有保留自己的道德判断？[23]如果我保留有自己的道德判断，我的爱欲难道不是我与我所认为正义的行为反向而行的原因？

多里安在他出色的论文中指出，色诺芬的苏格拉底把自制作为德性和智慧的基础，但从来不将之与德性或智慧加以区分。自制是智慧的基础，在这一意义上，它是获得智慧的条件。自制究竟以何种方式成了获得智慧的条件呢？

对这两个问题的回答是：爱欲在没有任何控制下所做的，不是迫使一个人以与他所判断为最好的行为不同的方式行事，而是使其判断偏向、分散并变质。我们可以在苏格拉底和欧绪德谟稍后的讨论中找到证据：

---

① 在《回忆苏格拉底》卷一 2.23 中，苏格拉底似乎将“快感”定义为第三实质，并把灵魂快感与肉体快感分开。这一段文字很难解，但不可否认其合理性。感谢 M. Narcy 指出其重要性。

下面谈谈智慧这一最大的善，你难道没有发现缺乏自制会使人们远离智慧并与之对立吗？你难道不认为缺乏自制阻碍着人们去观注于有用之物并去理解它们，而且诱惑着人们趋向那些享受之物，通常使得他们对善与恶的知觉（aisthanomenous）变钝，与其选择善物，他们宁愿去选择恶物？你难道不认为当缺乏自制时，就有着更大的难度去履行作为？你难道不认为，对于一个人来说，糟糕的事情莫过于本应选择（prohaireisthai）有用之物却让他选择有害之物，并让他操虑后者，忽视（amelein peithontos）前者，促使（anankazontos）他履行与节制要求的相反的行为？（《回忆苏格拉底》卷四，5.6—7）

稍后，苏格拉底又一次指出了缺乏自制的结果：

欧绪德谟，一个缺乏自制的人，与最缺乏智性（theriou tou amathestatou）的动物相比，能好到哪里去呢？他由此不能觉察（meskopei）到最为重要的事物，而是尽其所能去做那些最为享受的事情，与最愚蠢的（aphronestaton boskematon）牲畜相比，他又好到哪里去呢？不，仅有那些是自我主人的人，才有察觉（skopein）到最重要之物的能力，[24]他会将它们按类别进行区分，趋于（prohaireisthai）善而远离恶，言行一致。①

缺乏自制的享乐行为，阻碍我们考虑最为重要的东西。仔细

① 《回忆苏格拉底》卷四，5.11。注意：我这里的译法，与众多法语译者用 logoi[言]和 ergoi[行]来套 prohaireisthai 和 apachesthai 的译法不同。

辨别事物并将之分类的智性，对于获得智慧来说是必需的，缺乏自制则对此设置了障碍。缺乏自制阻碍我们“于言上选择”(choisir en paroles)善，也就是说对善加以判断：“这是我要的”。但天真的意志脆弱，乃是人们“于言上选择一物”，而“于行上选择它物”的情况。就色诺芬的苏格拉底来说，缺乏自制会阻止人以这样或那样的方式选择善。

柏拉图(比如《王制》)和亚里士多德认为，有德性指的是全然一致，灵魂中没有隐藏彼此矛盾的重要冲动。若一个人能履行必需之事，但以与相反力量的斗争为代价，那么亚里士多德认为他并不是有德性的人，而是有节制的(enkrates)人。

色诺芬的苏格拉底则勾勒了一幅较为乐观的图景。对他来说，有德性就是有节制(enkrates)。有德性即是能发现对立于德性的相反冲动，并用节制(enkrateia)有目的地对它们加以控制。这一说法使得尽管(成功)留存下来的冲动力并不相同的两个人，却可能在其举止和判断中均为善。或许，当色诺芬说苏格拉底是所有人中最为节制的(enkrates)(《回忆苏格拉底》卷一，2.1)时，暗含的意思是说节制(enkrateia)有不同层次，节制(enkrates)的程度可能低于苏格拉底。

德性中节制(enkrateia)角色的这些不同概念，暗含了它与akrasia[缺乏自制]之间的不同关联。

前文在辨别第二意向中被搁置的是一种认知还是一个观点时，区分了刻意的意志脆弱和天真的意志脆弱。现在，我们需要更为详细地对待此过程中的时间因素，并区分：

- 一种严重的意志脆弱：不能在行动时与察觉到的认知或判断保持一致；

[25] • 一种轻微的意志脆弱：因为判断上暂时的昏暗，不能

与其惯常观点保持一致而行事。①

严重的意志脆弱的例子:我戒烟了,有三天没有抽烟。然而,就在我对自己说“我不应这么做,我不想这么做”的时候,我发现自己的手正向香烟伸去并点燃了它。

轻微的意志脆弱的例子:我戒烟了,有三天没有抽烟。但,在一场与一位老友的告别晚会上,所有人都毫无顾忌地抽烟喝酒。我对自己说:“这是个特殊情况;几根烟不会把我怎样”,于是,我抽了很多烟。第二天早晨,我心情沮丧,并责备自己的行为。

色诺芬的苏格拉底否定严重的意志脆弱的可能性。每个人总是履行他(在那一时刻)自认为是最好的行为。他承认的乃是轻微的意志脆弱:什么是更好行为的惯常观点,被我们的激情模糊了,以至我们在认为是更好的片刻错觉中,使得行为有了偏差。

轻微的意志脆弱具有犹豫、易变、懊悔的特征。但是色诺芬的苏格拉底将这些情形归入 akrasia[缺乏自制]的范围。他同样指出,那些行恶且不具有持久智慧的“缺乏自制的人”(akratiques),是由于他们没有能力控制自己的欲望。请注意:

> 不道德的缺乏自制(Akrasia vicieuse):决定一种惯常甚或是持久的情况的,先是错误的观点、进而为错误的举止,所有这些乃是没有控制欲望的后果。

色诺芬的苏格拉底认为,不道德的缺乏自制(akrasia)只是缺乏自制的一种情形。然而,现有的哲学著作并不称其为“意志脆弱”,而亚里士多德则不称其为 akrasia。因而,把色诺芬作品中的

① 人们经常会在涉及多样主题的著作中看到这一区分。在此,我借用了 Devereux (1995)中的说法,见氏著页 396,注释 28。

akrasia 译成"意志脆弱"有失偏颇,更精确的翻译是"缺乏自制"(可惜有些冗赘)。

与柏拉图的苏格拉底比较

[26]前面我比较了解读色诺芬的苏格拉底和柏拉图的苏格拉底时存在的争论。依这一解读,柏拉图的苏格拉底是灵魂自利的支持者,以"智性"灵魂为基础否认意志脆弱的可能性,认为灵魂仅有一个组成部分,即理智的功能或判断的功能;从而找不到相互抗争的因素,使一个人以有别于其判断为更好的不同的方式行事。

然而,新近出现了对柏拉图的苏格拉底德性灵魂的不同解读。依这一解读来看,柏拉图和色诺芬的苏格拉底的观点,有着不可忽视的兼容性。

这一新解读的基本材料之一是德伍祐(Daniel Devereux)新近发表的一篇出色文章。[①] 德伍祐集中了众多柏拉图早期对话,以便指出柏拉图的苏格拉底承认灵魂中存在不理智的部分。[②] 他总结道:

> 我们研究过的《拉克斯》、《普罗塔戈拉》和《高尔吉亚》中的片断,很值得注意。从中我们看到,苏格拉底不仅假设了不理智欲望的存在,而且假设有德性的人——那些拥有善恶学问的人——有时也会遇到这些欲望。由此,《拉克斯》和

① Devereux(1995)。此类解读,可以在 Brickhouse 和 Smith(2000)以及他们其他的著作中找到。

② 《卡尔米德》167e,《拉克斯》(*Lach.*)191d—e,《高尔吉亚》507b,《普罗塔戈拉》352b 及以下;甚至《美诺》77c 也可以这种方式解读。

> 《高尔吉亚》似乎假设，征服与施动者理智决定相反之物，乃是勇气的象征。善的学问并未抹掉不理智的欲望，而是产生出一种比任何不理智的欲望或情绪都要强大的意向力。（参 Devereux，1995，页 404－405）

这一说法与色诺芬的苏格拉底惊人地相似，德伍祜自己也注意到了这一点。强调过两者的相似性，并解读了亚里士多德提供的证据，德伍祜总结说这就是真实的苏格拉底所持的立场（参 Devereux[1995]页 381－387）。不过，对于最终的结论，我尚有所保留。

[27]实际上，现在不可避免地出现了另一个问题：如果柏拉图和色诺芬的苏格拉底看法中所含的德性灵魂如此相似，为何色诺芬的苏格拉底将节制（enkrateia）视作德性的基础，而柏拉图的苏格拉底却完全否认它呢？这个问题我留给别人，或下次再谈。

参考文献

BERLIN, I. 1969: «Two Concepts of Liberty», in *Four Essays on Liberty*, Oxford, 1969, p. 118－172 [= «Deux conceptions de la liberté», dans *Éloge de la liberté*, trad. de l'anglais par J. Camaud & J. Lahana, Paris, 1988 (Liberté de l'esprit), p. 166－218; rééd. Paris, 1990 (Agora), p. 167－218].

BOBONICH, Chr. 2002: *Plato's Utopia Recast: His Later Ethics and Politics*, Oxford, 2002.

BRICKHOUSE, Th. & N.D. SMITH 2000: *The Philosophy of Socrates*. Boulder (Colo.), 2000 (History of Ancient and Medieval Philosophy).

DEVEREUX, D. 1995: «Socrates' Kantian Conception of Virtue», *Journal of the History of Philosophy*, 33 (1995), p. 381－408.

DORISON, L.-A. 2003: «*Akrasia* et *enkrateia* dans les *Mémorables* de Xénophon», *Dialogue*, 42 (2003), p. 645－672.

GRAY, V. 2004: «A short response to David M. Johnson 'Xenophon's Socrates on Law and Justice'» *Ancient Philosophy*, 24 (2004), p. 442—446.

JOHNSON, D. 2003: «Xenophon's Socrates on Law and Justice», *Ancient Philosophy*, 23 (2003), p. 255—281.

— 2004: «Reply to Vivienne Gray», *Ancient Philosophy*, 24 (2004), p. 446—448.

MORRISON, D. 1995: «Xenophon's Socrates on the Just and the Lawful», *Ancient Philosophy*, 15 (1995), p. 329—347.

—2001: «Justice et Legalité selon le Socrate de Xénophon», dans G. Romeyer Dherbey (dir.) &. Jean-Baptiste Gourinat (éd.), *Socrate et les socratiques*, Paris, Librairie philosophique J. Vrin, 2001 (Bibliothèque d'histoire de la philosophie. Neu velle série), p. 45—70.

— 2003: «Happiness, Rationality, and Egoism in Plato's Socrates», dans Jiyuan Yu (éd.), *Rationality and Happiness: from the Ancients to the Early Medievals,* Röchester (N.Y.), p. 17—34.

SIDGWICK, H. 1931: *Outlines of the history of Ethics for English readers*, 6th edition, Londres-New York, 1931 (1 1886).

VLASTOS, G. 1994: *Socrate. Ironie et philosophie morale*, Paris, 1994 (traduction française par C. Dalimier de *Socrates: Ironist and Moral Philosopher*, Cambridge 1991).

WHITE N. 2002: *Individual and Conflict in Greek Ethics*, Oxford, 2002.

ZELLER E. 1922: *Die Philosophie der Griechen in ihrer geschichtlichen Entwicklung*. 6e éd. Leipzig. (Réimpr. Hildesheim, 1963.)

《回忆苏格拉底》中的苏格拉底及其灵魂

纳尔茨(Michel Narcy) 撰

(法国国家科学研究中心)

[29]本文的思考基于我早前一篇文章(参 Narcy[2004])中的一个假设,该文讨论了苏格拉底对女妓狄奥多德(Théodote)说的最后一番话的涵义,那段话似乎为他们之间的谈话划上了句号(《回忆苏格拉底》卷三,11.18)。请注意这段最后谈话的内容和情境:得到狄奥多德接受去苏格拉底家中而不是苏格拉底去她家里的承诺后——自然,这是她在苏格拉底的要求下所做的承诺——苏格拉底同意接待她,并说了该章中最后一句话:

> 我会接待你,如果里头(endon)没有一个比你更好的友人(tis philotera sou)的话。

这位"更好的友人"会是谁呢?我们猜想可能不会是克珊悌珀(Xanthippe)。首先,很难想象苏格拉底要等他妻子出门后才会把一位女妓人放进家来。其次,我们难以设想苏格拉底会把最好的友人(philia)这个称谓给予克珊悌珀。如果我们相信传统说法,①

① 色诺芬也是最有资格的见证传统者之一,参色诺芬《会饮》卷二第 10 章,那一段文字显然也是拉尔修(Diogène Laërce)《名哲言行录》卷二 37 末尾的来源。《回忆苏格拉底》中苏格拉底教训他儿子朗普洛克莱斯(Lamproclès)的那一章(卷二,2),一点都不否认克珊悌珀传统形象的真实性。

他们之间的关系一点都没有客气成分。而且柏拉图记述说，苏格拉底希望她能离开他的牢房，以便在最后时刻他能与某些特别的弟子们再待上一会儿。那么，这位“更好的友人”就是这些弟子们中的一个了，好比人们猜想的那样？（参 Goldhill[1998]）[30]柏拉图好几次坦言阿尔喀比亚德（Alcibiade）对苏格拉底的诱惑力，如果是在柏拉图的作品中，那么，很自然地可以联想到阿尔喀比亚德。但是从色诺芬的辩护来看，即使苏格拉底有所谓的对阿尔喀比亚德的友情，他是否会被置于友人的首位也颇令人怀疑。[①]苏格拉底为何谈到了某位女性弟子（或伙伴，synontes）？希腊语中，常常用“情敌”或“追逐者”（ὁ ἐραστής）指称男性间爱恋或伙伴关系中的一方，用“被爱者”（ὁ ἐρώμενος）指称另一方，从未以阴性词来指称被爱一方，[②] 色诺芬亦从未在别处违反过这一规则。[③]至于苏格拉底是否有在家中集聚弟子的习惯，我们无从得知，色诺芬的记述恰与此相反：

---

① 参《回忆苏格拉底》卷一 2.12 以下，其中色诺芬努力表明，克里提阿（Critias）和阿尔喀比亚德对苏格拉底的友情显得是自私的，而苏格拉底本人（在当时的情况下）却并非如此。

② 至多是“中性化”的，比如τὰ παιδικά的表达方式。[译注]指师徒爱慕关系中年长者钟爱的男孩。

③ 同样，苏格拉底在《会饮》第八章对爱情发表的赞溢之辞里，一方面就男性爱情以及尼塞拉托斯（Nicératos）和他的妻子之间的爱情表示赞许（8.3），于此从未提过女性或小孩，但他特别称赞了卡利阿斯（Callias）对奥托里考斯（Autolycos）的爱恋，因为后者没有显示出一点女人气，而是表现出全然的男性品质，比如坚强、有耐性、有勇气及节制（8.8）：如果一位男孩拥有了这些品质，在苏格拉底看来，人们便不会因这些可欲的品质而堕落（“欲望[ἐπιθυμεῖν]这样的品质，苏格拉底总结说，亦提升了爱人的性情”[色诺芬，《会饮》章八，8]），他又怎会公开坦白会任由自己受一位或多位与女子类似——极为女人气，所以他以阴性词指称——的友人（见卷三，11.16 中的复数 philai，“友人”）或弟子的纠缠呢？提到友人，人们难免会立即想到色诺芬《会饮》第八章中直言不讳对苏格拉底爱慕之情的安提斯忒涅（8.4）：仅能抱怨苏格拉底总是有它事可做而不是与他独处（8.5），他显然没有点数一下“日夜不舍苏格拉底”的“友人”的数目。

白天他总有事可做。早晨，他一般散步或去锻炼场；当agora[市场]聚满人时，人们总是可以看到他利用一天里剩下的时间，尽可能多地去接触他人。他大多与那些愿意倾听他的人谈话。(《回忆苏格拉底》卷一，1.10，多里安[Dorion]译本)

这一对苏格拉底日常生活的记述与柏拉图的叙述相似，我们可由此推想其中含有某种辩护倾向(参 Dorion[2000]页 59，注释 28)：因为这与以存在某种“内里”(intérieur)为借口，指责苏格拉底进行私密教导正好相反。[31]从而我们不仅要问，这一使得苏格拉底离开狄奥多德的 philotera[更好的友人]是谁？苏格拉底所说的 endon[里头]这个副词意味着什么？

就第二个问题来说(即 endon 的问题)，我猜想就是指苏格拉底自己的“内里”(intérieur)。我以柏拉图《会饮》末尾阿尔喀比亚德的言辞为据，其中，我们可以发现阿尔喀比亚德清楚地提到了同一个副词：

当内里(endothen)敞开，相信其中盈溢有多少智慧呵？(柏拉图《会饮》216d6—7)

与女妓相比，苏格拉底更偏好其自身的智慧，我想这不会使人惊奇，至少柏拉图《会饮》的读者如此。阿尔喀比亚德继续说，在苏格拉底含蕴的智慧看来，“我们什么都不是”(柏拉图《会饮》216e4)。由此，苏格拉底所说的这一在“里头”的“更好的友人”即其自身智慧这一猜想得以成立，正是它阻止苏格拉底接待狄奥多德：实际上，苏格拉底对后者的回答已经表明他不会见她。苏格拉底不正是说，与其智慧相比，狄奥多德无足轻重吗？类似的描述凸显了苏格拉底面对其自身被作为爱欲追求对象时的坚定态度(由女妓提议对他进行一次滋补性的访问,我们想到阿尔喀比亚德滑到他被单下时同样的期待),且总算有一次使得色诺芬和柏拉图的见证得以趋同。

这一设想中让人不安的是:这一"更好的友人"极有可能是其"女友(philia)"中的一员,苏格拉底已为因不得空闲而不能经常到狄奥多德家中来道歉了:

> 我也有一些女友人,她们让我日夜不舍,让我教授她们媚药和咒语。(卷三,11.16)

让狄奥多德惊讶的是,苏格拉底回答说,正是他的那些媚药和神奇的纺车(*ἴυγγαι*,卷三,11.17),使得阿波罗多洛斯(Apollodore)或安提斯忒涅(Anthisthène)在他身边变得克制,或是引来了克贝斯(Thèbes Cébès)和西米阿斯(Simmias)。苏格拉底使用的媚药和咒语,除了他的言辞外,不会是别的东西,换句话说,就是他的智慧,我们不费力气就可承认这一点。但以苏格拉底的名义讲,他的智慧"需向她学习"(*μανθάνουσαι παρ' ἐμοῦ*)究竟何意?[32]或许我们可以想象,智慧乃是苏格拉底爱恋的对象,作为必要的基本人格化,以至我们可以说,苏格拉底在向智慧学习,而不是相反。那么,在苏格拉底的"内里",有另一样对他来说可亲的东西——比狄奥多德"更亲"(plus cher)——某种可用阴性表述(tis philotera)相比称的东西:我能最先想到的就是灵魂。苏格拉底在上文中(卷三,11.10)不就对狄奥多德说过,在她身体里头还有一个灵魂吗?

还有一段文字值得我们注意,这是苏格拉底向狄奥多德传授如何猎取友人谈话的结尾:好比猎人需要猎犬,狄奥多德需要某个能被她挑起对美的兴趣(*σοι ἰχνεύων μὲν τοὺς φιλοκάλους καὶ πλουσίους εὑρήσει*)的人载倒在她的网中(*εὑρὼν δὲ μηχανήσεται, ὅπως ἐμβάλῃ αὐτοὺς εἰς τὰ σὰ δίκτυα*)。狄奥多德感叹是怎样的网呢？苏格拉底回答说：

> 你就有一个，且非常美妙：那就是你的身体；在身体里还有一个灵魂，借助于它，你懂得(*καταμανθάνεις*)抛出怎样的秋波以显得动人，说出怎样的话语以散发魅力；对那于你有意的人，你携以欢愉接待他，对那些仅拿你当玩物的人，你勿加理会；如果一位友人生病了，你携以关心使之痊愈，若他做出些许善良的行为，你会毫无保留地与他一道欣悦；对那于你一往情深的人(*τῷ σφόδρα σου φροντίζοντι*)，你携以整个的灵魂使之欢愉。(卷三，11.10)

这段文字中的*καταμανθάνεις*，我译成"借助于它，你懂得"(grâce à laquelle tu comprends)，[①] 而不是"它教会你"(de lui tu apprends)。[②] 一方面，工具语格从来都不用来指称认知的来源；稍远处 11.16 中，谈到"他对之传授"媚药和咒语的女友们(philai)，苏格拉底所用的并不是此处的工具语格，而是*παρά*+属格的表达方式。一般而言，这里从苏格拉底口中说出的表达方式极为罕见，我们在辞典中找不到任何它例。[③] 所以，我认为[33]这就更加凸显了此处苏格拉底论述的独特性。因此，译成"……你由之学会(如何与你的情人相处)"，就将我们熟悉的从柏拉图到

---

① 仿照拉丁语译者的传统(Bessarion[1533]，Leuvenklaius[1559]，还有 Dübner[1860])。

② 这种译法在现代译者那里十分常见，比如 Charpentier(1650)，而 Bux(1956)例外，似乎认同了 Marchant(1923)的译法："……灵魂教导你……"。

③ Pape、LSJ、Montanari 从来没有以工具格的方式使用过*μανθάνειν*；唯一出现的构词方式是*μανθάνειν τί τινος*, *ἀπό τινος*, *ἔκ τινος*, *πρός τινος*, *κατά τινα*, *παρά τινι*。

亚里士多德的灵魂与身体之间关系的概念强加了进去，在柏拉图和亚里士多德那里，身体是灵魂的器具。由此，据苏格拉底所说，狄奥多德拥有一张用来捕获猎物的网，对她来说猎物即是其情人，并且她的灵魂教会她懂得如何利用自己的身体。但这并不是苏格拉底向狄奥多德解释的，按他的意思，狄奥多德有两张网：一个（ἓν μὲν δήπου）是她的身体，在身体中（ἐν δὲ τούτῳ）有着另一个，即她的灵魂，这也是并列连词μὲν... δέ所指明的。这种并列用法并不合习惯，因为ἓν[一个]和ἐν[在……中]分别作为数量词和介词，从性质和功能来看属于完全不同的词组类型，似乎恰恰不能构成并列关系。况且当δὲ尾随ἐν之后，而μέν作为复合句的起始，由于半谐音的缘故，以至我们会认为ἓν是“第二个ἐν”。这样的它例我们再难找到，可以认为这正是色诺芬玩弄的一个半谐音，以便让读者通过简洁的语词，领会到灵魂含蕴于身体“里头”，同时又与身体一样，是狄奥多德如网般用来获取情人的一种诱惑手段。因为，如同该段末尾所表明的（“对那于你一往情深的人，你携以整个的灵魂使之欢愉[ὅλῃ τῇ ψυχῇ κεχαρίσθαι]”），如同利用身体举止的魅力一样，狄奥多德亦如此这般用着她的灵魂。换句话说，在苏格拉底看来，诱惑并不仅仅是生理上的，在身体中的灵魂——与身体一样、或可说与其一道——也是器具。

我们的问题是，对于色诺芬的苏格拉底来说，把灵魂和身体的功能相等同，是否为普遍适用的真理？或相反，若这正是狄奥多德不能做到的，那么，此刻苏格拉底是向谁讲述与其使灵魂成为治疗的对象不如使之对其举动有所裨益的呢？

《回忆苏格拉底》中多处谈到这一主题。比如，在卷一 2 中，我们可以找到色诺芬以自身的名义，为苏格拉底不应对克里提阿和阿尔喀比亚德离开他后所作恶行负责展开的辩护：当克里提阿和阿尔喀比亚德在苏格拉底身边时，他们行善，可一旦远离则自行堕落；德性、智慧或节制，不能同时获得，[34]如同对体力的观点一样，色诺芬认为这需要不断地锻炼：

> 我看到，如同那些不锻炼自己身体的人就不能胜任体力活计（τὰ τοῦ σώματας ἔργα）一样，同样地，那些不锻炼自己灵魂的人也不能胜任灵魂的活计（τὰ τῆς ψυχῆς ἔργα）。因为他们既不能做所必须做的，亦无法克制所必须克制的。（《回忆苏格拉底》卷一，2.19）

换句话说，灵魂具有与身体一样的弱点和需要，像后者一样，它也需要保持住活力，也就是说需借助有规则的锻炼保持活力。在此我们可以看到灵魂和身体功能的相似。

同一章的稍前部分，色诺芬提到了苏格拉底对体力锻炼的看法，从中我们可以看到，仅当体力锻炼对灵魂有益时他才表示赞许——似乎更多地偏向灵魂对身体的优先性，而不是双方的平等性。在指出苏格拉底并不是不介意身体而是不称许那些忽视身体健康的人时，色诺芬补充道：

> 他反对（ἀπεδοκίμαζε）锻炼过多、吃得过量（τὸ μὲν οὖν ὑπερεσθίοντα ὑπερπονεῖν），认为锻炼要适量（ὅσα... ταῦτα ἱκανῶς ἐκπονεῖν①），以便灵魂能欢乐承受。他说，因为这一习惯完全健康，且不对灵魂的锻炼构成障碍（τὴν τῆς ψυκῆς ἐπιμέλειαν）。

① 这里，我不同意 Dorion 的译法：(1) τὸ ὑπερεσθίοντα ὑπερπονεῖν 并不含有“饮食过量乃由于锻炼过多”的意思，因为其中的两个动词，一个是分词形式，一个为不定式，两个都是现在时，说明过多的锻炼与过量的饮食并列（或可认为是并列补充）；(2)重点不在饮食的多少，而在于锻炼的多少，从而没有理由像 Dorion 认为的 ἐκπονεῖν 有医学的含意（这是严重的误解）：“锻炼是为了消化”——更不会把 ψυκή 译成“胃口”（Chambry 甚至译成“肠胃”！）

(《回忆苏格拉底》卷一,2.4)

我们知道,亚里士多德谈到保持中庸之道时,举例说米隆(Milon de Crotone)的体力活动与他每天吃一头牛的饭量相称。①这里,我们看到苏格拉底意味深长地批评了仅考虑身体而忽略灵魂的肆心的体育运动。这一批评[35]其实与忽略身体的批评一致,我们可以认为,如亚里士多德一样,这里谈到的是一种均衡原则,但不是体力和饮食之间的均衡,而是体力锻炼和灵魂锻炼之间的均衡——过多的身体锻炼有损灵魂的锻炼。从而,在苏格拉底看来,适度的身体锻炼有利于灵魂的锻炼,而不是如同柏拉图的《斐多》所说,为了灵魂的解脱而折磨身体,身体或体力活动是灵魂锻炼的潜在障碍。相对于身体的锻炼来说,灵魂的锻炼有规限。我们从而可以认为,在灵魂和身体之间,均衡原则偏于灵魂一方。然而,《回忆苏格拉底》卷一 2.19 中色诺芬的观点,以及他在卷一 2.4 中赋予苏格拉底的立场,与此较为不同。色诺芬认为,如果灵魂像身体一样需要锻炼的话,那么,苏格拉底则批评对灵魂锻炼构成障碍的身体锻炼。这里对肆心的身体锻炼的拒绝,并不是要反对将身体锻炼和灵魂锻炼相等同的均衡原则(要知道:肆心的精神锻炼同样阻碍身体的锻炼)。因此,我们可以总结说,苏格拉底更关心灵魂,而非身体。

就灵魂比身体优越来说,《回忆苏格拉底》的其他章节亦有证据。苏格拉底对阿里斯托德莫斯(Aristodème)说,不可见的灵魂是身体的主人(*τοῦ σώματος κυρία ἐστίν*)(《回忆苏格拉底》卷一,

---

① Athénée 至少如此提及(X,412—413)。亚里士多德则说,米隆得意于自己吃六铭(mines,按:古希腊计量单位,一铭等于 324 克)的东西还不够(《尼各马可伦理学》[*EN*]卷二,5,1106b3)。据其他的说法,实际上,米隆一天要吃掉 20 镑肉及同量的面包,同时还要喝 18 品脱的酒。

4.9)；对欧绪德谟(Euthydème)说，它"统治和支配着我们"(《回忆苏格拉底》卷四，3.14)。其他的例子则都涉及对诸神存在的尊重：如果灵魂不可见却主宰着我们的身体——这一点是"显然的(φανερόν)"——那么便不能因诸神不可见就否认它们的存在或它们对宇宙的主宰。诸神在世间，灵魂在体内：此间的相似，使得苏格拉底当然不会放弃这一确认灵魂神圣性的机会：

> 如果人之中有什么东西具有神性的话，那就是灵魂。[… ἀνθρώπου γε ψυχή, ἥ, εἴπερ τι καὶ ἄλλο τῶν ἀνθρωπίνων, τοῦ θείου μετέχει …](卷四，3.14)

[36]因此，我们就不能在体力锻炼和灵魂锻炼之间保持住公允的平衡：灵魂若是我们之中某种神圣的东西，并如同诸神主宰宇宙一样控制着我们的身体，那么，在灵魂和身体之间显然不存在均衡性，而是好比诸神对宇宙的主宰一样，灵魂超越于身体。那么，灵魂像它的身体一样需要锻炼到底是什么意思呢？照料灵魂(τὴν τῆς ψυχῆς ἐπιμέλειαν)是什么意思？我们可否将之比作普洛狄科(Prodicos)轶事中的德性(《回忆苏格拉底》卷二，1.28)？诸神从来没有赋予人世无需苦痛及训练便能获得的好东西(ἄνευ πόνου καὶ ἐπιμελείας)，在他们看来要从这些东西获益就必须使它们有用(θεραπευτέον)，对自己灵魂的照料从而就是要使它有用，ἐπιμελεία变成了θεραπεία。相反，如果苏格拉底的教导(《回忆苏格拉底》卷三，9.11)是真的话，那么，所有有能力的东西才具有操纵力，那些没有能力操作(ἐπιμελεῖσθαι)自身事务的人不得不将它们交付他人来完成。所以，与其是那个主宰着我们的灵魂来训练我们，我们则至少应对之加以训练。那么，很显然，《回忆苏格拉底》卷三11中作为苏格拉底教导媚药和咒语之对象的 philai[女

友们],正是灵魂的隐喻。如果灵魂是我们中神圣的东西,我们之中有谁能够对它加以教导呢?

色诺芬对此问题的回答似乎是:苏格拉底能够。在《回忆苏格拉底》卷一 3.5 中,色诺芬告诉我们,苏格拉底不仅教化(*ἐπαίδευσε*)他的身体,而且教化他的灵魂(此处的灵魂与前面相同:*τήν τε ψυχήν καὶ τὸ σῶμα*)

> 通过任何人都可践行的节食(*διαίτη*①),至少由一超自然的奇物(*εἰ μή τι δαιμόνιον εἴη*),能处于全然的信任和安适中,不缺少这样做所需的必要滋养。

上述说法颇为怪异。首先,作为灵魂教化者的苏格拉底的观点,似乎与他关于灵魂是身体的主人[37]或主宰的教导相矛盾;其次,苏格拉底让身体节食以便有利于 karteria[教化]。我们由此明确看到,这里的 enkrateia 指灵魂对身体和激情的控制,而不是让灵魂自身与身体同时节食。因为,如果色诺芬笔下的*διαίτη*能够具有"生活方式"这一更为常用的含义② 的话,那么这里指的显然就是饮食方式:其后的行文仅涉及苏格拉底的俭朴——苏格拉底仅在有进食乐趣时才吃饭,食欲是他的佐料,所有饮料对他来说都是可口的,因为他仅在口渴的时候才饮用,如此等等。那么,

---

① 与英语界的译者一样(Marchant,Tredennick-Waterfield),我将这里的*διαίτη*视作工具与格。假若,如同 Chambry 和 Dorion 那样,将之看成是苏格拉底对灵魂操纵教化的结果,也不是没有道理,比如 Dorion 翻译成苏格拉底"使他的灵魂和身体服从(plié)于节食……"。F. Montanari(1995),*παιδεύω*词条,1,b,将这段(《回忆苏格拉底》卷一,3.5)中的*παιδεύω*理解为 correggere[译按:意大利语,"纠正"、"改正"]或 emendare(Dübner:temperabat[修正、改正])。LSJ 与之不同,对他来说,*παιδεύω*与格同时含有教导(educate in)和被教导(educated by)的意思,Montanari 则仅将这一结构中的与格理解为工具格。

② Dübner 习惯译成 Vivendi ratio[生活方式]。

灵魂同样(或者首先,如同我前面指出的那样)依赖于饮食的节制,为这一节制方式所"教化"!①

这里需要指出,谈到苏格拉底俭朴的节制方式益处的是色诺芬。实际上,节制的饮食对身体和灵魂同样有益的想法,是我们早已遇到的下面这一观点的强化,即灵魂与身体一样不能自我锻炼——自我训练或教化。如果这里与苏格拉底它处的理论有矛盾的话,那么,色诺芬又一次以其自身的立场申明,苏格拉底同样"教化"他的灵魂而不仅只"教化"身体就不足为怪了。对给苏格拉底做无罪辩护来说,如同我们看到的,克里提阿和阿尔喀比亚德所做的恶行,正好反衬出一位能顺从灵魂绝对支配的人。问题是,既然*πάντα τὰ καλὰ καὶ τἀγαθά*[一切美且善],为何*σωφροσύνη*[节制(在柏拉图笔下);谨慎或智慧(在色诺芬笔下)]还需要训练呢? 因为

> 它与灵魂同时被置于同一个身体中(*ἐν γὰρ τῷ αὐτῷ σώματι συμπεφυμέναι τῇ χυχῇ*②),快感怂恿[38]它(*πείθουσιν αὐτὴν*)变得不顺从(*μὴ σωφρονεῖν*),并允诺给它和身体迅即的欢愉

---

① 色诺芬也是如此认为,他认同苏格拉底对同席者的取消餐前酒食的建议,也就是说餐前酒食是在"引诱人们在不饿的时候进食、在不渴的时候饮用的东西"(*τὰ πείθοντα μὴ πεινῶντες ἐσθίειν μηδὲ διψῶντας πίνειν*),这一建议的理由是,这些做法不仅对肠胃和脑袋无利,亦无益于灵魂(*καὶ γὰρ τὰ λυμαινόμενα γαστέρας καὶ κεφαλὰς καὶ ψυχὰς ταῦτ' ἔφη εἶναι*)(《回忆苏格拉底》卷一,3.6)。

② 几乎所有译者都不会留心于这样一种与习惯不合的解释,除非特例,都将这一分词式关联理解为欲望与灵魂一起,亦可说与它一道,在身体内有其各自的位置。奇怪的是,最近的古希腊语辞典中,对这一结构的解释则稍有疑虑:[*συμπεφυτεύσθαι*+与格]这样的结构,F. Montanari 的 *Vocabolario*(《古希腊词汇》)就书面和喻意用法,给出了两种不同的解读。在第一种情况下,受 Dioscoride 的影响,建议将之理解为与某物"一道被置于",这与我们的理解相同;Montanari 的理解则与此相反,他认为不是"一道",而是"被置""于"某物"之中":也即,隐喻乃是要修改句法结构。那么,在我们考察的色诺芬的这句话中,意大利籍辞典编纂者认为,表地点的状语结构功能,为 *ἐν τῷ αὐτῷ σώματι*[在同一身体里]所代替,因为如同我们的辞典编纂者所说,前者妨碍人们理解对我们来说司空见惯的一个看法,即欲望处于灵魂之中。

(χαρίζεσθαι)。(《回忆苏格拉底》卷一,2.23)

色诺芬强调灵魂和快感被置于同一个身体(ἐν τῷ αὐτῷ σώματι),这就要求我们相信,快感与灵魂相分离,前者同样"被置于"身体中。也就是说,除了灵魂,还存在与身体不同的另一个实体或实存。这与柏拉图《斐德若》认为灵魂有三等分不同,而是认为个体有三等分。不是在灵魂的里头上演着一场"内部的戏剧",借若班(Léon Robin)的说法(参 Robin[1933]页 C 及后 *sqq.* = Vicaire 1985,页 CXVIII 及以下),布满艰难的"爱之主题"的戏剧,在节制(sophrosyne)和欲望之间进行着仲裁。这里,戏剧在灵魂、快感和身体之间展开,乃是一场二对一的博弈,因为如同色诺芬所解释的,快感属于身体的阵营,企图怂恿灵魂与身体一道去享乐。如此一来,灵魂远不能驾驭身体,如同我们前面谈到的苏格拉底对欧绪德谟的教导一样。由此,灵魂就承受着快感提出的"允诺"身体"欢愉"(χαρίζεσθαι)的危险。①

矛盾的是,当苏格拉底 ex professo[敞明]谈及有关神的学问时,他不得不认识到,正是由于灵魂的脆弱(faiblesse psychologique),克里提阿和阿尔喀比亚德才会堕落,被色诺芬程式化理解的灵魂学(la psychologie),就被毫不费力地镶嵌在苏格拉底的肖像中了。[39]不难发现,苏格拉底正是以乐趣[快感]作为教化灵魂的节食基准,色诺芬写道,苏格拉底"消耗他有乐趣吃掉的食物的量(σίτῳ... τοσούτῳ ἐχρῆτο ὅσον ἡδέως ἤσθιε)"(卷一,3.5)。也就是说,苏格拉底吃饭的乐趣帮助他衡量食物的消耗量;或苏

① 我们可以看到跟苏格拉底与狄奥多德对话中同样的动词用法:狄氏被看成是"与劝诱她的人(οἷα συνεῖναι τῷ πείθοντι)打交道的"女人(卷三,11.1),苏格拉底向她解释说,她的灵魂使她懂得,对于你一往情深的人,需携以整个的灵魂(de toute son âme)"使之欢愉(κεχαρίσθαι)"。换句话说,按色诺芬的理解,若一位女妓的灵魂不具德性,那么,苏格拉底的伟大则必然知道如何"教导"她的灵魂。

格拉底用节食作为他教化灵魂的方法，他并不拒绝快感的影响。那么，这种节食教导的义涵是什么呢？色诺芬随后加以解释：

> 当他来[吃饭]，他已经对此（按：指快感对食量加以衡量）有所准备，好比胃口成了他的佐料（ὄψον）；[①] 另外，所有的

---

① Dorion(2000)做了革新，将此处的ὄψον译成“食物”，而不是如众多译者那样译成“佐料”。要注意(n. 200 *ad loc*.，页127以下)，ὄψον“在色诺芬那里，一般是指有强度的餐食(肉、鱼、菜蔬)，通常在火上烧熟，与面包一起来吃”，色诺芬说“……(苏格拉底的)胃口对他来说是饮食”，换句话说，苏格拉底不需要吃饭，或他由饥饿中获得滋养，这就形成了他能自给自足的错觉。除了矛盾的特征外，这一解释还有很多疑点。(1)“佐料”的译法与古代译者对此的理解是一致的：Porphyre讽刺这段文字，他写道，根据苏格拉底，“饥饿是饮食的佐料(ὄψον τροφῆς τὸ πεινῆν ἔλεγε)”(《论自制》[*De abstinentia*]，Ⅲ，26.8)，直接的上下文背景是，一个生存者(ἡ φυγὴ τῆς ἐμψύχου τροφῆς)的戒食是成问题的，同时毫不含糊地指出τροφή在此指“食物”；(2)色诺芬十分明显地把苏格拉底对食物和饮料的态度并列(σίτῳ μὲν... ποτὸν δέ...)，因为，非常清楚地，他提到的苏格拉底对饮料的态度是，苏格拉底仅在口渴的时候才进饮，其中的意思也就是说，苏格拉底口渴所以他才喝得爽口开心——而不是如同人们于此所期待的苏格拉底由其渴而解渴，以及相对应地，苏格拉底为自身的饥饿所滋养；(3)Dorion为了证明他的解读，如同Chantraine(1949)，n. *ad Oecon*. Ⅴ3(页51，注释4)那样，指出“卷三14中频繁出现ὄψον”。Chantraine在注释中将ὄψον译成“加入”，“指往面包和饼里加的东西：蔬菜、葱、橄榄、肉、鱼”。Chantraine(1984，页846)中的ὄψον词条，则更加细致地说明了这一列举：“有时为肉，通常是鱼”。所以ὄψον并不一定就是熟的，也不就一定是我们认为的“有强度的餐食”，如同我们可以在柏拉图《王制》卷二372b1－d2中看到的，苏格拉底建议城邦民众的优先食物仅是面包和饼；在格老孔(Glaucon)的建议下才加入ὄψον，而这一ὄψον既不是肉也不是鱼，其中煮熟的蔬菜也是在最后才提出来的。相较于有强度的餐食，ὄψον似乎就是往面包里加入的一种食物。《回忆苏格拉底》卷三14.2－4中，苏格拉底取笑一位同席者不吃面包(σῖτος)，只吃ὄψον。译者通常把这一段中的ὄψον译成“肉”；如果真的需要像Dorion指出的那样，强调这一段以使之区别于卷一3.5中的ὄψον，那么为什么不把这里的σῖτος也译成“面包”呢？所以我们认为这一段文字并不是说苏格拉底为自身的饥饿所滋养，更大的可能是，相对于卷三14中那些讲究美食的人，苏格拉底满足于面包。Dorion坚持把卷一3.5中的σῖτος译成派生义，且赋予其更为一般的含义“食物”，这是色诺芬用来代替苏格拉底的ὄψον之物的表达方式，好比下句中的含义：ἐπιθυμίσα τοῦ σίτου。如果他想说的是，苏格拉底仅吃面包，他的胃口使面包变得美味，那么ἐπιθυμίσα一个词就足够了。所以，色诺芬其实想说的，是“对食物的欲望(ἐπιθυμίσα τοῦ σίτου)”，也就是胃口，对苏格拉底来说足够让他在他所吃的东西中品到滋味，而不需什么佐料。

饮料对他来说都是可口的,因为他仅在口渴的时候才进饮。

[40]换句话说,苏格拉底的乐趣[快感]并不是无备而来,这种准备似乎就是简简单单地在上桌之前处于饥渴之中。这至少就是他自己向欧绪德谟所解释的悖论——更多的快感不是来自放纵(akrasia)而是来自自制(enkrateia)。① 他解释说,实际上,只有饥饿、口渴、爱欲和犯困,才让人有乐趣去吃、喝、做爱和睡觉,且不让我们有忍耐它们的余地,放纵妨碍我们"从最不可少且最寻常的事物(*τοῖς ἀναγκαιοτάοις τε καὶ συνεχεστάτοις*)中获得与之匹配(*ἀξιολόγως ἥδεσθαι*)的乐趣"。也就是说,从最不可少且最寻常的事物——最平庸的事物,人们可以获得巨大的乐趣——难以忘怀的乐趣(*ἥδεσθαι ἀξίως μνήμης*)。苏格拉底对此强调说,唯一的条件仅在延缓它们(*περιμείναντας καὶ ἀνασχομένους*),也即让它们忍受(*καρτερεῖν*)艰苦,这也就是自制。

这一段中需要特别指出的是,自制(enkrateia)不是因它处所指的对快感诱惑的抵抗而成了"德性的根基"(《回忆苏格拉底》卷一,5.4),这里指强化快感的源泉或基本动力。因为既然自制能够保证在最为平庸的事物中找到"难以忘怀的"乐趣,而试图寻找快感的大多数做法因缺乏自我主宰结果一无所获,那么,自制则能比它物获得更多快感或找到最佳快感。由此,我们看到,苏格拉底对欧绪德谟的道德教化,与色诺芬的齐家观点并无不同(请见后文)。

[41]同样,这样的观点也见于苏格拉底对智术师安提丰(Antiphon)的教育,见两者间三次辩驳中的第一次(《回忆苏格拉底》

---

① 参《回忆苏格拉底》卷四,5.9。苏格拉底关于灵魂的教导与色诺芬的理解并不矛盾,矛盾的是苏格拉底的教导本身,是"主宰我们"的灵魂和灵魂被快感所诱导这样的观点。实际上,灵魂带来最大的快感同时,自制(enkrateia)又能让之趋于德性。

卷一,6.1—10)。安提丰特别批评了苏格拉底的饮食、衣着及他不能挣钱的事实。苏格拉底首先回答了挣钱的问题,将他不领取报酬的自由摆在首位;然后他回答了关于节食的问题:

> 那么,你所蔑视的是不是我的节食(*τὴν δίαιτάν μου*)呢?

如同卷一 3.5 一样,接下来的文字确认了这里所谈的显然是饮食上的节制。安提丰通过比较自己的饮食和苏格拉底的节食而批评苏格拉底有何动机?因为苏格拉底的饮食没有安提丰的健康?“你准备的那些餐食,对我来说,是不是比我准备的更好吃呢(*ἡδίω σοι ἃ σὺ παρασκευάζῃ ὄντα ἢ ἐμοὶ ἃ ἐγώ*)?”就安提丰提出的这一问题,苏格拉底的辩驳如下:

> 你难道不知道饭吃得最香的人,是那个最不需要佐料的人(*ὅτι ὁ μὲν ἥδιστα ἐσθίων ἥκιστα ὄψου δεῖται*),① 喝得最爽快的人,是那个最不需要人们所渴望的饮料的人(*ὁ δὲ ἥδιστα πίνων ἥκιστα τοῦ μὴ παρόντος ἐπιθυμεῖ ποτοῦ*)?(《回忆苏格拉底》卷一,6.5)

苏格拉底两次提到了*ἥδιστα*(→*ἥκιστα*)—— 最大的满足来自

---

① 这里,我同样赞同 Chambry 而反对 Dorion,后者认为自己是对的,将之译成“食物”。如同卷一 3.5 中的情形,“佐料”的译法同样也由古代学者提出,比如拉尔修引用到这段文字,他用*προσδεῖται*取代了*δεῖται*:“那最不需要加(*προς*—)*ὄψον*的人吃得最香”,也就是说,对他来说,*ὄψον*不是一种食物,而是人们另加的一种东西。苏格拉底的回答并不是指通常意义上的节制行为,或安提丰指责他的那三项(前两个问题仅为修辞性问题,回答仅针对苏格拉底本人),而仅指最后一个,即安提丰认为他所烹调的食物比苏格拉底的要更美味。问题并不在于食物的质量,而是快感的多少,这一次不是由胃口大小而是由烹调决定,换句话说,与烹调饭菜的方式有关。

最少的需求(ἥκιστα δεῖται)或最少的欲望(ἥκιστα ἐπιθυμεῖ),由此建立了苏格拉底式的极端俭朴和他获得的与之相应的无限快乐。在卷四5.9中,苏格拉底传达给欧绪德谟的信息是独特的,与色诺芬在卷一2.23中勾画出的理解一致。据后者,快感会不停地怂恿灵魂及身体由之获得满足。同样,[42]苏格拉底用来教化灵魂和身体的,不是彻底地克己,而是快感以及快感之极致的诱惑力。他教化灵魂,却并不拒绝身体的快感,相反,而是拥有给他胃口带来最大满足的快感。这里显然涉及到衡量的问题,但至少首先不是功利主义者而是享乐主义者的衡量。苏格拉底并不试图在用得不多也不少和或短期或长期的用途之间保持平衡,他也不掂量不同性质的快感。作为控制饮食的拥护者,在饮食学一词的严格含义来说,他并不与那些专门研习该行的人比较对饭菜的快感。但是,他认为俭朴者和美食者由吃饭所获得的快感,属于同一性质或同一区域。后来才有的两者之间的对立,不是因为他想要区分快感和用途,而是因为他想指出,在通过消耗获得享受的快感和拥有长期使用价值的诱惑力快感之间,才存在着对立:

> 就肚子、睡眠和生殖器的独立性(τοῦ μὴ δουλεύειν)而言,你是否相信能更为有效地获得不同的或更为强烈的快感呢,它使得快感的魅力不仅在于人们享受它的瞬间,而且能让人们觉得它将来总是有用(ἃ οὐ μόνον ἐν χρείᾳ ὄντα εὐφραίνει ἀλλὰ καὶ ἐλπίδας παρέχοντα ὠφελήσειν ἀεί)?(《回忆苏格拉底》卷一,6.8)

我们看到,优先的不是快感的用处,而是长久的用处,作为快乐的源泉,它远比瞬间的快感强大(ἡδίω)。比较总是以享乐主义的语气在快感和快感之间进行,这一次,关于用途的比较却仅能在不同性质的快感之间进行。在随后的句子中，苏格拉底指出了人们感到自己更出色并能找到更好朋友的快感（卷一，6.9）。这里所指的不再是灵魂抱怨身体的快感，而是由彼此间的改善获得的满足感：如果每个人都满足于在自己从事的行业中获得成功，也就有了因觉得自我得到了改善（*ἀπὸ τοῦ ἑαυτόν ἡγεῖσθαι βελτίω γίγνεσθαι*）而感到快乐的最大理由。这一快感远胜于饭桌或床上的快感，但还不是与苏格拉底的节食有关的快感。辩护围绕苏格拉底对自己身体耐力的欣赏展开——要知道无论冬夏苏格拉底均衣着单薄并赤脚走路，这一欣赏暗含于对安提丰的批驳的回答，而该批驳至此一直被弃置一旁。

[43]当然，苏格拉底的节食与他的 karteria[克制]并非毫无关系，他曾在服役期间的一次围攻中忍受了粮食短缺的困难，表现得远远优越于那些习惯于豪宴和珍馐佳肴①的人（卷一，6.10）。而且，此次对其强大节制力的重述并不是就快感而言，而是对他者（友人或城邦）以及军队价值所作的结论，即不是色诺芬认为灵魂面对快感具有难以克服的弱点，而是苏格拉底自己关于快感用法的看法。稍加斟酌，我们就会发现此段中这一结论的写作风格，苏格拉底以享乐主义的语气为其节食辩护，好像是附带的一个话题。在卷一 6.5②中，我们可以找到同样的数学风格，即用

---

① 的确，这段中*διαίτη*这个词，特别是动词*διαιτεῖσθαι*，更指一种生活方式，而不仅是饮食上的节制。通过与*διαίτη*一词的联合，苏格拉底回到了修辞问题，由此开始了他对节食的辩护。我的饮食，他问道，难道比你的那些最稀有、最贵重（*χαλεπώτερα πορίσασθαι... διὰ τὸ σπανιώτερά τε καὶ πολυτελέστερα εἶναι*）的更难获得（卷一，6.5）？这里，是那不能离开贵重饮食的人（*ἄνευ πολυτελοῦς διαίτης ζῆν*），还是那个满足于现有之物的人，更容易相处呢？被围困的时候，是那个需要难以找到的东西的人（*ὁ τῶν χαλεπωτάτων εὑρεῖν δεόμενος*），还是那个满足于最容易找到的东西的人，最先屈服呢？

② 这一风格的运用或许并不是偶然的，因为 H. Diels(1917)就认识到，安提丰（Antiphon）《论真理》（*Sur la vérité*）的残篇就受到数学风格的影响。

方程式的方式来说话。我们想到了苏格拉底论证其节食优越性所用到的方程式：

Ἥδιστα ἐσθίειν = ἥκιστα δεῖσθαι / ἐπιθυμεῖν.[最大的快乐 = 最少的需求/爱欲]。

苏格拉底的结论也是以同样的结构表达的：

> 你似乎相信(ἔοικας οἰομένῳ)，安提丰，幸福就是享乐和奢华(τροφὴν καὶ πολυτέλειαν)。我则倾向于认为(ἐγὼ δὲ νομίζω)，什么都不需要才是属神的(τὸ μὲν μηδενὸς δέεσθαι θεῖον εἶναι)，需要的东西越少，与神越接近(τὸ δ' ὡς ἐλαχίστων ἐγγυτάτω τοῦ θείου)；神性最具自制力(τὸ μὲν θεῖον κράτιστον①)，最接近神性的人，[44]就是几乎拥有最大自制能力的人(τὸ δ' ἐγγυτάτω τοῦ θείου ἐγγυτάτω τοῦ κρατίστου)。(《回忆苏格拉底》卷一，6.10)

或：

(1) Τὸ μὲν μηδενὸς δέεσθαι[什么都不需要]= θεῖον εἶναι[属神的存在]

(2) Τὸ δ' ὡς ἐλαχίστων ‹δέεσθαι› [需要的东西最少] = ἐγγυτάτω τοῦ θείου[最与神性接近]

(3) Τὸ μὲν θεῖον ‹εναι›[属神的存在]= κράτιστον ‹εἶναι›[拥有最大主宰能力]

(4) Τὸ δ' ἐγγυτάτω ‹εἶναι›[最接近神性]= ἐγγυτάτω ‹εἶναι› τοῦ

---

① 据 LSJ，词条κράτιστος，2，这个形容词通常用作ἀγαθός的最高级，这里我们自然将之译成“完美的”，既然它是神性的修饰语。就苏格拉底对知道赞扬自制(ἐγκρατεία)的论证来看，我则倾向于理解成它的基本义，也即κρατύς[有力、强大](LSJ，词条κράτιστος，1)。

κρατίστου[几乎拥有最大主宰能力]

我们可以归约为以下形式：

(1a) Τὸ μὲν μηδενὸς δέεσθαι [什么都不需要] = κράτιστον ⟨ εἶναι ⟩[拥有最大主宰能力]

(2a) Τὸ δ' ὡς ἐλαχίστων ⟨δέεσθαι⟩ [需要的东西最少] = ἐγγυτάτω ⟨εἶναι⟩τοῦ κρατίστου[几乎拥有最大主宰能力]

这是苏格拉底就其节食的优越性展开的新论证，即需要最少的东西不是别的，正是需要最少佐料的一般化说法。苏格拉底论证的第一个方程式就含蕴于下面这个新程式之中，我们可以表达为：

> Ἥκιστα ὄψου δεῖσθαι (ὡς ἐλαχίστων δέεσθαι 的个例) = ἐγγυτάτω εἶναι τοῦ κρατίστου，也即，τοῦ θείου。
>
> 需要最少佐料(需要的东西最少的个例) = 最接近拥有最大主宰能力者，即神。

苏格拉底关于最接近神性的情愿包含的次要方面，就是要证明他节食的优越性。无疑，这一优越性现在不再通过快感的数量和强度衡量，而是通过接近神性加以衡量。但是，这一接近不应让人忘记论证的起始即快感。一般而言，一个[45]需要最少东西的人，尤其需要最少佐料的人，由于最接近于神性的 enkrateia[自制]，成了吃得最香的人。苏格拉底完整的论证线索，是否允许我们总结说，那个吃得最香的人所拥有的快感，来自他最大程度地接近于神性的 enkrateia[自制]呢？仅说苏格拉底从捍卫自己的节食转向了接近神性的愿望还不够，正是因为他的节食——因为他懂得赋予饭桌上快乐的强度——他才有这一愿望。

这就是苏格拉底通过节食来教化灵魂的结果。也就是说，苏格拉底懂得如何把使克里提阿和阿尔喀比亚德堕落的易受快感诱惑的灵魂的弱点转换为优点。同样，根据他对欧绪德谟的教导，"如果我们中有什么分有了神性的话，那就是灵魂"（卷四，3.14），从而得出这样的结论：正是基于灵魂在快感方面的这一弱点，苏格拉底才能够获得对神性的分有。但是，这会让人忘记最接近神性的人，是最具 enkrates[自制力]的人，或者，是使自己的灵魂变得可教、而且灵魂自身顺从教导的人。苏格拉底认为，并不是被教导的灵魂，而是 enkrates[自制]者，才是灵魂的教导者。从而，最接近神性的，不是苏格拉底的灵魂，而是苏格拉底自己——他的身体和灵魂，因为，如同色诺芬一开场所说，苏格拉底通过节食来教化的乃是他的灵魂和他的身体。

参考文献

BESSARION 1533：Interprete Bessarione Cardinale Niceno，*De factis & dictis Socratis，memoratu dignis*，*Lib.* IIII，dans *Xenophontis philosophi et historici clarissimi opera，partim Graecorum exemplarium collatione recognita，partim a viris doctissimis iam primum latinitate donata.* Quorum elenchum subsequens pagina indicabit. Cum rerum scitu dignarum Indice locupletissimo. Cum gratia & privilegio Caesareo，Bâle，1533.

BUX，E. 1956：Xenophon，*Die sokratischen Schriften: Memorabilien — Symposion — Oikonomikos — Apologie*，übertr. und hrsg. von —，Stuttgart，1956.

CHAMBRY，P. 1935：Xénophon，(*Euvres completes*. 3，*Les Helléniques*，*Apologie de Socrate*，*Les Mémorables*，traduction，notice et notes，Paris，1935 (Classiques Garnier). Réimpr.：1967 (GF，152).

CHANTRAINE，P. 1949：Xénophon，*Economique*，texte établi et traduit par —，Paris，1949 (Collection des Universités de France).

— 1984：*Dictionnaire étymologique de la langue grecque. Histoire des mots*, nouveau tirage, Paris, 1984.

CHARPENTIER, F. 1650：*Les Choses mémorables de Socrate*, *ouvrage de Xénophon traduit de Grec en François. Avec la vie de Socrate*, *nouvellement composée et recueillie des plus célèbres auteurs de l'Antiquité*, Paris, 1650.

DIELS, H. 1916：«Ein antikes System des Naturrechts», *Internationale Monatsschrift für Wissenschaft*, *Kunst und Technik*, 11 (1917) [1er octobre 1916], col. 81—102. Trad. fr. par M. Narey. «Une doctrine du droit naturel dans l'Antiquité», *Revue française d'histoire des idées politiques*, 3 (1996), p. 161—173.

DORION, L.-A. 2000：Xénophon, *Mémorables*, tome I, *Introduction générale*, *Livre* I, texte établi par M. Bandini et traduit par L.-A-Dorion, Paris, 2000 (Collection des Universités de France).

DÜBNER, F. 1860：*Xenophontis scripta quae supersunt*, Graece et Latine cum indicibus nominum et rerum locupletissimis, Parisiis. M DCCC LX.

GOLDHILL, S. 1998：«The seductions of the gaze：Socrates and his girlfriends», dans P. Cartledge, P. Millett & S. von Reden (éd.), *Kosmos. Essays in order*, *conflict and community in classical Athens*, Cambridge, 1998, p. 105—124.

LEUVENKLAIUS 1569：*Xenophontis et imperatoris & philosophi clarissimi omnia*, *quae exstant*, *opera*, Ioanne Leuvenklaio interprete：Cum Annotationibus eiusdem & indice copioso, Bâle, 1569.

LSJ：*A Greek-English Lexicon*, compiled by H.G. Liddell & R. Scott, revised and augmented throughout by Sir H.S. Jones with the assistance of R. McKenzie, with a Supplement (1968), Oxford, 9 1940, repr. 1978. [Revised Supplement ed. by P.G.W. Glare with the assistance of A.A. Thompson, 1996.]

MARCHANT, E.C. 1923：Xenophon, *Memorabilia and Oeconomicus*. With an English translation, Londres-Cambridge (Mass.), 1923 (The Loeb Classical Library).

MONTANARI, F. 1995：*Vocabolario della lingua greca*, Torino, 1995.

NARCY, M. 2004：«La meilleure amie de Socrate. Xénophon, *Mémorables*, III, 11», dans L.-A. Dorion & L. Brisson (*éd.*), *Les écrits socratiques de* Xénophon (= Les *Etudes philosophiques*, 2004/2), p. 213—234.

PAPE，W. 1914：*Handwörterbuch der griechischen Sprache. Griechis-chdeutsches Handwörterbuch*，bearbeitet von Max Sengebusch，Braunschweig，³1914.

ROBIN，L. 1933：Platon，*Œuvres complètes*，tome IV，3e partie：*Phèdre*，texte établi et traduit par —，Paris，1933 (Collection des Université de France).

TREDENNICK-WATERFIELD 1990：*Memoirs of Socrates*，transl. by H. Tredennick [1970]，transl. revised by R. Waterfield，dans H. T. & R. W.，*Xenophon*，*Conversations of Socrates*，Londres，1990 (Penguin Classics).

VICAIRE，P. 1985：Platon，*Œuvres complètes*，tome IV，3e partie：*Phèdre*，Notice de L. Robin，texte établi par C. Moreschini et traduit par P. Vicaire，Paris，1985 (Collection des Universités de France).

色诺芬作品中苏格拉底的虔诚

卡洛沃—玛尔提奈(Tomás Calvo-Martinez) 撰

(西班牙马德里大学)

一

[49]托瓦(Antonio Tovar)的著作《苏格拉底的生活及时代》(参 Tovar [1954])被译成了法文,他在其中声称运用诠释学找到了解开苏格拉底深厚的宗教虔诚(sa profonde piété religieuse)之谜的钥匙。他认为,虔诚的氛围完全笼罩并渗透了苏格拉底的生活和思想,由此,它也是解读苏格拉底的基本依据,尽管苏格拉底的虔诚与理性的关系存在重大矛盾。作为理性主义者,苏格拉底信任理性。但当理性与哲学联姻后,却颇显无力且广受批评,尤其自然哲学或智术师的理性主义。据托瓦,"这本书的研究目的是,使苏格拉底的以下矛盾明晰化:要信任理性,但理性的愿望需切合实际,以免人世摧毁自身的遗产而面对虚无"(参 Tovar,章十五,页 427)。所以,有必要为理性的解构能力设置某种限定,而这一限定不是别的,正是苏格拉底扎根其中的雅典宗教传统。这也正是托瓦试图展开的中心论题:苏格拉底深厚的虔诚,使得他从"希腊文化浮浅而强大的非宗教诱惑中"(参 Tovar,页 428)解脱

出来。根据这一观点，苏格拉底的思想特征，可以用宗教限定中的理性哲学来形容。

[50]如果我们承认有必要参考所有文献资源(阿里斯托芬的谐剧、色诺芬、柏拉图)的话，这一诠释无疑显得怪异或夸张，尤其当它以解释真实的苏格拉底的面相出现时。虽然如此，我认为，如果仅针对色诺芬的苏格拉底[1]来说，它又不妨作为一个基础的诠释，这也正是我这篇论文讨论的主题。首先，我试图展示色诺芬坚持赋予苏格拉底的习惯和保守的宗教态度，处于怎样的限定之内；然后，我将考察色诺芬的两段最为哲学化的文字，在我看来，它们以一定程度的含糊性显示了对这一虔诚的某种超越。

---

① Tovar 著作的第一章(“历史问题”)考查了已知有关苏格拉底的文献资源，作者指出，对待这些文献资源，我们必须谨慎。另外，奇怪的是，作者似乎确信仅色诺芬完全忠实地记载了苏格拉底的虔诚：“弟子们试图保持住导师的名望，所以对他们的见证必须加以考察和评判。很多情况下我们都能判断，特别是通过对我们应该知道的并没有涉及宗教的《回忆苏格拉底》内容的研究”(Tovar[1984]，页 44)。这段引文出自西班牙语译本[Madrid，Alianza Editorial，1984]第四版；在前两版中[Madrid，Revista de Occidente]则是：“通过对涉及宗教的《回忆苏格拉底》内容的研究”。从第三版开始，我们读到的是相反的观点“没有涉及”。这一转变是决定性的，做出这一更正的无疑是 Tovar 自己，他将肯定的形式视作笔误而加以恰当地修改。

虔诚无疑与苏格拉底的形象有重要关联(参 Calvo-Martinez[1997])。Vlastos(1994)亦指出了这一问题本身的重要性。如同 Tovar 一样，Vlastos 试图展示出一个“真实的”苏格拉底，但是，与 Tovar 相反的是，他完全拒绝色诺芬关于苏格拉底虔诚信仰的见证：

> 没有一次，在柏拉图的《苏格拉底的申辩》中，苏格拉底认为自己拥有审判赋加的罪名[译按：不信城邦的神]，他尽力表明自己信奉这些神；但在色诺芬的作品中，他从来不曾说过他相信城邦的神。与它处一样，色诺芬的见证与柏拉图的相矛盾，相信柏拉图而不是色诺芬才是聪明的。(Vlastos[1994]，章 6，注释 41，页 231－232)

二

在我看来，要证明色诺芬试图将苏格拉底描绘成一个极其虔诚且无条件服从城邦传统宗教(la religion traditionnelle de la cité)的人并不困难。[51]在《回忆苏格拉底》中，色诺芬对第一条指控表示惊讶(在《苏格拉底的申辩》中，则是苏格拉底自己)，即"不相信城邦的诸神并引入新的精灵"。色诺芬指出这一指控缺乏证据，同时表明在这方面，与此相反的事实为公众所熟知：

> 首先，控诉苏格拉底不接受城邦所接受的诸神，他们有什么证据呢？虽然人们经常看到他在自己家里和城邦的祭坛上献祭，但他曾求助于精灵也不是什么秘密。由于苏格拉底常说精灵(to daimonion)指示了他，我认为正是由于这一原因，人们控诉他引入了新的精灵(kaina daimonia)。(《回忆苏格拉底》卷一，1.2，Dorion [2000]译本)

苏格拉底的生活，他的言行，一直以来就为全体民人所瞩目，墨勒图斯(Mélétos)自己也并不陌生("事实上我在城邦的节日里于公众祭坛上献祭"，色诺芬，《苏格拉底的申辩》11)。

苏格拉底这一对 polis[城邦]宗教的践行和确认，与色诺芬坚持赋予苏格拉底虔诚的合法概念(la conception légaliste de la religiosité)完全一致。苏格拉底合法的虔诚，显然与德尔菲的要求相关。比如，在《回忆苏格拉底》中我们读到：

> 在和诸神的关系上，苏格拉底的言行与阿波罗神殿女祭司对那些询问她该如何言行的人的指引完全一致，这是众所

周知的。女祭司实际回答说，遵循城邦的律法是一种虔诚的行为，这也正是苏格拉底所接受并给他人的建议。(《回忆苏格拉底》卷一，3.1，Dorion [2000]译本)

德尔菲神庙的指引也在另一段文字中出现，欧绪德谟怀疑人们可能据诸神的给予而向之献奉，苏格拉底对此回答说：

那好，欧绪德谟，不要因此而泄气。你知道的德尔菲的神，当人们询问他如何才能让诸神满意时，他回答说"遵循城邦的律法"。而律法总是[52]要求人们按他们各自所能去迎合诸神，以使他们仁慈。(《回忆苏格拉底》卷四，3.16—5)①

苏格拉底的合法性，排除了每个人敬奉对其自身来说是好的神的情况：这一点可以从苏格拉底与欧绪德谟另一段简短的对话中看出。欧绪德谟同意苏格拉底所说的存在要求人们敬奉诸神的律法这一事实，而且人们仅对那些他们认识、了解并对他们有用的神才恭敬。在这种情况下，苏格拉底的理性结论，在他最后的问题中明显获得了智性的外延："那么，我们是否有理由认为，那个知道这些律法的人是虔诚的呢?"就这个问题，他的对话者毫不迟疑地回答说"这正是我的观点"(《回忆苏格拉底》卷四，6.2—4)。

的确，各个城邦的律法，都会要求民人必须敬奉并参加对诸神的献祭。《回忆苏格拉底》的另一章节中，希琵阿斯(Hippias)与苏格拉底达成了如下共识：这样的要求构成原初的"未成文律

---

① 苏格拉底认为，供奉和献祭必须根据每个人的"所能"(参《回忆苏格拉底》卷一，3.3)。其中所用到的语式，引用的是赫西俄德(Hésiode, *Op.* 336)的 kata dynamin。

法”,这些律法不是由人而是诸神规定的(《回忆苏格拉底》卷四,4.19)。从而也就是说,城邦关于献祭的律法规定,构成了未成文的神圣律法的基本原则,并于后者中找到它们的基础。苏格拉底的宗教合法性向我们传达了诸神的意愿,亦即德尔菲训诫所传达的意愿,那就是遵行未成文的神圣律法。

三

在公共场合中,苏格拉底的举止和他给别人的建议,都表现了他对宗教律法的认同,这足以驳斥对他的第一项指控,即“苏格拉底不相信城邦所信的诸神”。然而,这些还不足以驳斥第二项指控,即“引入(introduire)新的精灵”。如同色诺芬在《回忆苏格拉底》(卷一,1.2)起篇就认识到的,这后一[53]指控与向苏格拉底提供建议并时刻指引他该如何行事的精灵有关。

色诺芬用来驳斥第二项指控的策略无疑是明智的:表明苏格拉底的这一精灵与现行的宗教律法完全允和,并为社会所接受。就此,他首先重申神谕占卜(mantique)等一般的神性实践,乃是现行宗教律法的基本组成部分。色诺芬不放过任何可以重复这一点的机会。神谕占卜的基础是相信诸神通过不同方式(鸟的飞翔、梦、出乎意料的声音或相遇)向我们传递谕示,这是城邦所接受的虔诚信仰的一部分,也正是色诺芬指责小阿里斯托德莫斯(Aristodème le Petit)不虔诚的原因,即他不仅不献祭,而且“不求教于神谕(oute mantikei chromenon)并嘲笑那些如此做的人”(《回忆苏格拉底》卷一,4.2)。苏格拉底,与公众一样,虔诚地认为诸神时常传递谕示,这一事实不容置疑。不信神者,比如小阿里斯托德莫斯,必须改弦更张并认识到诸神的存在不可质疑并且他们照看着人世(《回忆苏格拉底》卷一,4.14—15)。

色诺芬的辩驳，随后致力于将苏格拉底精灵的声音置于公众认识的神谕的范围内。在《回忆苏格拉底》和《苏格拉底的申辩》中，他以同样的文字加以阐述。苏格拉底公开宣布：

> 新的精灵（kaina daimonia），它是不是让我听到神圣的声音（theou phone）并指引我行事呢？人们从鸟的叫声或人世语言中解读的征兆，依据的正是声音，这难道不是真的吗？这些成为他们的臆测。人们难道会争论雷声是不是一个非常重要的声音或征兆吗？德尔菲神庙三脚支架上的女祭司，难道不是通过声音来传递神的谕示（ta para tou theou）的吗？是的，确然，神知晓未来并昭示给他所偏爱的人，他们思索并说出来，正如同我所做的。然而只是别人用“鸟”、“话语”、“出乎意料的相遇”、“神性”来称呼这些神所传递的教导，我则愿意称之为“神的谕示”（或“精灵”，daimonion），并且我认为我的这个称呼比起赋予鸟以属神的权力（ten ton theon dynamin）的那些称呼来，要显得更为真实和虔诚。（《苏格拉底的申辩》12—13，Ollier[1961]译本）

[54]苏格拉底认为，精灵的声音与他说话并指引他，并不是陌生的宗教现象，而且与现存的神谕占卜或其他方式并无区别。差异仅在于谈论这一现象的方式：人们不正确地把神的谕示或是赋予皮提阿（Pytie[Πύθια]，阿波罗神殿女祭司），或是赋予鸟及它物的声响或声音，而实际上这些并不是源头之物，而仅是传递谕示的工具。苏格拉底认识到这一点，因此才说谕示直接来自精灵（亦可参见《回忆苏格拉底》卷一，1.3）。

四

再说，对苏格拉底寻求神性实践的肯定，不仅是为了驳斥引入新的精灵的指控。实际上，它也是在思考人世学问限度的问题。神的谕示弥补了我们对生活中重大事件的无知。沿着这一思考，苏格拉底区分了（据色诺芬）属于人类智慧（比如建筑、耕作或作战技艺）的认识（mathemata）和超出人类智慧的认识。例如，人们想要建造一座房屋或耕作田地的时候，必须努力学习并了解建筑和耕作的技艺。但是，我们并不能提前预知所有这些行为的最终结果：我们不知道暴风雨是不是会摧毁庄稼，我们不能提前预见一场战役是否会为一个突发事件所改变。只有诸神知道我们的决定和行为的最终结果。这就是为什么苏格拉底说，“必须学会诸神同意我们做的东西，一旦我们学会了，就要向精灵请示那些诸神认为对人们来说玄奥的东西”（《回忆苏格拉底》卷一，1.9；亦参《齐家》章五，18—20）。

但是苏格拉底对人世学问的思考走得过远了。实际上，苏格拉底不满于我们预知自己行为后果和结局的无能。换句话说，他并不拘泥于认为我们的学问在认识生活的践行（pratique）领域存在局限，而把思考延伸到纯粹理论学问（connaissance théorique）的领域，以便表明在这一领域人类智性的局限。[55]他将之置于传统中关于人世学问（有限）和神的学问（无限）的范围内。《回忆苏格拉底》中如下一段文字很有名：

> 从来没有人看到苏格拉底做过有违虔诚和宗教的行为，从来没有人听他说过渎神的话语。而且，他并不像大多数人那样，质疑万物的性质（*περὶ τῆς τῶν πάντων φύσεως*），探讨智

> 者称作宇宙(kosmos)的东西,探讨各种天体因何种必然律得以产生。相反,苏格拉底认为那些沉思这些事物的人有失理智。(《回忆苏格拉底》卷一,1.11)

我们知道,他反对对世界来源、宇宙的起源和结构的哲学探讨,也就是反对人们通常所称的“前苏格拉底”哲学——公元前5世纪因其对自然(περὶ φύσεως)的探讨而为人所知。与对自然哲学的抛弃相伴的,是大部分人对热心于自然哲学之人的蔑视,认为这是卖弄学问者所做的一件有失理智(morainontas)的事,比如他们用kosmos来命名万物的整体这一行为就趋于荒诞。

色诺芬关于苏格拉底的作品,无疑认为苏格拉底的虔诚制止或限制了超出理智的无限憧憬。限度由诸神制定,所有超出这一限制的爱欲,都构成了不虔诚的蔑视宗教的行为。尽管有我上面引用的辩驳文字“从来没有人看到苏格拉底做过有违虔诚和宗教的行为,从来没有人听他说过渎神的话语”,好象仍有人认为苏格拉底曾经致力于自然方面的纯抽象研究。在《回忆苏格拉底》的另一段文字中,色诺芬呈现了苏格拉底对人们所能了解和知道的事物的态度,他如此说道:

> 一般来说,就一些天上的问题,他(即苏格拉底)让人们放弃思考诸神是如何控制那些现象的。实际上,他并不相信这些努力能给人们带来什么好处,并且认为诸神不喜欢人们探究那些他们不愿显明的东西。他还说,如果人们致力于这些沉思的话,会有失去理智(paraphronesai)的危险……(《回忆苏格拉底》卷四,7.6)

[56]我们眼前的这位苏格拉底已被德尔菲的宗教精神所影

响。他通过德尔菲的神谕来验证虔诚的律法观念。他建议友人们,生活中不得不做出重要决定时,要去请示神谕。① 他将指示他的内在声音,与皮提阿的声音相比。上面的引文,缭绕着德尔菲箴言“毋僭越[或过度]”(meden agan)的回响,尽管没有明显引用这一箴言。当苏格拉底解释什么事物可以探讨和了解,在什么程度上了解时,他列举了不同的认知领域(几何学、天文学、计数术和运算术、饮食学),并指出所有这些了解都不应试图越出对生活真正有用的范围。当然,如同我们知道的,对自然的哲学探讨完全被排除在外,因为其自身就构成了根本的肆心。②

肆心(它是已确立的虔诚信仰的组成部分)会导致疯狂,至少是疯狂的诱因之一。上面引文就显示,苏格拉底认为致力于自然哲学探讨的人“有失去理智的危险”,也就是说疯狂存在于我们对自己能力限度的无知中。当色诺芬提到那些僭越了神谕限定的人类预知能力的人时(简单说,我们行为的结果和最终结局),他说苏格拉底“认为那些相信这些事物不属于神的领域(μηδὲν τῶν τοιούτων εἶναι δαιμόνιον)的人失去了理智(daimonan),③ 相反,那些向神明请示诸神留给人们自己加以判断的事务的人,也是失去理智的”(《回忆苏格拉底》卷一,1.9)。无论前者(由于过度)还是后者[57](由于错误),都未能认识到人类智性的

① 色诺芬笔下的苏格拉底自己也向神请示(“他向神请示,这不是什么秘密”,《回忆苏格拉底》卷一,1.2),并且建议其他人在实现重要的计划或决定前也要向神请示(《回忆苏格拉底》卷一,1.6)。人们也知道其他一些关于色诺芬本人的轶事,其中提到苏格拉底要他去询问德尔菲(《远征记》[*Anabase*]卷三,1.5—7)。

② 当然,为了拒绝探讨宇宙,苏格拉底也举出这些探讨缺乏影响自然事件的实用功效(《回忆苏格拉底》I,2.15;亦见卷四,7.6)。

③ 这段文字中,在daimonion(精灵)和daimonan(为[不好的灵]所占据,疯了)之间,玩了一个语词游戏。就致力于宇宙研究的人的“疯狂”(或幼稚无知),色诺芬使用了多个动词:除daimonan外,还有morainein(《回忆苏格拉底》卷一,1.11),mainesthai(《回忆苏格拉底》卷一,1.13),paraphronein(《回忆苏格拉底》卷四,7.6)。

能力和界限。同样,那些固执于研究自然事物的人,从根本上说,他们的行为有渎神的嫌疑。据色诺芬,苏格拉底认为他们也是"失去理智的"(《回忆苏格拉底》卷一,1.11),并且"苏格拉底惊讶于自己不能向他们说明人类没有可能发现这些事物"(《回忆苏格拉底》卷一,1.13)。德尔菲的教导试图挽救这种疯狂、这种无知于自己限度的不理智行为——苏格拉底认为,尤其"认识你自己"(*γνῶθι σαυτόν*)的教导——构成了所有真正学问的出发点。尽管这一箴言在这段文字中并没有被明确引用,但在《回忆苏格拉底》的另一处,苏格拉底说"那些认识自己的人,知道对他们来说什么是恰当的,并能区分那些他们有能力去做和没有能力去做的事"(《回忆苏格拉底》卷四,2.26)。

大体而言,色诺芬笔下的苏格拉底很虔诚,通过《会饮》对赫尔摩格涅(Hermogène)的敬仰可以得知。餐后的第一轮坐谈中,每位赴宴者都要说出自己认为最自豪的东西,赫尔摩格涅认为是他的那些出色而强大的友人(《会饮》卷三,14)。后来,轮到他解释他的这些友人中谁且在哪方面出色时,赫尔摩格涅宣布他的友人是"知晓一切并胜任一切"的诸神。诸神一直照看着他,并且"给他指引,向他传递比如声音、梦或鸟的飞翔作为谕示,告诉他什么是必须做的,什么是不应做的"(《会饮》卷四,48)。苏格拉底说这些并不神秘(*ἀλλὰ τούτων μὲν οὐδὲν ἄπιστον*),并且询问他如何侍奉神、以怎样的方式与神交流,以至诸神如此垂青于他(《会饮》卷四,49)。赫尔摩格涅回答说,他赞扬诸神,向神献祭,当谈论神时每次都尽其所能做得完美,当被诸神询问时从不撒谎。苏格拉底对此评论说:"如果这些方式是使你与神成为朋友的原因,那么就此看来,诸神亦偏好节制(*καλοκἀγαθίᾳ ἥδονται*)",赫尔摩格涅的谈话就此而止。色诺芬总结说,"这部分谈话是与这个严肃的人进行的(*οὗτος μὲν δὴ ὁ λόγος* οὕτως ἐσπουδαιολογήθη)"(《会饮》卷四,50)。

这一段的庄重很怪异(即使就文学写作的角度来看也有些格格不入),因为这部作品的其他地方多为幽默玩笑。令人奇怪的还有[58]充盈于苏格拉底与赫尔摩格涅谈话的严肃和敬重,要知道后者一直都在开玩笑,尤其还表达了对自己从事拉皮条(mastropeia)行业的女情人的骄傲之情。鉴于读者对此会有的疑虑,如同我们所看到的,色诺芬在文中注明这一段对话是在最严肃的气氛中进行的。

五

大体而言,色诺芬赋予苏格拉底的虔诚是保守的,且天真得让人惊奇,苏格拉底丝毫没有批评诗人和神话描绘的诸神传统可以为证。《会饮》中苏格拉底关于爱欲的论述,谈论了宙斯的爱欲行为,从中可以看出他特别反对生理上的爱欲,倾向于爱慕心上人的灵魂和骨气。苏格拉底称赞了后一种情况的高贵和益处,指责前一种情况卑劣。他以宙斯的行为为例,对二者进行了区分:

> 实际上,宙斯所热衷的美物是必死的,在与她们结合之后,任由她们死去;但是,对于他心爱的所有美丽灵魂,他则使它们不朽。这些灵魂包括赫拉克勒斯(Héraklès)及狄奥斯库尔们(les Dioscures)① ,人们说,还有其他一些。(《会饮》卷八,29。Ollier[1961]译本)

① [译注]Dioscures 为宙斯之子 Castor、Pollux 和 Léda 的统称。

没有一点批评，没有一丝明显的谴责。[①] 我们有一种奇怪的印象，似乎色诺芬的苏格拉底从来没有说过色诺芬已然提及的批评诸神的言论。不管怎样，苏格拉底显然置身于启蒙时代的批评潮流之外，而且还尽量置身于自然探讨行为之外。

[59]然而，除却上述证据，《回忆苏格拉底》的有些段落中，苏格拉底似乎越出了这一保守形象。[②] 我将引用苏格拉底与阿里斯托德莫斯（《回忆苏格拉底》卷一，4）和欧绪德谟的谈话（《回忆苏格拉底》卷四，3）来说明，其中苏格拉底提出了一种对自然的终极解释（interprétation téléologique），尽管这些解释含有信仰的色彩，初衷却是为了提升对话者的虔诚。在这两种情况下，色诺芬彰显了某种超出我们说到的保守主义的因素。

这两段对话中的第一段由色诺芬以如下方式呈现："我将首先来描述一次与别名为矮小者的阿里斯托德莫斯就精灵（to daimonion）问题的争辩"（《回忆苏格拉底》卷一，4.2）。[③] 在一段简要的呈现后，苏格拉底开始区分偶然性（tyche）的结果和智性（gnome）的结果。从理论角度来说，这显然就是与自然哲学（peri physeos）的区别。智性的作品以可用性为特征，因为它们服务于

---

① 人们有时指出宙斯所爱者必死例子的不当，因为狄奥斯库尔和赫拉克勒斯是宙斯自己的孩子。选择这一不当的例证，是否含有误会神话的敌意？我认为，这与色诺芬特别巨大的佯装无知能力是一致的，他在任何时刻都直截而开放地强调苏格拉底对已确定宗教无条件接受的态度。另外，在这一对诸神（特别是宙斯）较之纯然肉欲之爱而更倾向于"善的"爱的诉说倾向中，是否含有道德说教的成分？如果存在道德说教的意向，那么，它则不是针对诸神的，因为如此将毫无疑义。宙斯同样践行肉欲之爱，即使他认为这是"不值得的"。

② 我不想涉及民众信仰中存在的与献祭和祷告有关的通俗信仰和态度的"逾越"（《回忆苏格拉底》卷一，3）。色诺芬自然试图使他笔下的苏格拉底远离粗劣的迷信（《回忆苏格拉底》卷一，1.13）。

③ 很奇怪看到色诺芬在介绍这两次谈话的时候（与欧绪德谟的谈话，请见《回忆苏格拉底》卷四，3.2），特别指出他自己是在场的。我们可以认为，这一强调是为了让读者更加相信他所叙述的苏格拉底谈话的真实性。

一个确定的目标。苏格拉底随后提到“那在源头上创造了人世的东西”(ὁ ἐξ ἀρχῆς ποιῶν ἀνθρώπους),并说我们的肉体器官的用途无疑是智性而不是偶然性的产物。他的对话者立即认识到“这些东西看起来完全是一位智慧的手艺人的作品(σοφοῦ τινος δημιουργοῦ)”(《回忆苏格拉底》卷四,4.5—7)。这样,谈话一开始,我们就面对着属天地的、唯一的、有秩序的宇宙神性。在指出我们生理结构的功能之后,苏格拉底如此谈到了智性(nous):

> 你,你不是似乎自认为聪明,它处不存在智性吗?那么,你知道在你的身体里有一小部分土地的成分,而这一成分并不小,有些湿度,且湿度很大,你的身体正是吸取其他各种元素的一小部分而构成,这些部分其实数量很大。[60]但是只有智性(nous)不在它处,你以为有幸占有了它,你难道认为这些巨大而无数的事物之所以处于秩序之中是由于缺乏智性?(《回忆苏格拉底》卷一,4.8)

他的对话者如此回答:

> 要知道,我并不蔑视精灵。但是,我认为它是那么超然,以至不需要我来敬奉。(《回忆苏格拉底》卷一,4.10)

我们可以清楚看到,这段对话有着高于通常的诸神信仰的理论高度,尤其对抽象概念的运用,比如大多数情况下,nous 和 to daimonion 都用作单数。与此同时,当阿里斯托德莫斯表白道,“当然,如果我相信诸神关心人世(εἰ νομίζοιμι θεοὺς ἀνθρώπων τι φροντίζειν),我就决定不会忽视它们”(《回忆苏格拉底》卷一,4.11),通过运用 theoi

[诸神]这个词的复数形式，对话立即转回到寻常的多神信仰中。从这一刻起，他们继续谈论诸神(复数，从卷一 4.11 到卷一 4.16)的意志，直到苏格拉底重新提到智性(nous)的概念：

> 好朋友，你肯定同意你体内存在的智性如其所愿地控制着你的身体。那么由此可以很自然地认为，万物中存在的智性(τὴν ἐν τῷ παντὶ φρόνησιν)也如其所愿地控制着万物。(《回忆苏格拉底》卷一，4.17)

对宇宙智性(Intelligence Cosmique)的这一暗示，让人想起自然哲学的背景，其中 theos[神]用的是单数(τοῦ θεοῦ，卷一 4.17 中出现了两次)。也就是说，神的智性在宇宙中无所不能，并支配着一切。同时，苏格拉底结束自己的谈话时，以复数形式谈到诸神(des dieux，卷一，4.18)。色诺芬最后为这段对话做了总结，强调苏格拉底能让他的对话者抛弃任何不虔诚，这些不仅为众人所见证，甚至在没有他人在场的情况下也如此，"因为他们知道自己所做的一切，都逃不过诸神的眼睛"(卷一，4.19)。[①]

[61]苏格拉底与欧绪德谟的另一段对话，则显得简单很多。这一次，色诺芬自己立足于公众信仰层面，指出苏格拉底"试图使他的学生在诸神(复数：περὶ θεοὺς σώφρονας)面前保持节制"(《回忆苏格拉底》卷四，3.2)，并用较大篇幅叙述了诸神对人的慷慨馈赠。即使它们是不可见的，苏格拉底总结说，"仅需看到诸神的作

---

① 参 Garcia Calvo(1967)页 243，注释 9。他指出，并特别提醒说，实际上，《回忆苏格拉底》卷一 4.19 中当说到诸神(*les dieux*，有冠词)时，是指已确定宗教的神，当仅提到神们(dieux，没有冠词)时，是指苏格拉底所信的神。然而，在我看来，稍微浏览一下色诺芬关于苏格拉底的作品就可以看到，这一区分并不是十分重要，我们也不能将之推广到所有的情况。

品就足以敬仰和崇拜他们"(卷四,3.13)。然而,接下来话锋一转,苏格拉底就区分了"另一些神"和"规范并操控着整个宇宙的神"(ὁ τὸν ὅλον κόσμον συντάττων τε καὶ συνέχων),让我们有重新落入宇宙理论背景中的感觉。① 尽管偶然谈到了"诸神的助手"(复数),之后他继续使用单数中性 to theion 和 to daimonion(卷四,3.14)。我认为,苏格拉底如此运用这些语词并不是漫不经心的,即使从语法的角度来看也是如此,因为在使用单数的地方,人们逻辑上用的总是复数,比如"诸神":实际上,苏格拉底警告道"不仅不能蔑视那些我们看不见的神,而且,还要在事物中认识到其中存在它们的权能(αὐτῶν:诸神的,复数),要崇拜精灵(to daimonion,单数)"(卷四,3.14)。但是情况很快改变并与之对立,欧绪德谟忏悔说:"我不敢怠慢精灵(οὐδὲ μικρὸν ἀμελήσω τοῦ δαιμονίου);然而,让我泄气的是,从来没有一个人能够以恰当的方式回报诸神(τῶν θεῶν)的恩惠"(卷四,3.15)。从这一刻起,谈话重又完全回转到公众信仰的层面,也就是说对诸神的认识和德尔菲谕示的条规(卷四,3.17—18)。

[62] 色诺芬通过巧妙运用形容词 daimonios 的中性名词形式 to daimonion,实现了在公众信仰的多神主义,和一个"宇宙精灵"的单一论之间的均衡变动。如此运用这个词,实际上使它能够根据不同的背景,以某种含糊性而表达不同的语义。首先,一般情况下,形容词 daimonios 指通常与神性有关或属神的事件或事物,也就是与"人"相对的属"神"的东西。这一对立清楚地存在

① 自然(περὶ φύσεως)理论背景中苏格拉底的谈话有些奇怪,即以一种完全自然的方式,这一段中 kosmos 被用来指称整个宇宙("规范并操控着整个宇宙[ton holon kosmon]的神")。要知道在卷一 1.11 中(强调了苏格拉底从来不关心这一类型的理论)暗示说,是"智者"或"有学问者"才用这个词("智者所称作的 kosmos",ὁ καλούμενος ὑπὸ τῶν σοφιστῶν κόσμος)。

于《回忆苏格拉底》中。当评判那些致力于宇宙研究的人时，苏格拉底问他们"不去关心人的事务(τἀνθρώπινα)而去探索神的事务(τὰ δαιμόνια)"是否理智(《回忆苏格拉底》卷一，1.12)。我们可以在稍前的一段文字中找到同样的用法，其中苏格拉底谈到了我们的创举和不能控制的行为的唯一结局："他确认说那些认为这些不属于神的权能(μηδὲν τῶν τοίουτων εἶναι δαιμόνιον)的人是失去理智的"(《回忆苏格拉底》卷一，1.9)。色诺芬作品中对这个形容词不确定形式的运用十分特别：它总是以中性形式出现，或是伴以单数不定代词，① 或是伴以复数中性冠词，但从不用来形容确定的人或物。与柏拉图的作品相反，色诺芬的作品中没有以下用法，比如 daimonios aner[神圣的人]，daimonia phone[神圣的声音]，daimonion ethos[神圣的品格]等。当然，还存在一些其他的情况，其中 to daimonion 的用法，和我将指出的其他用法之间的界限含混不明。

奇怪的是，在色诺芬作品中，to daimonion 实际上也可以用来指抽象的神(la divinité entendue abstraitement)，用以描绘诸神的品质或类型。当然，这一抽象涵义中的 to daimonion，与多神信仰十分吻合。借助于这一用法，色诺芬和他的苏格拉底能够，如同我们看到的，一会儿谈到 to daimonion("精灵"，单数)，一会儿谈到"神们"(复数)。② 但除去这一抽象的用法，[63]to daimonion

---

① 这一用法也见于这些表达，比如εἰ μή τι δαιμόνιον εἴη(《回忆苏格拉底》卷一，3.5)，ἣν μή τι δαιμόνιον κωλύῃ(《论马术[*Équitation*]》[*De re equestri*]，XI，13)，等。

② 我完全同意 Dorion(2003)的看法，他认为苏格拉底的 daimonion 并不是一位特殊的精灵，而是"一般的神"。我也同意用"神"来翻译 to daimonion。然而，Dorion 感兴趣的是向苏格拉底传递讯息的精灵，而我则对一般意义上苏格拉底的整体神之学问感兴趣。我认为，正是在这一普遍背景下，to daimonion 的抽象意旨，通过特意的含糊性，使得传统信仰的多神主义和对一位"宇宙精灵"的一神信仰(暗示的)之间的过渡成为可能。

还有其他(第三个)涵义。事实上,它可以指一个单独的神,具体而言是一位特别的神,尽管它的特殊性并没有完全表达出来。这一具体的用法,无疑是针对苏格拉底引入了新的精灵(kaina daimonia)的指控,指控他引入了相对于传统的“诸神”来说陌生的外邦神。当苏格拉底自己用 to daimonion 来指称创造了人的手艺者(*ὁ ἐξ ἀρχῆς ποιῶν ἀνθρώπους*)、集合并规范一切的精灵(*ὁ τὸν ὅλον κόσμον συντάττων τε καὶ συνέχων*)或万有中存在的智性(*τὴν ἐν τῷ παντὶ φρόνησιν*)时,他所指的无疑是异于公众信仰的“其他的神”中的一位(une)。但是,他很小心地提到这些,以便让 to daimonion 总拥有具备不同含义的可能,也就是说这一用法并不指一位神,这里的精灵乃具有抽象而一般的涵义。

至此我们可以总结说,正是这一语义的复杂性,保证了色诺芬能够游刃于不同标准之间。由此,他可以证明苏格拉底拥有传统意义上的虔诚,因为它与城邦信仰一致;同时,又能够暗示或影射苏格拉底远超脱于公众信仰之上。

参考文献

CALVO-MARTÍNEZ, T. 1997: «Sócrates», dans C. García Gual (éd.), *Historia de la filosofía antigua*, Madrid, 1997 (Enciclopedia iberoamericana de filosofía,14), p. 113—129.

DORION, L.-A. 2000: Xénophon, *Mémorables*, tome I, *Introduction générale*, *Livre I*, texte établi par M. Bandini et traduit par L.-A. Dorion, Paris, 2000 (Collection des Universités de France)

— 2003: «Socrate, le *daimonion* et la divination», dans J. Laurent (éd.), *Les Dieux de Platon: actes du colloque organisé à l'Université de Caen Basse-Normandie les 24, 25 et 26 janvier 2002*, Caen, 2003, p. 169—192

GARCÍA CALVO, A. 1967: Jenofonte, *Recuerdos de Sócrates: Apología o De-*

fensa ante el jurado; *Simposio o El convite*, Madrid, 1967 (El Libro de Bolsillo. Clásicos, 56).

OLLIER F. 1961: Xénophon, *Banquet*, *Apologie de Socrate*. Texte établi et traduit par —, Paris, 1961 (Collection des Universités de France).

TOVAR, A. 1954: *Socrate*, *sa vie et son temps*, Paris, 1954 (Bibliothèque historique) (traduction française par H. E. Del Medico de *Vida de Sócrates*, Madrid, [2]1953 [[1]1947, [3]1966, réimpr. Madrid 1986, 1999]).

VLASTOS, G. 1994: *Socrate. Ironie et philosophie morale*, Paris, 1994 (traduction française par C. Dalimier de *Socrates: Ironist and Moral philo — sopher*, Cambridge, 1991).

苏格拉底与对未成文律法的信念

（色诺芬，《回忆苏格拉底》卷四，4.19—25）
——奥托的 *Socratica*［苏格拉底手稿］发微

斯塔伍鲁（Alessandro Stavru）撰
（意大利那不勒斯东方研究所）

［65］古典学界熟知的德国古典语文学家奥托（Walter Friedrich Otto）的《希腊诸神》（1929）和《狄俄尼索斯》（1933），其主要内容由关于苏格拉底的作品构成。此外，奥托还有大概一千八百页的未刊手稿，即其 *Nachlaβ*［遗稿］的一部分，存于马尔巴赫的德意志文献馆（Deutsches Literaturarchiv Marbach）。[①] 上世纪四五十年代，[②] 这些手稿或曾被用作授课讲义（奥托曾在大学讲授苏格拉底，1943—1944 在哥尼斯堡大学，1946 年在哥廷根大

---

① 这部分未刊手稿是 Otto 遗赠资料（共 25000 页手稿）的一部分，保存于 Marbach am Neckar 的 *Deutsches Literaturarchiv*（以下简称 DLA）。*Nachlaβ* 的内容，详见 Stavru（1998）。

② *Nachlaβ* 中，Otto 的苏格拉底文献（*socratica*），以 m 标志 1945 年以前的手稿，以 C 表示战后的手稿。迄今发表的有：(1) *Sokrates und die Ethik: ein Vortrag*（可能为 1942）［=Otto1982］；(2) *Zwei Fragmente zur Sokratischen "Wissensethik"*（两部于 40 年代成书）［=Otto 2001］；(3) *Socrate e l'uomo greco*［= Otto 2005］。

学,1950—1951、1956 及 1956—1957 在图宾根大学),① [66]或曾于二战前及二战期间② 用作演讲稿,从未作为专著发表。③

相较于上世纪德国大部分苏格拉底研究,奥托的未刊手稿独

---

① Königsberg,1943—1944:《苏格拉底和希腊人》(*Socrate et l'homme grec*);Tübingen,1950—1951:《苏格拉底和柏拉图》(*Socrate et Platon*);1956 及 1956—1957:《苏格拉底》(*Socrate*)。1957—1958 冬季学期课程以“苏格拉底:论人的本质、德行和最大的善行”为题,后因 Otto 年迈有恙而未能授课。Otto 写给他在 Königsberg 的友人及同事、瑞士语文学家 Willy Theiler 的日期为 1946 年 4 月 21 日的一封信,表明在 1946 年夏季学期里,他曾于 Göttingen 讲授苏格拉底课程:“明年夏天”,Otto 写道,“我将讲授肃剧和苏格拉底”。(DLA,A:Otto.)

② 40 年代初叶,在格尼斯堡讲授苏格拉底课程的同时,Otto 也曾在东普鲁士的许多城市做了多场关于苏格拉底伦理的讲座。

③ Otto 的多封信函证实了他希望发表关于苏格拉底的手稿的意愿。这些通信包含以下讯息:(1)德国语文学界所做的关于苏格拉底教导的纯理论研究:“关于他(即苏格拉底)的课程能够成为眼下作品的初稿,希望今年能够完成。”(Otto 致 W. Theiler,1946 年 4 月 21 日,DLA,A:Otto.);

> 两年来,我一直想写一本关于苏格拉底的书,尽管其中任何部分都没有最终定稿。然而,命运设置的每一个障碍似乎昭显得愈加深刻,而且,在这种景况下,我也觉得自己有时是过于草率了。实际上,如果我什么都没有写完,于此期间,我还是发觉并弄清楚了无数与这份工作同样重要的决定性概念,从而使得最初的计划更有意义。(Otto 致 W. Theiler,1948 年 2 月 1 日,DLA,A:Otto.);

“其次,还有一本关于苏格拉底的作品,汉堡(Hambourg)的一位出版商等了已有三年之久,他在这段静寂与期待的日子中,肯定会得到一份令他满意的稿子”(Otto 致 Karl Kerényi,1949 年 10 月 31 日,DLA,A :Kerényi .);“人们等待我的那本关于苏格拉底的书已经有好几年了,但是,我确实不断有新的主意,这份作品如果能够完成,一定会引发人们的思考”(Otto 致 Franz Altheim,1949 年 10 月 31 日,Altheim-Stiehl 私人藏书馆);(2)Otto 于战后初期出版他的《苏格拉底》(*Socrate*)的难处及与众多出版商的交涉:在 Küpper 问题之后,Otto 准备在汉堡出版商 Schröder 处出版他的手稿《苏格拉底和康德》(*Socrate et Kant*)(“一方面,我为您关于‘苏格拉底’的写作和思考得以进展而欣喜,另一方面万分期待这本书能真正来到我的手边”[Helmut Küpper 致 Otto,1931 年 7 月 3 日,DLA,A:Otto.]);1946 年初,Otto 曾与 Schröder 签了一个“出版合同”,后者付给他“1000 马克作为《苏格拉底和康德》一书的报酬”,并催促作品:“现在我必须向您至少索要手稿,以使之能够付梓。待我收到,就立即带到印刷作坊去”(Siegfried Buchenau 致 Otto,1946 年 2 月 5 日,DLA,A:Otto.)。

具异质，承继了苏格兰学者布尔奈特(John Burnet，参 Burnet 1911，页 IX－LVI；*Id*.1914，1915－1916，1920，1928)和泰勒(Alfred Edward Taylor，参 Taylor 1911，1912，1917－1918，1928，1932)的治学风格，内蕴深隽，发前人之所未发。

奥托认为，布尔奈特之所以重要，首先在于他最先提出了"苏格拉底文献来源"这一问题，并证明了柏拉图作品是雅典思想的原本体现，[67]尽管各篇对话彼此均有所不同；① 其次，布尔奈特意识到了作为苏格拉底教导核心的灵魂训练(ἐπιμέλεια τῆς ψυχῆς)问题。对泰勒而言，奥托认为，布尔奈特的重要性在于，他研究了起源于苏格拉底的理式论(la théorie des idées)。② 这位德国文献学家如此描绘上述两位学者的重大影响：

> 在我看来，苏格兰学派的智者在本根上是对的。他们的论断基于对柏拉图作品和所有传统的深刻认识和谨慎解读，而且相较于多数其他学者来说，这一学派有着一股自然淳朴的特质。(参 DLA，A：Otto，C1，16)

奥托对"苏格兰学派"的认同，在德国苏格拉底研究学界并不多见。他与上世纪德国文学批评界保持着距离，并在许多方面与之脱离。而对布尔奈特和泰勒的认同，越发使他有别于其他学者，比如迈耶(Heinrich Maier)、斯坦泽勒(Julius Stenzel)，尤其葛恭(Olof Gigon)。奥托远离了他们的另一个理由是：对色诺芬作

---

① 参 DLA，A：Otto，C1，1－2："我倾向于赞成苏格兰学派(布尔奈特和泰勒)，不认为柏拉图会在其对话中强加入苏格拉底从未说过且不会说的东西。"

② 1928 年 Otto 给泰勒的回信。参 DLA，A：C1，16："柏拉图应该也不会把'型相理论'强加给苏格拉底，如果他从未听说，如果他从不知晓的话。苏格拉底至少提起过或暗示过，或者这一发自其思想的理论他至少有必要偶尔提到。"

为苏格拉底文献真实资源的重新认识。

奥托写作那些关于苏格拉底的手稿之时,批评色诺芬的作品"肤浅""平庸"的声音就已经存在。① 这类批评认为,即使从纯文献学的角度来看,色诺芬的作品也都不可靠。早在1893年,约埃勒(Karl Joël)在其代表作中就宣称,色诺芬的苏格拉底与后者自身的教导无关,而是犬儒学派(cynique)的安提斯忒涅(Antisthène)的学说。② 迈耶,阿尼莫(Hans von Arnim)和斯坦泽勒[68] 则一致认为,色诺芬作品不能作为与真实的苏格拉底有关的文献。最为彻底的则是葛恭(参 Gigon[1947],页13以下),他认为仅《苏格拉底的申辩》和《回忆苏格拉底》③ 有些许合乎史实之处。

当时众多学者中,唯有耶格尔(Werner Jaeger)与奥托所持观点相似。他在著作《教化》(*Paideia*)中说,"面对现代对色诺芬不可计数的批评,依然要对之进行捍卫,使其作为苏格拉底见证的

---

① 参 DLA,A:m3,238(=C1,29):

> 色诺芬的见证尤其受到现代考据界的否定。其中大多数人没有认真对待这些作品的意愿:他们宣称色诺芬的作品是如此肤浅与平庸,以至其中记载的苏格拉底的言行仅是一场误会。他们甚至(会)认为是色诺芬自己完全自由构想了那些对话,虽然他清楚声称自己曾在场见证。

② 参 Joël(1893-1901)。Döring(1895)与 Joël 的立场完全相反,认为色诺芬是苏格拉底见证的唯一真实可靠的源泉。

③ 指《回忆苏格拉底》的前两章,瑞士语文学家认为是针对 Polycrate 的"控诉"所作的辩护和自作主张的书写,并随即加入到《回忆苏格拉底》的其他部分中,是色诺芬于希隆岛(Scillonte)流放中所做的"纯粹的梦想"(参 Gigon[1947]页23,Jaeger[1936-1955]卷二,页67中重新提及)。Otto 对这些看法的态度是,"我完全将之置于一旁,虽然 Gigon 的假设有不少支持者,但是我于此找不到什么说服力"(C1,28),因为"他所收集的证据,有一部分我已研究过,发现都很可疑"(m2,23)。实际上,Otto 认为 Gigon 假设的不当之处很明显,如果人们认为"自《回忆苏格拉底》卷一2.9开始,色诺芬就显然开始反对一位κατήγορος[控诉者],但是在开头卷一1.1中,他却是反对γραφή[传讯]和 γραψάμενοι[多数控诉者]"(m3,240)。

事实大白天下”(参 DLA,A:Otto,m3,239[= C1,30]。亦参 Jaeger [1936—1955])。奥托自然有很多不去质疑色诺芬见证的理由。首先,色诺芬于公元前 404—401 年间曾追随苏格拉底(参色诺芬,《远征记》卷三,1.7;拉尔修,《名哲言行录》卷二,48),这可以证明色诺芬的写作并不是完全杜撰,它们可以作为索弗洛尼斯(Sophronisque)(译按:苏格拉底之父)之子生活和思想的本真见证。其次,这些作品的水准极高,完全能够彰显出苏格拉底的形象和成就。即便色诺芬“不是一位哲人,柏拉图被导师苏格拉底的思想点燃了其从事哲学的热情,而色诺芬作品对导师的理解则隔了一层”(参 DLA,A:Otto,m3,239),奥托依旧认为色诺芬的著述“正因其不从事哲学而更为准确与公允”。① 正由于此,色诺芬乐于以其自身的限度,来展现真实的苏格拉底思想。

[69]《回忆苏格拉底》尤其如此,这部书从古代起就给读者以巨大影响。拉尔修(Diogène Laërce)对廊下派的未来导师芝诺(Zénon de Citium)有这样的记录:他从菲尼斯(Phénicie)来到雅典,对哲学还不甚了解,正是在阅读了《回忆苏格拉底》之后,才决心献身于思想这一高贵的技艺(拉尔修,《名哲言行录》卷七,2)。对奥托来说,从各方面看,这则故事都是《回忆苏格拉底》作为“蕴含最丰富的古代史实的书籍之一,可比于埃克尔曼的《歌德谈话录》”(参 DLA,A:Otto,C1,30)的证据。它因何如此重要?为何奥托认为《回忆苏格拉底》是人类所能构想的最杰出文学著作之一?

对于上述问题,可以在《回忆苏格拉底》卷四 4.19—25 有关未

---

① 参 DLA,A:Otto,m3,239。(= C1,30):“……亲眼看到和亲耳听到的事物尤为珍贵,源于现实中[与苏格拉底]的多次接触,由于其丰富的经验和智能,我们可以认识到一个无与伦比的导师,正是这一点使得色诺芬作品的价值对于我们来说不可比拟。”实际上,色诺芬“不是‘哲人’,而是一位践履者、士兵、猎手、运动员和历史学家(参《希腊志》)。同样,他所介绍的苏格拉底,本质上也是一位道德践履者。但由此认为色诺芬对[苏格拉底]的描述是虚假的,则毫无道理。”(C1,29)

成文律法(agraphoi nomoi)的对话中找到答案,奥托认为该段文字是解读苏格拉底思想的根基。

这一段中,在与希琵阿斯长久讨论了"合法"(νόμιμον)和"正义"(δίκαιον)之后,苏格拉底谈到了未成文律法的问题。如同施特劳斯(Leo Strauss)提到的,这一话题的转变很突然,苏格拉底直到这里依然没有成功证明"合法"和"正义"是一回事,这很可能是导致这一转变的原因(参 Strauss[1972],页 111 = Strauss[1992],页 165)。实际上,这段文字中的用词方式(卷四,4.25),使"合法"与"正义"和"迎合诸神"(τοῖς θεοῖς ἀρέσκει)之间的区别明晰起来。由此,假设一种未成文标准的存在同样必不可少,那么根据这一假设,律法(νόμος)和正义(δίκη)绝对能够相融。

让我们按顺序研究一下这段文字。苏格拉底和希琵阿斯达成共识(卷四,4.19),直到第四章结尾首次定义未成文律法,即指那些由诸神为人定下的律法(θεοὺς οἶμαι τοὺς νόμους τούτους τοῖς ἀνθρώποις θεῖναι)。希琵阿斯认为,这些律法适用于所有民众,具有不可违抗性,比如敬畏诸神和孝敬父母(卷四,4.20)。相反,苏格拉底认为,未成文的神圣律法可以被违反,像违反人为律法那样;但是违反神圣律法和人为律法之间的区别在于,对前者的违反[70]必然是一种罪行,而对后者的违反则可能无关紧要:

> 违反了神所制定的律法的人必然犯下罪行,对人们来说,要想如同那些违反了人所制定的律法的人那般逃脱,是不可能的(δίκην γέ τοι διδόασιν οἱ παραβαίνοντες τοὺς ὑπὸ τῶν θεῶν κειμένους νόμους, ἣν οὐδενὶ τρόπῳ δυνατὸν ἀνθρώπῳ διαφυγεῖν, ὥσπερ τοὺς ὑπ' ἀνθρώπων κειμένους νόμους ἔνιοι παραβαίνοντες διαφεύγουσι τὸ δίκην)。(卷四,4.21)

苏格拉底列举了几个例子来说明,正义对应的是未成文律法,而不是人为律法。比如,父母和子女间的乱伦必然会受到

家族堕落的惩罚(卷四,4.20—23);[①] 那些[71]不以善报善的人必

---

① 如同有些学者已经指出的(比如 Dümmler[1889],Zuretti[1916],Döring[1895]以及 Strauss[1972]),这段文字很晦涩难解。据苏格拉底,乱伦会受到未成文律法的惩罚,因为(ὅτι)父母不再年青,还怀孕生下了不康健的子女(如同苏格拉底的论据随即否定的,他所特指的乃是那些 spermata 的父方,如果父亲年龄过大,不甚具备生子的能力,却依然使得妻子产下畸形之子)。很明显,这里已经不是在同一层面上的讨论:首先是乱伦自身,因为父亲年迈,所以才会生下不康健的子女。这就是为什么 Döring(1895)有理由认为,关于亲代生养之 akme[最佳年龄;年壮]的观点"完全与乱伦的问题无关"(页 245)。那么该如何理解这段文字呢?我认为,可借助 Strauss(1972)中的一段话来解决这些困难,见氏著页 113:"苏格拉底的意思是说,父母和子女乱伦的罪,与任何年长者娶年青女子为妻的'罪',没有区别。"这就说明,罪都是一样的(不康健的亲代关系),尽管驱使犯罪的动机不同(一个是乱伦,另一个是年龄过大)。如果这一假设成立,那么苏格拉底所讲的 l'agraphos nomos[未成文律法]惩罚了这两种情况;这一惩罚也就延伸向那些不再年轻,却依然生子的事例。Joël 止于后一种观点,并且认为:

> 第 22 和 23 节中的观点,止于*μὴ ἀκμάζοντες*的*κακῶς τεκνοποιεῖσθαι*,背离了作者所写的关于拉刻岱蒙(Lacédémoniens,即斯巴达)律法,这一点在同一章的稍前处(第 15 节)就已涉及。作为斯巴达(Sparte)崇拜者的色诺芬,在这部作品中把吕库古(Lycurgue)描绘成在*τεκνοποιία*[传代]中特别倾向于*εὐγονία*[合适的结合],且要求两位伴侣*ἀκμὴ σώματος*[处于生命的花季]。(Joël[1893—1901]卷一,页 115;参色诺芬《拉·刻岱蒙政制》[*République des Lacédémoniens; Lac.*],I,6)

这一观点,使得这段文字的语境具有了"实用主义"的色彩,比如吕库古的律法,在《齐家》(章七,19)中色诺芬的评论极为实际:男女之间的结合有助于共同面对衰老——对于父母来说,就有必要在还不是太老的时候生下孩子。那么,事实上,苏格拉底自己难道不是在年纪稍大时才生孩子的吗?在这一情况下,他自己的行为岂不是与他正在研究的训诫相矛盾,亦与他自己作为活生生的德性榜样的理想相反。然而色诺芬的记录却与我们的假设不矛盾,借助柏拉图的苏格拉底在临死前跟我们提起过他的两个*παιδία*[教导](请见很有名的两个段落:柏拉图《申辩》34d,《斐多》60a 和 116b),我们得出的结论是,苏格拉底是在 60 岁之后才生下他的两个孩子;色诺芬的苏格拉底告诉我们,他的长子名叫 Lamproclès(《回忆苏格拉底》卷二,2),但我们不知道他孩子的年龄——他们可能在苏格拉底还是 akme[壮年]的时候生下的(有关克珊悌珀(Xanthippe)的章节与这一假设相吻合,参色诺芬《回忆苏格拉底》卷二,2;《会饮》卷二,10)。柏拉图和色诺芬见证的不同,尽管很重要,但也不必过多纠缠于此。这里,我们止于从色诺芬的角度看到,苏格拉底可能——且很有可能——没想到自己会惹来言行不一的指责,十分严厉地认为那些在年迈时生下孩子的人,应会受到 l'agraphos nomos[未成文律法]的惩罚,而生下不康健的子女。

然会因忘恩负义而失去好友进而陷入孤独之中(卷四,4.24)。这些例子表明,对于苏格拉底来说,未成文律法自身包含了对僭越者的惩罚(τοὺς νόμους αὐτοὺς τοῖς παραβαίνουσι τὰς τιμωρίας ἔχειν)(卷四,4.24),而且无人能够逃脱(ἣν οὐδενὶ τρόπῳ δυνατὸν διαφυγεῖν)(卷四,4.21)。由于僭越未成文律法者必遭惩罚,苏格拉底找到了惟有诸神有能力获得的纯粹正义。也就是说,这些律法不能在人世那里找到它们的根源,需要首先预设一个神圣的立法者(卷四,4.24)。正是由于它们神圣的根源,才会符合(sont elles-mêmes)正义,苏格拉底随后两次重复了这一点(卷四,4.25)。苏格拉底就此完成了论证。现在,合法和正义之间的区别一目了然,且彼此不可替换。这一段文字迄始处提出的正义和遵照律法生活是否为一回事的问题,得到了彻底解决。

色诺芬的这一段文字似乎前后都很一致,但稍加研究,就会发现许多长久以来就萦绕于学者心头的问题。尤其德国古典学界,自19世纪末就开始询问未成文律法的原则是否源自苏格拉底。

丢莫勒(Ferdinand Dümmler)于1889年首次质疑苏格拉底是这一说法的提出者。① 他认为,色诺芬的这段文字无论从文风还是内容来看,所展现出的都不是苏格拉底的思想,而是苏格拉底的对话者智术师希琵阿斯的观点。苏格拉底这里所赞成的希琵阿斯的两个基本观点——[72]即未成文原则的观点,以及合法等同于正义的观点——克里索斯托(Dion Chrysostome)《论律法》(περὶ νόμου)(节6—8)亦有记载,这位埃利斯派智术师的犬儒

---

① 参Dümmler(1889),页253—256。丢莫勒认为,苏格拉底和希琵阿斯之间的对话,“是色诺芬写下的最糟糕的事情之一”(页253)。

化倾向，与色诺芬《回忆苏格拉底》卷四 4.17－25 很相似。① 另外，丢莫勒倾向于认为，合法和正义是两样不同事物的观点，“天真”、“笨拙”而“缺乏智慧”，与历史上真实的苏格拉底思想无关，它们是希琵阿斯在与高尔吉亚(Gorgias)论战时所用的，后者认为德性(ἀρετή)决定了一个人的道德水准，希琵阿斯则认为是对律法的严格遵循。

与丢莫勒不同，约埃勒于 1893 年把未成文律法的教义归于安提斯忒涅(Anthisthène)，并且认为这一教义与苏格拉底的原初思想并无冲突，至少与色诺芬的苏格拉底并无冲突（参 Joël [1893－1901]，页 114 以下[卷一]，及页 1098 以下[卷二]）。这一教义实际上是一种特别古老的信仰，如同索福克勒斯(Sophocle)《安提戈涅》中显示的，未成文律法特别相对于人为律法。② 据约埃勒，

① 丢莫勒认为，色诺芬的这段文字忠实记载了希琵阿斯的思想，这一观点 Zuretti (1916)重新提到。Zuretti 认为，确切地说，对神、宇宙主义的信仰，以及认为 nomos[律法]来自 physis[自然]（甚至包括未成文律法），乃是“现实和历史中的”希琵阿斯的特色(Zuretti[1916]，页 117)。Dupréel(1948)页 216－219 更加清楚地阐明了色诺芬的这段文字对还原希琵阿斯教义的重要性，并且指出，未成文法预设了自然法的概念，而自然法建基于事物本身，却与实定法的强制性法条相对立。人们应该完全可以把这一理论赋于埃里斯的智术师，后者认为有能力建构律法的人，是那些知道事物性质之士而非了解法律的人（请参见 *Dissoi Logoi* § 8 中的相关论述）。

② 20 世纪的 Hirzel(1900)多次引用的一条材料，涉及未成文律法概念的通常起源。相关讨论，参 Ostwald(1973)，他认为色诺芬的苏格拉底，不会没有任何未成文律法的法定—强制概念作为根据，在古希腊，nomos 和 nomimos 特别指一个民族的“生活风格”、“习惯”和习俗。这以其后引用的事实作为论据，即苏格拉底引用的未成文律法针对的是人与人之间的行为（乱伦和忘恩负义），而不是如此行事的权利（亦参 Ostwald[1969]；[1986]，页 94－108）。Colson(1989)赞成 Ostwald 的观点，并指出在色诺芬和柏拉图那里，苏格拉底所说的 nomoi 尤其是指雅典人的传统和习俗，而不是真正确立的律法或法则。对这一问题更深入的讨论，见 Otto (1951)，Gigante(1956)，Guthrie(1969)页 56－112。对柏拉图《克拉底鲁》(*Cratyle*)中 nomos 的讨论，参 Sedley(2003)页 72－74 和 Palumbo(2004)，特别是后者对律法谐和(*musicale de nomos*)的研究。

这些律法[73]“深深扎根于希腊民众的共同世界观中，或至少扎根于当时风起潮涌的时代精神中”（参 Joël[1893－1901]卷一，页116）。

除了丢莫勒和约埃勒，另一位德国学者多凌（August Döring）于1835年提出了相反的观点。就《回忆苏格拉底》的总体结构及表现出的整个苏格拉底思想来说，多凌肯定了未成文律法（agraphoi nomoi）段落的可靠性（参 Döring[1895]，页244－247），但认为苏格拉底的论断尽管属实，却显然“缺乏明晰、精确和严格性”（参 Döring[1895]，页246）。而且，色诺芬列举的乱伦和老少配的例子，既不明确又不充分，也没有解释清楚生下不康健后代的惩罚到底是因为自然原因，还是由于违抗了完全独立于physis[自然]的未成文律法。多凌认为，这一论断最薄弱之处在于，“没有明确阐明明文律法和未成文律法之间的界限”（参 Döring[1895]，页246），人为律法、神圣律法和自然律法之间的界限亦然。

迈耶（Heinrich Maier）关于苏格拉底的一本著作中，有一长段注释能够解释这一段落中的矛盾（参 Maier[1913]，页46－49）。他与丢莫勒和约埃勒都保持了距离，与多凌的观点也不尽相同。迈耶认为未成文律法的教义应该归于色诺芬，因为很显然，在这方面色诺芬接受了希琵阿斯而不是苏格拉底的影响，而不像约埃勒认为的是受了安提斯忒涅和犬儒学派的影响。所有这些都基于nomos[律法]对乱伦恶果的反对，约埃勒认为这起源于犬儒学派，安提斯忒涅的几个弟子，尤其是狄奥耶（Diogène），极有可能赞同近亲之间的性结合。然而，迈耶之所以认为这一教义是色诺芬的风格，正是因为未成文律法是神圣律法这一事实。这些律法既明显对立于苏格拉底的伦理，亦对立于犬儒学派的伦理，因为两者尽管不同，但都完全以人为律法为根基。由此，迈耶写道，苏格拉底与犬儒学派一样，[74]“取消了神定(théonomique)伦理；对他来说，伦理生活是人类事务，与神无关”(参 Maier[1913]，页 315)。

迈耶的书出版差不多 25 年之后，鲁德伯格(Gunnar Rudberg)重新研究了色诺芬的这段相互矛盾的文字(参 Rudberg[1939]，页 44—46)。他认为未成文律法教义的根源可于文学材料中找到，① 或可于当时有名的演说家那里找到。② 与迈耶相反，鲁德伯格似乎支持约埃勒未成文律法可能来自犬儒学派的观点；然而，与约埃勒不同的是，他认为色诺芬并未受安提斯忒涅的影响，而是犬儒思想原型的影响——当时它尚未完全成为一个学派的教义，还只是民间流行的一种说法。仔细考察一下鲁德伯格的看法，我们可以看到，尽管它颇为有趣，却落伍于当时的研究，因为这一看法似乎模仿了斯堪蒂纳维亚学者伊赫泽尔(Rudolf Hirzel)1900 年研究色诺芬这段文字的论文(标题正是 *ΑΓΡΑΦΟΣ ΝΟΜΟΣ*，参 47 页注释)中的一段话，而实际上没有什么新的内容。

施特劳斯(Leo Strauss)在 1939 年出版的著作也对色诺芬的这段文字进行了研究，且比同年的鲁德伯格深刻。30 年之后，即 1972 年，施特劳斯又著文深化了这一研究(参 Strauss[1939]，和[1972]页 111—113＝Strauss[1992]，尤其页 87—210 和页 211—242)。在 1939 年的首次研究中，施特劳斯清楚指出，未成文律法

① 参埃斯库洛斯(Aesch.)《乞援人》(*Suppliantes*)行 381—391；索福克勒斯(Soph.)《安提戈涅》(*Antig.*)行 450—457，《俄狄甫斯王》(*Oed.Tyr*)行 863—910 及《埃阿斯》(*Aj.*)行 1343—1344；欧里庇得斯(Eur.)《伊翁》(*Ion*)行 442—443。在柏拉图那里也可以找到未成文律法(参《法义》[*Leg.*]793b，837e—838e)，亚里士多德处亦是(参《修辞学》[*Rhet.*]卷一，10—15)。

② 参修昔底德(Thuc.)卷二，38.3；德谟斯蒂尼(Démosthène)，《论花冠》(*Sur la Couronne*)275 和《反贵族制》(*Contre Aristocrate*)23，70。

至少可能与明文律法矛盾。由此,至少从理论上来说,苏格拉底可能会认为一方面即使违反律法也是正义的,另一方面仅遵循律法不完全是正义的行为。如此一来,如同施特劳斯所指出的,就有必要区分 nomimon[律法]和 dikaion[正义]。这段考察于第 4 章中得到正面的肯定,同时对苏格拉底是否真正相信这一区分有所保留。该问题强化了明文律法和未成文律法之间对立的可能性,同时也隐含了多里安(Louis-André Dorion)最近注意到的一个问题。① [75]如果施特劳斯的观点合理,那么就需指出,色诺芬的文字实际指明了这两种不同的律法规定了同一个东西:比如尊敬父母和诸神就是明文和未成文律法共有的要求。这样一来,实际律法和神圣律法之间就不存在矛盾,尽管两者本根上不同;相反,它们似乎能够相互补充,如同多里安指出的那样。

nomimon 和 dikaion 的区分问题,施特劳斯于 30 年后重新提出。这一次,至少从表面看,与文本的整体结构有关。这一回施特劳斯指出,关于未成文律法的所有 excursus[外延],从苏格拉底的角度来看,除了用来向希琵阿斯说明 nomimon 和 dikaion 不同之外,没有它义。如同我们已说过的,这就说明了至少在色诺芬看来,苏格拉底直到这里还没有向希琵阿斯成功阐明 nomimon 和 dikaion 的不同。于是,我们重新遇到了施特劳斯前面提出的问题:我们在哪方面以苏格拉底为荣?苏格拉底是真地相信这一区分呢,还是借此来讥讽希琵阿斯?

莫里松(Donald Morrison)为解答施特劳斯提出的这些问题开辟了道路(参 Morrison[1995],页 329—347)。他发现,在色诺

---

① 参 Dorion(2001)。Dorion 提出的另一个问题,更偏于文献学而不是纯理论的研究,谈的是关于《回忆苏格拉底》卷四第 4 章的一个问题:据 Dorion,苏格拉底和希琵阿斯之间的对话看上去像一块"陨石",完全背离该章节的逻辑(见该书,页 105)。

芬的文本中，nomimon 和 dikaion 这两个词实际上是共存的，从概念角度看并不重复。在参考了斯特里克(Gisela Striker)的研究之后，① 莫里松认为，应该简单地将苏格拉底关于律法的观点视为实证性(positiviste)的，不管是民人协约认同的城邦律法(*νόμοι πολέος*)，还是完全属于实定法(droit positif)的未成文律法，因为它们都是诸神的[76]“意志行为”所“颁布”的。② 未成文律法应是指那些高于明文律法的实定法。然而，不同的是，人们可以违反后者而不受惩罚，但对未成文律法的僭越则必然会受到惩罚。莫里松认为，这些 nomoi 没有被置于“物之自性”中，如同学者们希望把法之自然概念归于色诺芬的苏格拉底那样，而是它们构成了一种诸神放置于自然内部的“惩罚机制”，以便最终能够使其准则具有强制性。③

纳尔茨(Michel Narcy)也质疑了“自然法”是未成文律法这个色诺芬式概念中所固有的假设(参 Narcy[1997]，页 26—28)。与莫里松一样，他也反对将 nomos-dike[正义法]和 nomos-physis[自然法]对立。因为，当未成文律法发挥其效力时，首先必须自问未来是否与自然律法相合。在这种情况下，律法的效力在完全自立并外在于法律约定的领域并不适用。但事实并非如此，如同色诺芬所举例子表明的，一个乱伦的结合将断子绝孙不是由于自

---

① 参 Striker(1987)。在这篇文章中，自然法的根源被置于廊下派关于合理规范之自然的概念之中。Striker 认为，色诺芬的这段文字相比于其论断来说，“令人失望”且“不相融”，反而类似于实证法的信仰(见该书，页 88—89)。认为苏格拉底是自然法、实证法的捍卫者这些假设，可见 DeFilippo & Mitsis(1994)和 Pangle(1994)。

② 参色诺芬《回忆苏格拉底》卷四，4.13、4.25。此处引自 Morrison(1995)，页 341。Morrison 认为(页 342)，这一“意志行为”取决于苏格拉底的诸神对人的一般照顾，比如参色诺芬《回忆苏格拉底》卷一，4.11。

③ 参 Morrison(1995)，页 341：“实证的神圣律法是*ἄγραφος νόμος*[未成文律法]，这点很奇怪。”

然原因,而是因为违背了未成文律法;这一律法之所以与人世律法如此不同,是因为它是超然的,非凡的意志的表达。纳尔茨的研究表明,未成文律法的本基不应被认为是自然,或是严格意义上的生物性质的,而是神圣不可侵犯的。的确,大自然将狠狠惩罚那些不遵守未成文律法的人,不过这些律法乃由神所授,与自然律法并不重合。① 换句话说,如果僭越未成文律法,则必然会在自然领域带来不好的后果,但这并不简单地说明这些律法就等同于自然律法本身。

[77]关于苏格拉底律法概念的最新研究,见约翰逊(David M. Johnson)的论述(参 Johnson[2003])。在一次公开的对话中,他反对莫里松(并部分反对纳尔茨)的下述观点:未成文律法突显出自然法,本质上完全不同于城邦的明文律法。与莫里松的观点正好相反,约翰逊认为,与明文律法相比,未成文律法的属神本质和超然性具有普遍性,并存在于对僭越它们的行为的必然性惩罚中,而不是诸神"颁定"的。这些律法的效果存在于事物本身,存在于必然赢得尊敬的善行或僭越它们的不善之行中。② 约翰逊认为这其实就是自然法,属神的颁定应该被解读为一种简单的后天(*a posteriori*)"担保"(一种"属神认可",参 Johnson[2003],页265),而不是作为它们存在和运行的必然(sine qua non)条件。它们绝对的必然性、普遍性和不为法定权威的强制权力所限定的能

---

① 就此——如同纳尔茨和多里安指出的——必须把 19—24 段视为《回忆苏格拉底》卷四第 3 章中展示的属神理论的某种"笺注",而不是如同英语学界(Striker,Morrison,Johnson 等)所认为的属于苏格拉底律法概念的一部分。参 Narcy(1997),页 23;Dorion(2000),页 236。

② 如同约翰逊注意到的,未成文律法与安提丰(Antiphon)制定的自然法则之间有着惊人的相似:参后者著作 D.-K.87B,残篇 44a。

力，使得它们高于明文法，本质上则偶然而随意。①

对于未成文律法和必然性惩罚之间的关系问题，学者们有着不同的研究，在奥托关于《回忆苏格拉底》章节的思考中就可以找到。② 奥托认为未成文律法是直接且迅速对所有僭越行为进行报复的强力，无需依凭人世正义。若稍加分析就会发现，这是某种高于“律法”的东西，因为未成文律法没有任何强制权力，而仅具惩罚性。它们并没有表现为对人世行为的禁止和限定（比如人世nomos[律法]的情形），而是内存于物本身的一种“宇宙必然性”。正是这一必然性，昭显了它们的属神本源，以及相比于世间的人为律法来说具有的卓然性。它们以实有之真实性[78]为本基，尽管与它们又不尽相同。它们一定是公正的（*δίκαιοι*），但在超人世的视角中，直接与正义（*δίκη*）相联被认为是所有实有整体属神的不可侵犯的原则。它们中“存有一种神秘精神、一种圣洁的必然性。即使[它们的行为]之间的关联，也有着某种属神的东西在”（参 DLA，A：Otto，m3，473）。奥托认为，它们拥有亚里士多德在《形而上学》第十一卷中所谈的同样的属神必然性：*τὰ ὄντα οὐ βούλεται πολιτεύεσθαι κακῶς*。③

---

① 约翰逊认为，这解释了自然法必须胜于实际法的情况，这没有说明苏格拉底感到必须同时遵守自然法和实际法的事实不能成立，也不是说这两个律法不能相互补充，详见色诺芬《回忆苏格拉底》卷四 6 和卷一 2；Johnson（2003）页 273－280 中有讨论。

② 色诺芬《回忆苏格拉底》卷四，4.12－24，Otto 于 m1，577 中作了逐句分析（*Νόμος* im eigentlichen Sinn），588（*ἄγραφοι νόμοι*）。同时，Otto 也将此与色诺芬的《齐家》章七 31 相比对。

③ “世界自身不愿被不好地统治。”（亚里士多德，《形而上学》1076a3－4；V. Cousin 译本。）Otto 在维柯（Giambattista Vico）处也找到了同样的概念：“超出了自然状态，物不能建立亦不能维持。”（Principî di una Scienza Nuova d'intorno alla commune natura delle nazioni[²1744]，lib.I，sez. II，“Degli Elementi”，cap. VIII，*init*. ＝ Pons 2001，页 87。）

这一必然性联结了属神的 nomos[律法]和属人的 physis[自然],它不仅存在于这里我们所研究的这段《回忆苏格拉底》的文字中。这一看法还可在柏拉图的《申辩》(30c)中找到重要的支撑,其中,苏格拉底被审判官威胁处以死刑,他超然地答道:“我不相信损害一个优秀的或至少善良的人是合法的(θεμιτόν)”。① 库恩(Helmut Kuhn)指出,这一回答基于苏格拉底思想中最为重要的一个原则:对与真实性相符的律法的信念。由此,正义不是简单的属神或属人的审判,而是属于事物之宇宙秩序(参 Kuhn[1959],页 106)。奥托重新考察了库恩的这一看法,并直接将它与色诺芬这段文字中的 agraphoi nomoi[未成文律法]相联。奥托认为,我们不可能完全理解柏拉图《申辩》中的οὐ θεμιτόν[不合理],除非预设对“本初法则允许善者承受不善者迫害”的盲目而不可侵犯的信念(参 Otto[1982],页 622)。这些法则不仅与正义无关,而且超出人世的理解,因为它们融于“物之秩序(das Kosmos des Geschehens)”(参 Otto[1982],页 622)和“实定法”(la loi de l'être,参 DLA,A:Otto,C2,79)自身中。如果一个人不处于这一秩序内部完全的自由之中,将不会给予其尊敬。“如果人自身处于秩序中,也就是说[79]由他如超然本性所指定的那般存在,如果他能与自身之中道和谐相处的话”,基于这种信念,“即使穷凶极恶的‘不善者’也会一反常态,流露出某种合理而值得敬重的东西”(参 DLA,A:Otto,C2,78—79 和 Otto[1982])。在奥托看来,这段文字十分有意义,其中“苏格拉底所用的语词[即用来指明物之秩序](θεμιτόν)提到了正义女神、永恒法则忒米斯(Thémis)的名字”(参 DLA,A:Otto,C2,79)。他认为,很明显,这里苏格拉底

---

① 这里的意思也可以在《斐德若》255b 中找到:“命运注定了不善者不为不善者所爱,而善者却不会不被善者所爱。”

对未成文律法的信念，所面对的不仅是简单的强制法则，而且是神之实体具有的与它们完全相称的形象和实存，其责任正是维护宇宙的正义(δίκη)。这个意思明显包含于色诺芬《齐家》(卷七，31)中的一段文字，其中一个违抗神赋予的本性而行事的人，不仅不会从诸神那里逃脱，而且会为此付出代价，因为他很可能由此而玩忽职守。我们也可以在柏拉图《普罗塔戈拉》的一个神话中找到类似的意思，该对话明确指出，"从公共生活体制的角度看，每一个人都分有了部分αιδώς［羞耻］和δίκη［正义］"(参DLA，A：Otto，m1，224)，尽管当时属神伦理(Arete［德性］，Aletheia［真理］，Dikaiosyne［正义］，Sophrosyne［节制；审慎］，Philia［友爱］)的真实性在很多地方遭到质疑。苏格拉底认为，实有总是被作为不可争议的事实预设为真。

这样我们从而能够理解这一延伸到苏格拉底虔诚领域的信念。在很多篇章中，苏格拉底不仅相信城邦的诸神，而且也相信那些与传统虔诚信仰相比完全革新的超人世的形式和观念：① 首先，在他生命中所有关键时刻，来自精灵(daimonion)的内在声音都为他指引所应循的道路；② 其次，色诺芬多处强调了的宇宙之神性安排；③ 再次，[80]通过神谕占卜(mantique)和谕示的中介

---

① 就苏格拉底对神性(传统的或不是传统的)的信仰，Otto引用了柏拉图：《苏格拉底的申辩》26d，35d，41d－42a；《会饮》220d；色诺芬：《回忆苏格拉底》卷一，1.2、3.3、1.19、4.10；卷四，3.14－17；《齐家》章五，12；《苏格拉底的申辩》11。

② 就精灵的讨论，Otto引用了柏拉图：《王制》496c(其中苏格拉底把他全部的哲学践履归属于"神的谕示")；《苏格拉底的申辩》31c－d，40a－c和41d－42a；《欧绪德谟》(*Euthydème*)272e；《泰阿泰德》151a；《阿尔喀比亚德》103a以下；《忒阿格斯》(*Théagès*)128d，129d－e和130e；《克力同》43d和54；《斐多》242b－c；色诺芬：《回忆苏格拉底》卷一，1.2－4；卷四，4.4－5和12、8.1；《苏格拉底的申辩》10－14；《会饮》卷八，5。

③ 参色诺芬《回忆苏格拉底》卷一4.1以下(与亚里斯多代莫的谈话)和卷四3.3以下(与欧绪德谟的对话)；亦见卷二，3.1以下。

而倾听到属神的智慧。[①] 奥托认为，这些审判时受指责的因素，即苏格拉底的虔诚特征，正是建立在他超常的信念之上，使得他能够知晓各方面的属神性或至少超自然性——甚至越出了习俗和传统。

尽管缺乏所有直接的显示，但赋予实存和事件之善“本体性”信念和信仰的看法，在《申辩》(41d)的结论中得以证实。文中，尽管判决已经宣告，死亡临近，苏格拉底依然以一种绝然的宁静向审判官们说：“对于一位善者来说，生前或死后都没有损害，诸神不会不关心他的境遇（*οὐκ ἔστιν ἀνδρὶ ἀγαθῷ κακὸν οὔτε ζῶντι οὔτε τελευτήσαντι, οὐδὲ ἀμελεῖται ὑπὸ θεῶν τὰ τούτου πράγματα*）”。即使审判显然对苏格拉底不利，实际上对他来说却“没有任何真正的损害”，因为，如同奥托所指出的，“实有之神圣律法不允许他如此做”。这也同样说明，“尽管表面上他遇到或似乎遇到‘不幸’，但善者从来不会被损害”(参 DLA，A：Otto，m3，265)，苏格拉底的平静从而不应被理解成是乐观主义或是对激情的控制，而应是对“物之秩序(*κόσμος* des Geschehens)”的信念(参 DLA，A：Otto，m3，265)。事实上，苏格拉底洞悉生活现实所有抽象的联系和连接，那些务实的人不会看到或是嘲笑苏格拉底拥有受恐惧支配的疯狂；苏格拉底知道，人作为人，取决于这些关联，“他对它们的尊敬取决于其神圣性，这样才使得所有围绕他的人之间拥有有益的关系”(参 DLA，A：Otto，C2，77)。这一信念使得他能够相信，“这些审判必须能让人认识到，伴随着一种绝对的必然性，人

---

① 对神谕占卜的一般信仰，色诺芬在《回忆苏格拉底》卷一，1.8－9、3.4、4.2－19；卷四，8.5 中加以证实；对德尔菲神谕的信念，见柏拉图《苏格拉底的申辩》31c。Otto 认为神谕占卜代表了“对精神(*l'esprit*)的信念([信仰，la croyance]能够知晓真实的一致性)，但于此又不够(‘财产’、未来等方面)，神们给予忠告(参色诺芬《回忆苏格拉底》卷一，1，7－9)”(DLA，A：Otto，m1，224)。

们遵守戒律给自己带来的幸福或相反[即他们不守戒律则带来不幸]”(参 DLA,A:Otto,m3,481)。

[81]奥托在这里指出了苏格拉底对未成文律法信念的另一层面:它们伴有一种与虔诚的本真行为[①] 类似的激情。[②] 我们由此知道,在苏格拉底看来,“好的”伦理行为——即个体知道什么是真正的善并在其指引下的行为——不能够被认为总是必然有用。此处,苏格拉底指的不是对特殊一个体暂时或瞬息的有用,而是就实有和事物整体而言。视“善”和“有用”之间的这一相关性为某种苏格拉底式“悖论”,并将之理解为某种功利主义,这类批评无所不在。[③] 与此相反,奥托认为这一相关性不是它物,正是对我们一直讨论之物的信念的结果。信念,首先在善与现实之间形成关联。也就是说:信念一方面在现实自身的结构中,即现实允许善以与之相称的方式而构建;另一方面是善接受现实的能力,其中信念是善的有效结果。其次,在奥托看来,苏格拉底的信念,是人到达此类善的能力,能够逻辑合理地将之发展、彰显出来,并最终实现、传递它。再次,正是对现实的信念,也就是说,对现实以“有用”的形式对善所作回报的信念,信念才暗含于人的行/知和存有之事件的关联中。最后,也正是对这一关联之神圣性的信念,一种仅能以信仰的方式表现的信念,与色诺芬所提到的 agraphoi nomoi 的虔诚相伴。奥托把这一信念看作是苏格拉

---

① 实际上,Otto 认为,苏格拉底“总是拥有均衡的激情,一种真正的喜悦并不是偶然的,其中表达的正是对为精灵所施与的真理和善的不可动摇的信念”(DLA,A:Otto,m3,208)。

② Otto 明确指出了“苏格拉底对物之真实性和统配之强权的巨大信念”(DLA,A:Otto,m1,224)。

③ 为了避免这些误解,Otto 解释说,我们完全不应认为“善”与“有用”之间的区别就是功利主义,“即使这里的‘一般性’不再对神圣有意识,而是包含在所有情况下对这一引领的完全信任的观念中的一种理想道德,因为它会带来正义、善和值得尊敬的结果。”(DLA,A:Otto,m3,455。)

底所有思想的基础，因为，人的每一个思想、每一个行为都有其意义，[82]并完全扎根于存有之中。没有这一扎根，与事物之意义的所有关联，对人来说就是被禁止的。据奥托，对未成文律法的信念，就是苏格拉底思想和德行的一个本体条件。从这一角度来看，只有那些完成了未成文律法所暗含的“信念行为”(acte de foi)的人，才能够认识到并以本质的意义行事（也就说，朝着善与有用之均衡的方向行事，如同苏格拉底所做的那样）。

我们现在知道了，为什么整个德国古典语文学界要讨论色诺芬谈到的未成文律法，我们也知道了，为什么在奥托看来“苏格拉底的所有德性思考都以此为源头”（参 DLA，A：Otto，m3，481）。这一不可动摇的信念实际上贯穿了苏格拉底的所有思想，能完全表现出这一点的正是本文里我们所研究的色诺芬关于未成文律法的段落，奥托告诉我们，还有其他不少关于苏格拉底的重要文字有助于澄清这一问题。这一概念究竟对苏格拉底教义的全面解读能有多少助益，今天已很难说清楚。要回答这一问题，需要研究奥托未曾研究的其他文字，这是一个十分耗费精力的差事，可能很难实现。这里，我们不是在强调奥托解读的可靠性，而是想就此指出，相较于近来的其他研究，奥托的研究具有一定的原创性，并希望为未来色诺芬之苏格拉底的研究有所贡献。①

参考文献

BANDINI M. & L.-A. DORION 2000：Xénophon，*Mémorables*，tome I：*Intro-duction générale*，*Livre I*，texte établi par M. Bandini et traduit par L.-A. Dorion，Paris，2000 (Collection des Universités de France).

BURNET，J. 1911：*Plato's Phaedo*. Edited with introduction and notes by —，

① Giovanna Nardi 自意大利文译成法文，经作者审校。

Oxford, 1911.

— 1914: *Greek Philosophy*, Part I: *Thales to Plato*, Londres, 1914 (The Schools of Philosophy).

— 1915–1916: «The Socratic Doctrine of the Soul», *Proceedings of the British Academy*, 7 (1915–1916), p. 235–259.

— 1920: «Socrates», dans James Hastings (éd.), *Encyclopaedia of Religion and Ethics*, vol. 11, Edimbourg, 1920, p. 665–672.

— 1928: *Platonism*, Berkeley, 1928.

COLSON, D.D. 1989: «Crito 51 A-C: To What Does Socrates Owe Obedience», *Phronesis*, 34 (1989), p. 27–55.

DEFILIPPO, J.G. & P. MITSIS 1994: «Socrates and Stoic Natural Law», dans P.A. Vander Waerdt (éd.), *The Socratic Movement*, Ithaca-Londres, 1994, p. 252–271.

DÖRING, A. 1895: *Die Lehre des Sokrates als sociales Reformsystem: neuer Versuch zur Lösung des Problems der sokratischen Philosophie*, Munich, 1895.

DORION, L.-A. 2001: «L'exégèse straussienne de Xénophon: le cas paradigmatique de *Mémorables* IV 4», *Philosophie Antique*, 1 (2001), p. 87–118.

DÜMMLER, F. 1889: *Akademika: Beiträge zur Literaturgeschichte der sokratischen Schulen*, Giessen, 1889. [Réimpr. Osnabruck, 1987.]

DUPRÉEL, E. 1948: *Les sophistes: Protagoras, Gorgias, Prodicus, Hippias*, Neuchâtel, 1948 (Bibliothèque scientifique, 14).

GIGANTE, M. 1956: *Nomos Basileus*, Naples, [1]1956 (Ricerche filologiche, 1), réimpr. New York, 1979 (Morals and Law in Ancient Greece); [2]1993 (Saggi Bibliopolis, 43).

GIGON, O. 1947: *Sokrates: sein Bild in Dichtung und Geschichte*, Berne, 1947; Berne-Munich, [2]1979; Tübingen-Bâle, [3]1994 (Sammlung Dalp).

GUTHRIE, W.K.C. 1969: *A History of Greek Philosophy*, Vol. III: *The Fifth-Century Enlightenment*, Cambridge, 1969.

HIRZEL, R. 1900: *Agraphos Nomos*, Leipzig (Abhandlungen der philologischhistorischen Classe der Königlich Sächsischen Gesellschaft der Wissenschaften, 20.1).

JAEGER, W. 1936–1955: *Paideia: die Formung des griechischen Men-*

schen, Berlin-Leipzig, 3 vol., [1]1934—1947,[2]1936—1955.

JOËL, K. 1893—1901: *Der echte und der xenophontische Sokrates*, Berlin, 2 vol., 1893—1901.

JOHNSON, D.M. 2003: «Xenophon's Socrates on Law and Justice», *Ancient Philosophy*, 23 (2003), p. 255—281.

KUHN, H. 1959: *Sokrates: ein Versuch über den Ursprung der Metaphysik*, Munich, [2]1959 (Berlin, [1]1934).

MAIER, H. 1913: *Sokrates: sein Werk und seine geschichtliche Stellung*, Tübingen, 1913.

MORRISON, D. 1995: «Xenophon's Socrates on the Just and the Lawful», *Ancient Philosophy*, 15 (1995), p. 329—347. [Trad. fr. dans G. Romeyer Dherbey (dir.) & J.-B. Gourinat (éd.), *Socrate et les socratiques*, Paris, 2001 (Bibliothèque d'histoire de la philbsophie. Nouvelle série), p. 45—70.]

NARCY, M. 1997: «La religion de Socrate dans les *Mémorable*s de Xénophon», dans G. Giannantoni & M. Narcy (éd.), *Lezioni socratiche*, Naples, 1997 (Elenchos, 26), p. 13—28.

OSTWALD, M. 1969: *Nomos and the Beginnings of the Athenian Democracy*, Oxford, 1969.

— 1973: «Was there a Concept of ἄγραφος νομος in Classical Greece?», dans E.N. Lee, A.P.D. Mourelatos & R.M. Rorty (éd.), *Exegesis and Argument: Studies in Greek Philosophy presented to Gregory Vlastos*, Assen, 1973 (Phronesis suppl., 1), p. 70—104.

— 1986: *From Popular Sovereignty to the Sovereignty of Law: Law, Society, and Politics in Fifth-Century Athens*, Berkeley, 1986.

OTTO, W.F. 1929: *Die Götter Griechenlands: das Bild des Göttlichen im Spiegel des griechischen Geistes*, Bonn, [1]1929, Frankfurt-am-Main, [2]1934, [3]1947, [4]1956. [Trad. fr.: *Les dieux de la Grèce: la figure du divin au miroir de l'esprit grec*, traduit de l'allemand par C.-N. Grimbert & A. Morgant, Paris, Payot, 1981, [2]1984 (Bibliothèque historique Payot).]

— 1933: *Dionysos, Mythos und Kultus*, Frankfurt-am-Main, 1933, [2]1939 (Frankfurter Studien zur Religion und Kultur der Antike, Bd. 4) [Trad. fr.: *Dionysos. Le mythe et le culte*. traduit de l'allemand par P. Lévy, Paris, 1969,[2]1992 (Tel, 209).]

— 1951: *Gesetz, Urbild und Mythos: Abhandlungen zur Pflege realistischen Denkens in der Wissenschaft*, Stuttgart, 1951 (Gesetz und Urbild).

— 1982: «Sokrates und die Ethik: ein Vortrag», avec une postface de B. Wyß, *Scheidewege*, 12 (1982), p. 607—628.

— 2001: «Zwei Fragmente zur sokratischen "Wissensethik"» (A. Stavru éd.), *Bochumer philosophischer Jahrbuch zur Philosophie der Antike und Mittelalter*, 6 (2001), p. 117—136.

— 2005: *Socrate e l'uomo greco* (A. Stavru trad.et éd.), Milan, 2005.

PALUMBO, L. 2004: «Il *nomos* e la trasmissione dei nomi nel *Cratilo* di Platone (a proposito di *Crat*. 388 D 12», *Elenchos*, 25 (2004), p. 397—412.

PANGLE, Th.L. 1994: «Socrates in the Contex of Xenophon's Political Writings», dans P.A. Vander Waerdt (éd.), *The Socratic Movement*, Ithaca-Londres, 1994, p. 127—150.

PONS, A. 2001: Giambattista Vico, *Principes d' une science nouvelle relative à la nature commune des nations*, 1744. Traduit de l'italien et présenté par —, Paris, 2001 (L'esprit de Ia cité).

RUDBERG, G. 1939: *Sokrates bei Xenophon*, Uppsala-Leipzig, 1939 (Uppsala universitets årsskrift, 1939, 2).

SEDLEY, D. 2003: *Plato's* Cratylus, Cambridge, 2003.

STAVRU, A. 1998: «Il lascito di Walter Friedrich Otto nel *Deutsches Literaturarchiv* di Marbach», *Studi e materiali di storia delle religioni*, 64 (1998), p. 195—222.

STRAUSS, L. 1939: «The Spirit of Sparta or the Taste of Xenophon», *Social Research*, 6 (1939), p. 502—536.

— 1972: *Xenophon's Socrates*, Ithaca, NY, 1972.

— 1992: *Le discours socratique de Xénophon* [1970] suivi de *Le Socrate de Xénophon* [1972]; en appendice, *L'esprit de Sparte et le goût de Xénophon*. Traduit par Olivier Sedeyn, Combas, 1992 (Polemos).

STRIKER, G. 1987: «Origins of the Concept of Natural Law», dans J. Cleary (éd.), *Proceedings of the Boston Area Colloquium in Ancient Philosophy*, 2 (1987), p. 79—94.

TAYLOR, A.E. 1911: *Varia Socratica*, *First Series*, Oxford, 1911 (St. Andrews University Publications, 9).

— 1912: «Varia Socratica Once More», *Classical Philology*, 7 (1912), p.

85—89.

— 1917—1918：«Plato's Biography of Socrates»，*Proceedings of the British Academy*，8（1917—1918），p. 93—132.

— 1928：*A Commentary on Plato's Timaeus*，Oxford，1928.

— 1932：*Socrates*，Édimbourg，1932.

ZURETTI，C.O. 1916：«Xenophontis Memor. IV，4»，*Rivista di Filologia e di Istruzione Classica*，44（1916），p. 114—127.

《回忆苏格拉底》中的苏格拉底和普洛狄科

托尔德希拉斯(Alonso Tordesillas) 撰

(法国普罗旺斯大学)

[87]有关智术学派的文献，一般将普洛狄科(Prodicos)描绘成一位道德主义者，因而使他不同于其他智术师。[1] 这一立场以《回忆苏格拉底》卷二 1.21—34 的记述为基础。色诺芬在叙述苏格拉底与阿里斯提普(Aristippe)关于享乐问题的谈话时，在上述段落中，引了普洛狄科所讲的关于十字路口的赫拉克勒斯(Héraclès)的德性轶事。在苏格拉底与阿里斯提普的谈话中，苏格拉底先是引用了赫西俄德(Hésiode)和厄琵卡莫斯(Épicharme)的诗句，最后用《赫拉克勒斯轶事》(*l'Apologue d'Héraclès*)驳斥阿里斯提普。[2] 正是由于普洛狄科对道德问题

---

① 一方面与高尔吉亚，普罗塔戈拉和忒拉绪马霍斯(Thrasymaque)，另一方面与安提丰(Antiphon)和希琵阿斯相比，尤其关于普洛狄科的讨论，参 Momigliano(1930)，页 102 以下。

② Untersteiner(1993)，II，页 23，特别指出了这一问题："普洛狄科的伦理基本上是由《处于十字路口的赫拉克勒斯》透露出来的，色诺芬用另一版本叙述出来，尽管与智术师一派的版本并不完全符合，就其内容来说，还是与原则相符的。"对这段文字理解的困难在于以下两点：一、普洛狄科伦理的重建基本上基于对这一轶事的解释，可以说，我们不能找到任何与这段轶事内容类似的智术师一派的其他残篇；二、色诺芬介绍和阐述轶事的方式，让人觉得他所引用的并不直接就是智术师一派的文本。关于普洛狄科这段文字，一般的正面解读(Dupréel[1948]，(转下页)

的兴趣，人们才经常把他看作苏格拉底的先驱。

[88]在解读《回忆苏格拉底》中的这段文字时，完全倾向于其中的道德意义——通过教育问题谈政治（参 Nicolaïdou-Kyrianidou[1998]和 Dorion[2004]），很难会认识或充分注意到普洛狄科之所以为人所知的另一个特点：对语词的辨析。从柏拉图那里可知，正是后一点使苏格拉底自认为是普洛狄科的友人或弟子。重新审查普洛狄科传统形象两方面的特点，以及辨析语义技艺与道德意义之间的关系，是否可以验证在《回忆苏格拉底》这部与苏格拉底直接相关的作品中，色诺芬借助苏格拉底说出普洛狄科所述轶事，运用的是一种巧妙的回避手法呢？是否可以由此认为，色诺芬的苏格拉底在这段谈话中，确实援引了普洛狄科？

完全从道德蕴义看，色诺芬的苏格拉底似乎仅仅保留了普洛狄科希望创立道德新规范的理性特征，并希望藉此发现“一个可置于所有传统之上的合理道德”（参 Tovar[1954]，页 257）。普洛狄科关于赫拉克勒斯之教育的轶事恰符合要求；苏格拉底之所以引用，不是因为它是普洛狄科提出的，而是因为普洛狄科的智术师身份有助于他提出惩罚不道德而提升德性的道德劝诫。多数学者认为，这一点成立的依据在于，色诺芬曾两次指出他所引用的并不就是普洛狄科的原话。在这一段落起首的 1.21 中，苏格拉底这样呈现普洛狄科的观点：“根据我的记忆（*ὅσα ἐγὼ μέμνημαι*），他所说的大概如下（*ὧδέ πως λέγων*）”。另一处

（上接注②）页 121－123，Untersteiner [2]1961，页 178－188，残篇 84 B 2* Unt.，加入了《回忆苏格拉底》卷二第 1 章中的第 20 段）倾向于认为，色诺芬受到了智术师一派的影响（Dupréel[1948]，页 178；Romeyer Dherbey[1985]，页 65－68）。尽管这一解读后来有所变化，但最终还是打破了对普洛狄科伦理的某些偏见，比如对智术师一派的重新解读卓有贡献的 W. K. C. Guthrie，在色诺芬那里看到的仅是“德性本质上的平庸”（Guthrie[1976]，页 283），并贬低色诺芬德性哲学的重要性及其意义。

是1.34,他总结道,“这就是普洛狄科所讲述的德性对赫拉克勒斯训诫(*οὕτω πως διώκει Πρόδικος τὴν ὑπ' 'Αρετῆς Ἡρακλέους παίδευσιν*)的大概。[89]他的思想中还藏有许多比我刚才谈到的更为出色的言论”。①

《回忆苏格拉底》的最新译者多里安(Louis-André Dorion)②认为,这一段落涉及的不仅仅是文献引用的问题。学者们一般持有以下两种看法:首先,一般而言,这段轶事中展开的观点,与《回忆苏格拉底》中其他部分的同类观点完全吻合③——比如为避免或拒绝迅即快感,主张对之加以掂量,以便获得独特的快感;其次,据这段文字最有名的两位诠释者葛恭(Olof Gigon,参Gigon[1956],页60和62)和弗里茨(Kurt von Fritz,参Von Fritz[1965],页271),这一轶事的叙述风格、句法甚至词汇,与人们在《回忆苏格拉底》其他部分看到的用法相似——如果色诺芬强调了这一引用的相似性,则是因为这样让他能够根据表现苏格拉底观点的需要,来调整普洛狄科的文本(参Gigon[1956],页62)。

换个角度,尽管我们对普洛狄科的政治立场知之甚少,④不

---

① 关于这一段中*ὧδέ πως*和*οὕτω πως*的表达和用法,参Sansone(2004),页126—129。该书作者认为,色诺芬对这两种表达的不同用法,如同人们在希腊文献中找到的其他相似情况一样,并不能保证色诺芬所讲述的赫拉克勒斯轶事就是普洛狄科的。驳Dorion(2008b)。在此,我要感谢Louis-André Dorion在出版他对《回忆苏格拉底》卷二这段内容的翻译(Dorion[2008a])之前,允许我加以引用,除了特别注明,本文中我参考的是Dorion探讨David Sansone论题的文章(Dorion[2008b])。在这篇文章中,Dorion罗列了我们可以在色诺芬轶事和其他作品中找到的所有不同用法,以说明色诺芬为了表达自身的看法,对轶事做了精心的重构。

② Dorion(2008a),尤其II,1.21:“如果色诺芬对普洛狄科的不精确‘引用’表现得完全漫不经心的话(参§21和34),正是因为这一破例使得他能够使普洛狄科的文本为他所用。”

③ 参Dorion(2008a),注释,多处;Dorion(2008b),多处。

④ 参Philostrate,*Vit. Soph.* I,12和柏拉图,《希琵阿斯前篇》(*Hipp. maj.*)282c(84A1a和3D.-K.);Romilly(1988),页248—250、273—275。

过仍有学者认为，我们可于 Kakia[劣性]和 Arétè[德性]的言语中找到僭主的形象，而且色诺芬《居鲁士的教育》中涉及君主制的一段谈话——这段话将居鲁士(Cyrus)视为理想君主，与这段关于通过恰当训练获得统领才能的谈话相比较，在一定程度上则会发现，Arétè 所展示的乃是构成政治德性的所有品质(参 Nicolaïdou-kyrianidou[1998]，页 82 和页 88)。[90]另外，如同多里安所指出的，谈话针对的是一位没有表现出一点政治和军事热情的对话者，以至赫拉克勒斯的轶事因十足的德性意义，“比对话第一部分中苏格拉底的论断”更能令人接受、更为恰当、“更为准确，甚至更为有效”。在这个含义上，苏格拉底省去了统领他人的技艺，试图指出“必须抛开那些认为训练乃是为政治或军事指挥计划服务的观点，而完全为自身寻求私下的 enkrateia[自制]”，同时建构“其自然而必要的延伸”(参 Dorion[2008a]，注 *ad* II，1，34)。

神话也确证了内在声音所显示的看法，该声音指引了应遵循的价值。因此，轶事没有挑明赫拉克勒斯为德性(Vertu)的言论所说服。葛恭不得不推断说，以前的学者认为没有必要挑明这点，因为阐述赫拉克勒斯事迹的神话，已经表明他最终选择了德性这一观点根本上是成立的(参 Gigon[1956]，页 82)。如同马尔塔诺(Giuseppe Martano)所认为的，这也就是苏格拉底考测灵魂和“倾听精灵之声”(参 Martano[1986]，页 277、281)的邀请。

起初，最让人不解的是这一轶事在对话中的地位。纳尔茨(参 Narcy[1995]，页 86—87)指出，在《回忆苏格拉底》卷二 1 中，色诺芬的苏格拉底通过对话成功地将阿里斯提普说服之后，又选择重回到长篇独白(macrologie)而借用赫拉克勒斯轶事的做法是错误的。柏拉图《高尔吉亚》中，在卡利克勒斯(Calliclès)拒绝回答之后，苏格拉底被迫发表了一段长篇独白并借用了神话；同样，《回忆苏格拉底》卷二中，在阿里斯提普结束 1.17 处的发言之后，苏格拉底就同样仅能发表独白并引用神话了。《高尔吉亚》中,苏格拉底公式化地借用了传统修辞术的长篇独白,因为对付卡利克勒斯,不能像通常那样用辩驳术(dialegesthai)占上风,为了战胜他不得不放弃辩驳术而采用独白和神话;《回忆苏格拉底》中,因引用一位智术师的言论来[91]"教导弟子(阿里斯提普)"(参 Dorion[2008a],II,1.21),而更加凸显了这种长篇独白。正是鉴于游说和修辞的有效性,《回忆苏格拉底》一书中才加入了赫拉克勒斯轶事,因为,德性之所以获得胜利,乃是由于她在言论中所用的修辞效果。

由此带来了另一种诧异。若班(Léon Robin)1910 年颇为遗憾地提出,"同一位苏格拉底,在柏拉图笔下不停地批评智术师,在色诺芬那里却评述了普洛狄科一段言论"(参 Robin[1910],页 31)。换句话说,他看到苏格拉底披上了智术师的外衣,甚至借用了后者的观点。的确,苏格拉底称赞的这位智术师并不庸凡,被认为是与他最为意气相投的一位(参 Tordesillas[2004],页 654)。在柏拉图的作品中,苏格拉底多次说他曾经听过普洛狄科讲课(《普罗塔戈拉》341a;《美诺》96d;《克拉底鲁》384b),并称他为"我的朋友普洛狄科"(《希琵阿斯后篇》282c;以及《泰阿泰德》151b)。① 托瓦(Antonio Tovar)指出,"苏格拉底甚至从普洛狄科那里学会了某样东西,具体而言即辨析语词的技艺——关于同义语的最基础的学问"(参 Tovar[1954],页 257)。柏拉图在《克拉底鲁》中表明——即使用的是讽刺语气——苏格拉底不能回答语词精确性的问题,因为他仅付给普洛狄科一德拉克马[按:古希腊银币名及重量单位(drachme)]的学费,而不是 50 德拉克马,以致

① 同样还有:《卡尔米德》163d;《欧绪德谟》277e;《美诺》75e;《斐德若》267b;[柏拉图],《阿克西俄库》(*Axiochos*)366b—c;其他的引用,见 Maier(1913)页 256,Tovar(1954)页 277 注 1422,Romilly(1986)页 1—18。

后者没有传授给他完整的知识。① 不过，就同义语这方面来说，苏格拉底仍自称是普洛狄科的弟子。色诺芬提及的普洛狄科关于赫拉克勒斯的教育，柏拉图在《会饮》117b 中同样提到过，乃是一段对“善的普洛狄科”、“杰出的普洛狄科”的“赞溢之辞”（ἐπαίνους καταλογάδην）。[92]色诺芬也有类似的表达，《回忆苏格拉底》中，苏格拉底在呈现“关于赫拉克勒斯的书写”时，宣称作者是“贤人普洛狄科”（Πρόδικος ὁ σοφός），而在《会饮》卷四 62 里则是“智者普洛狄科”（τῷ σοφῷ Προδίκῳ）。

那么，普洛狄科的专长，和根据日常用途区分相近语词的同义语研究，毋庸置疑与苏格拉底对语义分析的兴趣有直接联系。更为确定的是，普洛狄科写过《赫拉克勒斯轶事》，至少在其书信内容中包含了色诺芬叙述的文本。ponos[艰辛]这个概念在文本中反复出现，拉尔修（Diogène Laërce）说，安提斯忒涅也曾写过一篇《赫拉克勒斯轶事》，其中 ponos 被认为是善（agathos）。约埃勒（Karl Joël）推断（参 Joël[1893－1901]，II，1，页 125－160、288－296）安提斯忒涅的《赫拉克勒斯轶事》是犬儒派的，② 而对犬儒派的批评实在是太常见了（参 Nestle[1936]，页 166－168；Untersteiner[²1961]，页 179）。从而，色诺芬根据自己对苏格拉底的理解，从智术师的角度来阐释后者，无疑会受到柏拉图的反对。那么，《回忆苏格拉底》中的《赫拉克勒斯轶事》，是苏格拉底对赫西

① 正是基于这段轶事，David Sansone 认为色诺芬所讲的《处于十字路口的赫拉克勒斯》源自普洛狄科。作者认为，如同许多学者已经指出的那样，这段文字中同义语的运用，不同于普洛狄科的用法，正是因为一德拉克马与 50 德拉克马课程的区别（Sansone[2004]页 130 及注释 26、28；页 134－139，特别是页 139 和注释 72）。参 84A12D.-K。

② 认为普洛狄科才是《赫拉克勒斯轶事》作者的观点，见 Chroust（1957）页 112，同时又认为色诺芬对该轶事的引用乃是受了安提斯忒涅的影响。

俄德和埃比茶穆(Épicharme)① 诗句的解读也不无可能。不过,柏拉图《普罗塔戈拉》340c—d 中,针对西蒙尼德斯(Simonide)②对斯科帕斯(Scopas)③ 的一段题外话,苏格拉底说:

> 噢,普罗塔戈拉,按普洛狄科的看法,存在和生成(einai 和 genesthai)并非一体。假若存在与生成不是一体,那么西蒙尼德斯就并不自相矛盾。而且至今为止,普洛狄科及其他许多作者都确认过这一观点。赫西俄德认为,成为善良是艰难的,诸神把"汗水"置于"德性之前",但对于"到达了顶峰的人来说,维持善良就容易了,因为他至此的付出是如此艰辛"。普洛狄科听到这些也会赞成我。

在《普罗塔戈拉》中,苏格拉底借助普洛狄科同普罗塔戈拉辩驳,明确表示在赫拉克勒斯轶事中,成为有德性是艰难的。蒂斯—克朗兹(Diels-Kranz)认为《回忆苏格拉底》卷二 1.20 并非引自普洛狄科,[93]色诺芬是从赫西俄德的诗句(参赫西俄德,《劳作与时日》[*Les Travaux et les jours*,*Op.*],行 287—289)出发行文的。有意思的是,这段文字在柏拉图《普罗塔戈拉》340c—d 中同样被引用,并说明是引自普洛狄科。奈斯勒(Wilhelm Nestle,参 Nestle[1936],页 164—165)、龚培慈(Heinrich Gomperz,参 Gomperz[1912],页 118)和约埃勒(参 Joël[1893—1901],II,1,页 283—284,尽管对他提供的证据仍有保留意见)都认为,这段文字

---

① [译注]埃比茶穆(Épicharme,? 前 525—前 450),古希腊喜剧诗人。

② [译注]西蒙尼德斯(Simonide de Céos,前 556—前 467),古希腊抒情诗人,他确立了哀歌(thrène)以及凯旋吟唱诗的形式。

③ [译注]斯科帕斯(Scopas,生活于公元前 4 世纪),古希腊雕刻者和建筑师,赫里喀纳斯(Halicarnasse)陵墓浅浮雕作者之一。

至少部分引用了普洛狄科。杜普埃尔(Eugène Dupréel,参Dupréel[1922],页118—120)发现了《普罗塔戈拉》340c—d与《回忆苏格拉底》卷二1.20的相似,促使安特斯泰奈(Mario Untersteiner)① 得出这段文字引自普洛狄科的结论。

如果以上观点正确,则没有理由像某些学者(从葛恭到古特里[Gutherie])那样,忽视或过高估计色诺芬出于塑造苏格拉底形象和行文论证的需要而做的文体改动。相反,如果我们指出普洛狄科学问的轶事特征和《处于十字路口的赫拉克勒斯》(*Héraclès à la croisée des chemins*)的内容之间的相似性,而无视在色诺芬的轶事计划不得不把苏格拉底置于智术师行列的苦衷,那么,这些问题将难以得到解决。

在色诺芬的《处于十字路口的赫拉克勒斯》中,经由苏格拉底之口,普洛狄科讲述说赫拉克勒斯正处于青春期,在这个年龄的年轻人将成为自己的主人(*αὐτοκράτορες*),斟酌选择生活的方向。他看到向他走来两位美貌的女子。一位颜容姣好(*εὐπρεπής*),仪止高贵(*ἐλευθέριος*),神情纯洁,目光蓄敛,言行端庄(*τὸ σχῆμα σωφροσύνῃ*),身着白装。另一位体形丰满,轻佻风骚,面抹脂粉,显得更为白里透红;脚着高鞋,身形显得更为直挺;双眸撩人,衣着全然勾显出青春眩目的体形。后者越过前者,邀请赫拉克勒斯追随她去过一种容易和不辛劳的生活,惬意[94]而充满感性之悦。她的朋友们叫她(*καλοῦσι*)幸福(Eudaimonia),而她的敌人们则称她(*ὀνομάζουσι*)为卡吉亚(Kakia[劣性])。另一位叫作阿蕾特(Arétè,Excellence,德性),她也来邀请赫拉克勒斯,并说出与前者完全相反的话语。卡吉亚(劣性)建议的是一条迷人

---

① Untersteiner(²1961)页178—179(法文版1984 B2[20*]);相关讨论,参Giuliano(2004)页26—28。

而容易的道路，躲避艰苦和劳作，允诺了持续不断的快乐；阿蕾特(德性)建议的则是于适用于各个领域的持久劳作，她称颂了以辛勤、劳作和痛苦为本基的德性的好处，那些选择这条允诺了善行的道路的人，将会赢得人们的尊敬和赞颂，并非瞬息而短暂，而是坚实又稳固。两条路都引向幸福，但一条是瞬息快乐之路，另一条则更为漫长且不乏艰难，带来的却是祥宁的满足。然而，《处于十字路口的赫拉克勒斯》题目本身很可疑，不仅色诺芬的文字本身只是简单说“在他关于赫拉克勒斯的作品中”(ἐν τῷ συγγράμματι τῷ περὶ Ἡρακλέους)，甚至在神话中，“路”(hodos)本身就有歧义。其实两条路拥有同一个指归：生活自身及其朝向。这并不是只由德性或只由劣性所指引的道路，如赫西俄德说的那样。文本中甚至没有明确指出所处的是一个十字路口。《回忆苏格拉底》卷二 4.21 说，ποτέραν τῶν ὁδῶν τράπηται，① 其中的 hodos（即 ὁδῶν）并不一定就是十字路口（参 Untersteiner [1993]，II，页 35—36 注释 76)。而且，赫拉克勒斯并未前进，据安特斯泰奈，此时他正坐着，这一点米查里斯(Wilhelm Michaelis)同样也认同(参 Michaelis[1954]，页 43—46)。赫拉克勒斯坐着思考的地方，既不是他坐下之前已经走过的道路，也不是他起身后决定选择的道路，这些文中都没有明示，甚至赫拉克勒斯回头走向那条来时的道路也是可能的(参 Michaelis[1954]，页 43—46)。从而，重点不是轶事中的道路，而是介于阿蕾特和卡吉亚之间的agon[竞赛]——两位女子试图用言辞说服赫拉克勒斯的 agon。十字路口从而可以看成是赫拉克勒斯面对两位女子的言论时遇到的辩驳或修辞，[95]正是它们才是 apateloi[迷惑之处](相关讨论，参 Martano[1986]，页 277)。在此，通过修

① 亦可见第 23 段：“赫拉克勒斯，我看到，你窘困自问你将选择哪条路(hodon)。”

辞对德性进行了称颂,这让我们想到阿里斯托芬(Aristophane)相似的言论。

随后需要注意的是普洛狄科在语言方面的习惯用法。柏拉图的《普罗塔戈拉》中有不少这方面的样本,尽管在《处于十字路口的赫拉克勒斯》中不很明显和标准,但也不是完全不存在。《普罗塔戈拉》337a—c 关于对话技艺(l'art de dialoguer)的一场讨论中,克里提阿宣称辩驳应该呈现于公允的听众面前。普洛狄科说,应该公允(koinous)而不是中立(isous),因为听众的注意力必须平等地投注于当下辩驳的双方,而又不能忽视这是一场辩驳,也就说在讨论中不能出现中立性。由此,在两位对手之间的辩驳中,若有一位必须成为胜者,听众的正义性就不会持平于两位之间,而是"更多偏向善巧,更少偏向智慧",偏向优势者一方。这一不持平显示了对辩驳双方成绩的评判和估量,体现在一种决定性的价值之中(需要"显得善巧而至少不要显得无知"),即据辩驳中表现出的能力挑选辩手,也即罗米莉(Jacqueline de Romilly)所称的"选择伦理"。[①] 在一场辩驳中,需要以友好的言论来讨论(amphisbetein),而不是以不友好的言论来争论(erizein),后者只是争吵的另一种形式而已。正是依助前者,讨论才可使聚会臻于完美(καλλίστη συνουσία)。由此,在这一类型的讨论中,演说者喜欢的是倾听者的看法和评论(εὐδοκιμοῖτε),而不是赞溢之辞(ἐπαινοῖσθε)。赞成和尊敬存在于听者的内心深处,并提升出一种诚挚的感觉,不包含骗局,故他们赞成胜者于讨论中采取的手法,而赞溢之辞则可能会让人上当[96](ἀπάτης)。由此,赞溢之辞通常仅是人们用来隐瞒自己观点的虚假之言而无法深信,他们说出赞溢之辞的

---

① 参 Romilly(1986),页 3。作者区分了柏拉图介绍的普洛狄科的三个层次:听者层次的"选择伦理",一方面显示了对讨论中的规则的认识,另一方面显示了评判的伦理立场,对话者之间辩驳的编排,以及演说者的德性特征。

同时也背离了自身。同样,对于演说者来说,也希望善意是友好辩驳的标准,诚意是听者评判的重要尺度。这就强化了演说者—听者之间的交错关系:当演说者致力于讨论时能够避免争吵,就有了赢得听者尊重的优势,而听者在一场友好的辩驳中,找到的是"最高层次的愉悦,而不仅是快感"。

虽然这些区别严格意义上并不能于色诺芬的文字中找到,但谈话中对立双方却是存在的,并由赫拉克勒斯加以提升。针锋相对的争辩,一方面透过两位女子的言论道出,另一方面显现在评判的伦理立场中。两位演说者的道德印记,以及对她们加以指责或赞溢的可能性,也存在于此。

另外,在柏拉图的《普罗塔戈拉》中,普洛狄科把 euphrainesthai 对立于 hedesthai,将人们通过思考(dianoia)与学问的内化(phronesis)而学会的智性修养,以及由练习而获得的愉悦或幸福,与跟肉体相连、惟独肉体能够感受到的由某种舒适的感受或情绪带来的快感区别开来。同义语和伦理之间的关联,全然呈现在这段区分 euphrainesthai 和 hedesthai 的文字中。这一区分不仅确立了柏拉图提到的两种快感的道德等级,而且强调了 terpsis 和 hedone 之间的不同,即使对于在对话中被引导的一方而言。在《处于十字路口的赫拉克勒斯》中,人们可以找到以下用词 euphrainesthai, euphrosyne, hedesthai, hedys, hedone, kharizein, khairein, terpein, terpnos。亚里士多德说:"普洛狄科区分了快感(hedonas)和愉乐(kharan),感官享受(terpsin)和幸悦(euphrosynen)"(亚里士多德,《论题篇》[*Topiques*]卷二,6,112b22—23[J. Brunschwig 译本]),并随即强调了它们的不同:

> 这些词都是一个事物——即快乐——的不同名称。如果人们把处于快乐之中(être en joie)说成是处于幸悦之中

(être en liesse),这也是不小心犯的一个错误。(亚里士多德,《论题篇》[Topiques]卷二,6,112b23—26)

在柏拉图随后展开的苏格拉底和普罗塔戈拉关于西蒙尼德斯诗句的谈论中,论及普洛狄科同义语精神的篇章还提到了德性或灵魂内涵上的区分。[97] 普洛狄科经常用到想要(boulesthai)和爱欲(epithymein)、① 是(einai)和成为(genesthai)好② 之间的区别,或者后文重新提到普洛狄科的时候,说到的舒适和享受(hedy)、惬意(terpnon)和喜悦(charton)之间明显的伦理上的区别。蒂斯—克朗兹(Diels-Kranz) 84A19 列举了亚里士多德,以及亚历山大(Alexandre d'Aphrodise)对亚里士多德《〈论题篇〉笺注》提供的证据,③ 证明了安特斯泰奈对柏拉图《斐德若》(267b)的笺注所做的补充:"他[普洛狄科]创造了语词的精确性,比如愉快、喜悦和安详满足之间的不同:愉快是由耳朵而来的快乐,喜悦

---

① Sansone(2004)统计了在赫拉克勒斯轶事中 epithymein、epithmia 和 boulesthai 的出现次数。这种统计并不就能得出人们可以在轶事中找到普洛狄科关于同义语区分例证的结论。Untersteiner([2]1961,页 178—188)在 Leonhard Spengel(1828,页 57—58)那个时候就已经对此有过评论。

② 这里苏格拉底和普罗塔戈拉所讨论的"是"或"成为"一位好人的问题,并不就是我们说到的伦理区别,参 Romilly(1986)页 3—4。

③ 亚历山大甚至明确了 hedone、chara、terpsis 以及 euphrosyne 的涵义:

> 普洛狄科努力想给这些语词以特别的涵义,好比在廊下派传统中,人们称喜悦是理智的激动,快感是非理智的激动,愉快是由听觉而来的快乐,满足是由言辞带来的快乐。而立法者,说的尽是毫无用处的话。(*In Aristotelis Topicorum libros octo Commentaria*,181,2 = 84 A19 D.-K., J.-L.Poirier 译本,略有改动。)

则是来自灵魂,而安详满足则是由双目而来”(84A19Unt.)。①

在《赫拉克勒斯轶事》第22段的另一种语境中,我们可以找到这些区别:ta de ommata aidoi,to de schema sophrosunei,aidos在ommata中,sophrosune在skhema中。亚里士多德在《修辞学》卷二6.1384a34—35,以及欧里庇得斯(Euripide,《残篇》457)亦曾提到,并且这一用法于《赫拉克勒斯轶事》第24段中重新出现:“那些经由食物、饮料或眼目、嗅觉和触觉而得的快感,也是男孩通过交易使你获得的满足,它们让你更舒畅地入睡,并[98]获得所有这些快乐。”Kecharismenon依据口味,terptheis依据视觉和听觉,hestheies依据嗅觉和触觉,euphrantheies则由性快感而来。

上述所引文字对这些同义语的不同解释,和色诺芬文本中独特和相似语词的存在,似乎可以证明轶事在道德和政治涵义上被改动过,这些改动仍然保留了普洛狄科的研究精神,而没有与之违背。同样,《赫拉克勒斯轶事》第22段中出现的kakaskopeisthai,episkopein,theatai,apoblepein系列——“她整日思度,戒备他者钟情于她,并时而顾影自怜”——在我看来并没有转向高尔吉亚式风格,即不像安特斯泰奈(参Untersteiner[²1961],页178)认为的高尔基亚影响了色诺芬的写作风格。这并不是相同涵义的不同转变,而是根据语境对处于同一语义类别中的语词之间的区别进行了选择,源自上文所说的普洛狄科的用法。稍后,我们可以找到talaiporounta[不幸之物],多里安注意到该词在色诺芬的作品中仅出现了两次,而且都是在轶事这段文字中。而hy-

---

① Dia ton ommaton,这里应该读成onomaton:连词读。Mario Untersteiner认为,在这段句子中,omma必须理解成是精神的器官,好比onomaton,这就使得这段能与《普罗塔戈拉》337c所说的意思连接上(84A13D.-K.);参Untersteiner(²1961),页174。

pokorizesthai[诋毁]一词在色诺芬笔下是 hapax,这个词一般来说极为少用,这也证明了色诺芬对普洛狄科的精确模仿。在《赫拉克勒斯轶事》第 34 段中,严格选择的表达构成的暗示,也映衬出普洛狄科的特征(Dorion[2008a],II,1,25 及 26)。这一段的改动很小,以至学者们很少提及。

感官享受和非理智快乐、喜悦和理智快乐之间的对立和不同类型的区分,与通过双耳获得的愉快和通过言论(或双眼)获得的满足之间的区别一致,从中我们可以找到关于言论用途的一种特殊类别。对赞溢之辞和感官享受的评判,使得修辞术在对话中大出风头,并在《普罗塔戈拉》中有着某种美学用途,这一点在亚历山大的评论中不止一次提及。同样,柏拉图《普罗塔戈拉》提到的对普洛狄科所做区分的赞溢之辞,具有迷惑和蒙蔽的倾向,这也可以在《赫拉克勒斯轶事》第 27 段幸福的 exapatan 中找到。谈话反享乐主义倾向[99]是这段文字的基础,且普遍反映在言辞区分中:感官享受越是作为劝说的工具,对快感的寻求就愈加成为所有罪恶的源泉。对立的一般体系,如杜蒙(Jean-Paul Dumont)所说,完全可在普洛狄科那里找到。劣性—德性这一基本对立,在杜蒙对阿里斯托芬《云》(行 361)的笺注中,有着极为详尽的描绘:一个有着丰满而盈腴的外表,另一个则是高贵而端庄;一个许诺所有的快乐(菜肴、情爱、床),另一个许诺劳作和辛苦;一个迷惑而蒙蔽,另一个口吐真言;一个鼓励不饿的时候进餐、不渴的时候进饮,另一个颂扬诸神并善待友人;一个利用春药,另一个效力城邦;一个自甘沉迷,另一个耕种土地;一个游手好闲、好吃懒做,另一个巡牧羊群、习武强身、驯服肉体——这些使得有德性的男子获得称颂;一个指引出一条轻便而简短的道路,另一个给的则是一条艰难而漫长的道路;一个预想着年老衰弱,另一个则是允诺一个劳作的青春,等等(参 Dumont[1986],页 226)。

从布拉斯(Friedrich Blass,参 Blass[2 1888],页 30—31)、约埃勒(参 Joël[1893—1901],II,1,页 130—131)、迈耶(参 Mayer[1913],页 11)到安特斯泰奈(参 Untersteiner[2 1961],页 178),他们所持的反对意见广为人知:即便我们可以在《赫拉克勒斯轶事》中找到涵义相似的语词,却不能或近乎不能找到对这些语词间区别的解释,而且几乎找不到普洛狄科通常与区分相伴的解释——这在别处随处可见(关于该点的讨论具体请见 Sansone[2004]和 Dorion[2008b])。然而,这并不能说明色诺芬的改动全然违反了普洛狄科的语言研究。虽然该文本通过直言而非全然照搬普洛狄科的声明开场,并以相同的方式结尾,然而在第一位女子首次出场后,文本随即问到"你叫什么名字(onoma)?"(1.26)并按照听者和身份(友人、敌人)给出了一个双重的回答(幸福和卡吉亚),这正与我们知道的普洛狄科的风格一致。[100]1.34 在涉及语词和表达方式的选择时,也重申了普洛狄科的教导。由此看来,一方面,色诺芬虽不想照搬普洛狄科的轶事,却至少保留了普洛狄科常用的一些表达方式和语词,以及对不同语词不易察觉的普洛狄科式考察研究。另一方面,似乎色诺芬的改动所追求的德性标准,也不与普洛狄科的语言研究相矛盾,如同罗米莉指出的,柏拉图在《普罗塔戈拉》中反对的众多区分反映的正是伦理问题(Romilly[1986],前揭)。反对这一轶事源自普洛狄科的另一种理由,是 1.27—28 中谈及的诸神问题,其中谈及神的语词,不会让人认为是礼节或是惯例,而是将神看作人世真正的恩人。这恰好符合色诺芬的立场,以及他见证的苏格拉底的作风,初看来,与被认为是普洛狄科其他残篇中的诸神概念不同。剩下来的这段文字谈论的是农耕、畜牧、技艺等,与好处相连的用途这一语词,在轶事中随处可见。据《苏达辞书》(*Souda*)及阿里斯托芬《云》的笺注(84B1 D.-K.),普洛狄科讲述的轶事,原本出现在一部名为

《季节》(*Horai*)的作品中,对于这部作品,奈斯特勒(参 Nestle[1936],页 151—170)整理、概述如下:一位农耕者对大自然的颂歌;作为城邦根基的自然农耕秩序和关于星宿类神的学问——一些特别的神"通过大自然的昭显,赋予生活以有用的东西",包括瞬间之神、日神、月神、花神、泉神、湖神、草地神等;(法译本 84B5 D.-K.)赫拉克勒斯轶事。[①] 通过对文本的整理,安特斯泰奈试图指出:

> 把大自然的力量神性化这一阶段之后,归功于"发现者"的努力,人类得以进步而"处于旅程中。粮食的收获新近才被发现,可以看出它对[101]人们的用途"。这就是为什么他们能获得诸神欢迎的原因。(参 Untersteiner[1993]II,页 16)

对残篇 84B5 的阅读让人想到,首先,自给自足或有用的能力被尊奉为神的力量,"而且,随后(meta de tauta),那些发现自给自足或其他技艺以从大自然获取好处的人,比如德墨忒尔(Déméter)、狄俄尼索斯(Dionysos)及他们的后继者(tous peri autous),也得到了人们的尊敬"。这里似乎是对厄琉西斯(Éleusis)神话的影射,它把德墨忒尔视为给人类带来有关农耕的一切技艺的女神(参 Untersteiner[1993],II,页 16—18 及相应注释)。除德墨忒尔外,普洛狄科似乎还提到众多"探索"(découvreurs)之神,比如狄俄尼索斯、波塞冬(Poséidon)和赫菲斯托斯(Héphaïstos)(参 84B5)。这些"探索者"不再是被神化了的人(如同 Gomperz (1912),页

---

① 对赫拉克勒斯在一部关于季节和农耕的作品中的存在的研究,参 Untersteiner (1993),II,页 23 以下,以及 Dumont(1969),页 121—122,注释 4。

113 注释 251 所显示的一样)，这就是为什么在这段文字中，斐罗德墨斯(Philodème)使用“探索者”而不是“人”这一语词的原因。赫拉克勒斯轶事 1.28 中谈及的与用途相关的农耕，可以看作是对普洛狄科含义上的宗教概念的影射，而且农耕和战争“乃属于色诺芬认为的众多本质行为的一部分”。①

所有这些表明，色诺芬对《赫拉克勒斯轶事》的呈现，已经转向极为伦理化的意图。不过，他还是保留了一丝可让人探寻的普洛狄科研究的痕迹，至少从内容和内在的文本来看，我们在色诺芬这段文字中找到的伦理立场，并不与普洛狄科文本原初的主张相违背。可以肯定的是，道路自身，以及卡吉亚和阿蕾特为劝说赫拉克勒斯而指出的相反道路，并不是该轶事最为关键之处。

[102]德尔贝(Gilbert Romeyer Dherbey，参 Romeyer Dherbey[1985]，页 65—67)在以上所引的安特斯泰奈(参 Untersteiner[1993]，页 26—27)的文字中，看到了该轶事的“英雄伦理”价值。古代用伦理智慧教导年少者，犹疑和选择的问题取决于个人的抉择；德性一词颂扬辛劳、勤苦和劳作，意味着以考验为标志的道路。该词的出现再现了“生活的品质”问题，它赞成承受来自生活的磨难，视勇敢的伦理典范为教育的目标。成为有德性，意味着只有认识德性才能超越困难。将伦理和认知理论相联系，表明人介于自然和律法之间，一旦选择了德性之路，就要在追随并行进于自然之道的同时，通过“汗水”、劳作和律法来完善其自然的生

---

① Dorion(2008a)，II，1，28。色诺芬许多篇幅都强调了这一点。照看羊群和战争的技艺，与农耕本质相联(《齐家》章五，2；章四，4；章四，12；章六，5—7)；后者是“所有技艺的母亲和抚养者”(章五，17)。不管使得农耕文明化的角色是不是普洛狄科的偏爱，我们不能忽视，在色诺芬作品中，它被看成是与专职技艺相离最远的一门技艺，及最适合于善者的一项活动(参 Nicolaïdou-Kyrianidou[1998]，页 93)。

活，直到超越自然本身，使生活纳入伦理的规范之中。从伦理角度来看，这恰好体现于赫拉克勒斯面对两位女子的召引要做出自由选择的关键时刻。

这类解释虽然很有意思，但没有凸显出普洛狄科的语义学说与文本的伦理和政治观点在哲学层面的关系。柏拉图和色诺芬的见证有一个相同点，即都涉及[同义语的]区别或辨析。然而，柏拉图的例子通常是些无聊的语词游戏，但是，在[色诺芬的]十字路口的赫拉克勒斯轶事中，读者看到的则是很有趣的例子：语词、态度、方向、生活等。如此这些区别，就不同的层次而言（战争、政治、道德、灵魂、生理、神学），都是为了避免最为有害的方面，而仅断然选择最好者，以及寻求最为有用和有益的方式。

莫米格利亚诺（Arnaldo Momigliano，参 Momigliano[1930]，页 101—103）考察了普洛狄科同义语下赫拉克勒斯的选择，并研究了语言哲学（la philosophie du langage）和伦理学同义语的区别。他指出，普洛狄科遇到的困难是，他希望通过同义语找到解决源于语言的困难，这些困难[103]来自更为古老的语言学说。撇开莫米格利亚诺所做的德谟克利特学派的分析细节，从他的假设中我们可以看到，这并不是对传统信仰的简单辩护，因为，如同我们可以在关于诸神的片断中（84B5 D.-K.）看到的，普洛狄科支持大胆而自发的立场，但仅适用于以同义语为资源的实际生活或政治领域。在《处于十字路口的赫拉克勒斯》的戏剧形式之下，所呈现的乃是普洛狄科以理论方式诉诸同义语学说、而以践行形式诉诸其他书写中的一套学说。这正是莫米格利亚诺引人上当的假设，它强调了普洛狄科区分同义语学说的道德特征。在残篇 84B8 D.-K.中，即柏拉图伪作《厄律克西亚》（*Eryxias*）397e，一位少年询问“在什么意义上来说财富是有益的亦是有害的”，普洛狄科回答说：

> 对于懂得应该在什么情况下使用财富的清正廉洁的人来说，它是有益的；而对于那些恶者，以及那些不懂得这些的人，它则是有害的。这适用于一切事物。可以肯定的是，物的价值与使用它们的人的价值相比称。

换句话说，使用者愈是贤良，其所用之物也愈为有价值。所以，不应在这里读出德谟克利特(68B165 和 283 D.-K.)的某种关于财富的学说，或是某种关于“无差别之物”的学说，因为他执意认为只要注重差异，人们就可以使好和坏统一于一物。口头辩驳中，频繁混淆使用不同的语词，最终遗漏了道德价值(参 Momigliano [1930]，页 102)。价值和用处在此相互交叉，好比在《赫拉克勒斯抉择》中那样。莫米格利亚诺的观点，强调了同义语辨析在伦理上的重要性，比如它区分了 agathos 和 kreitton，dikaion 和 sumpheron，并研究了 agathos 和 ophelimos。如果从“哲学”角度看，普洛狄科的强处在于，如同杜普埃尔(Eugène Dupréel，参 Dupréel[1948]，页 119—121)所指出的，确认了从同义语和伦理的关连来看德性很难达到，而且与努力不可分割。从而，赫拉克勒斯轶事的要点，并不完全在于德性(arete)和辛劳(ponos)不可分离，亦不在把幸福与有用、有利以及最终有惠相联系。[104]我们于稍前提到的与同义语学说有关的文本，有助于对《普罗塔戈拉》337b—c(= 84A13 D.-K.)的阅读。我们记得，其中普洛狄科宣称，一段言论获得成功，对于演说者来说意味着听者的认可(eudokimein)，对于听者来说则意味着智性的愉悦(euphrainesthai)，但与生理的快感(hedesthai)完全不同。《卡尔米德》163c(= 84A18 D.-K.)中，普洛狄科说最“高”(haute)形式的行为是有用的行为。安特斯特奈尔整理为 B5 的篇章，于用途方面看到的乃是文明和进步的原因：《美诺》87e－89a 中，德性、学识和用途相提并论；在《欧绪德谟》280d－282d 中，则德性、学识、幸福（eudaimonia）和用途并称。赫拉克勒斯轶事以伦理的方式重新提起用途这个概念，尤其在阿蕾特对卡吉亚发言的辩驳中（1.30－33）。阿蕾特说卡吉亚提供的是虚假而具有欺骗性的幸福，因为其极端性、不节制和肆心，将会失去人们的友情和尊敬，这些在 1.28 中已经强调过，在我们提到过的《普罗塔戈拉》337b－c 中也有类似表达。阿蕾特建议的幸福很独特，由于其淳朴和谦逊的性格，她带来的是幸福的宁静与友情的满足。换句话说，要达到的目标并不是德性和堕落之间的中间地带。事实上，在 1.29 中，卡吉亚批评阿蕾特的道路在获得快乐方面过于漫长，认为对于同一目标来说，她的道路更为便捷。争执点从而不在于要到达的目标，而且不能以 arete 和 hedone 的均衡，来代替 arete 和 ponos 之间的均衡，而是在于达到目标的方式，以及这些方式之用途的不同。关于简短道路和漫长道路的这段文字，使从犬儒派角度解读赫拉克勒斯轶事成为可能，比如泽比（Stellio Zeppi）从实用—犬儒派（eudémonistico-utilitariste）的角度解读了不少断落。（参 Zeppi [1956]，页 265－272）但是，如果一定要从这一角度把普洛狄科解读为一位道德主义者的话，就会忽视同义语学说与伦理—政治思考的特殊关联，更不能注意到色诺芬从苏格拉底伦理角度加以改动的用意。

[105]区分卡吉亚和阿蕾特是要表明，就用途这一概念来说，在什么含义上这一位比另一位更值得参考、更为有益，并识别出适合于每一位的特征。我们完全可以从政治角度对轶事加以解读，指出这两位女子的特征代表了政治或律法体制的特征，赫拉克勒斯最终要做的是在以 nomos[律法]为标志的政体和集权僭

主制之间进行选择。① 这样做所要说明的是,普洛狄科原初的公开表述(epideixis)在色诺芬的文本中被改动了,以便服务于色诺芬自身的视角,好比文中苏格拉底说不想照搬普洛狄科所表明的那样。② 在这一伦理—政治轶事中,就幸福生活和体制来说,同义语学说保证了可以重新提出他赞同的更为有益的生活方式,和较少危害的政治体制,所以卡吉亚的言论首先出现,以便随后加以阐释或加以推翻。这一重申可从色诺芬强调的理想君主制(une royauté idéale)的角度来理解,同样也可从同义语辨析的角度来理解。从有用的角度来定义善,认为它不同于舒适,正好证明了幸福(eudaimonia)取决于按照"评估规则"(une règle de d'évaluation)行事的能力(参 Nikolaïdou-Kyrianidou[1998],页90),对于善者来说,其中所有行为都与对有益和有害的区分相一致。《赫拉克勒斯》中普洛狄科所赞扬德性(la vertu)的名字正是德性(Excellence),因为从伦理角度来说,它正基于有效实现最为有用之物的能力。此种语境中,最为有用的东西符合城邦宣布的善及公正之物(参柏拉图,《泰阿泰德》167b)。那么与政治一致的伦理和伦理上的德性,在需要行事时,[106]就要有辨别地在所处境遇中获得对自我来说——也即对城邦来说——当下和未来最好的东西。我们在《赫拉克勒斯轶事》中看到,借助同义语学说,在教导中运用置反、变换或纠错风格的普洛狄科,与自认为是德性甚或政治德性(arete politike)教师的普罗塔戈拉请教过的那位[普洛狄科]没有两样。与普罗塔戈拉一样,普洛狄科也认为德性

① 这一讨论,参 Nikolaïdou-Kyrianidou(1998)页 90—92。另外,《回忆苏格拉底》中随处可见的自我主人的概念,在卡吉亚的言论中与在阿蕾特的言论中一样多,从僭主和真君主两方来看。羊群的牧者这一概念象征了真正的政治,这可于柏拉图那里找到,除了第 28 段和轶事外,还见于《回忆苏格拉底》卷一 2.32 和卷三 2.1。

② Guthrie(1976)页 284,注释 1,指出色诺芬对普洛狄科原初文本的改动,远不是如其所表现出的那样微不足道。

可教，而且正因为德性可教，才展现出他称为同义语学问的技艺或认知，也即基于语言辨析的伦理和政治辨别技艺。如果在色诺芬提供的版本中，苏格拉底对阿里斯提普的教导借用了智术师epideixis[表述]的范例，那么，从改造阿里斯提普使之转变这一角度来说，他不可能践踏从“友人普洛狄科”那里得到的教诲。

我们可把普洛狄科的同义语辨析学说与柏拉图的二分法(dichotomies)相对照。普洛狄科强调含义极为相近的语词之间最为内在的差异，苏格拉底习惯于在与对话者的谈话中一直推进，直到听到他们对所使用的这样或那样语词的终极解释，好象在逐渐澄清使用的易混淆语词。可以说两者之间有很明显的差别，如果我们认为普洛狄科仅对语言的确定性感兴趣，而苏格拉底则对所用语词指称物的真实性感兴趣；反之，或可以说两者之间没有差异，如果我们认为苏格拉底的实践首先是对话实践(une pratique du dialogue)的话。柏拉图对话中对普洛狄科的众多影射，以及对[同义语]辨析技艺意义的认识，都使得我们难以否认同义语辨析学说对苏格拉底行事方式的影响。毫无疑问，普洛狄科的同义语辨析，感兴趣的乃是对城邦伦理和政治践行的关联考察。同样无需置疑的是，苏格拉底研讨的众多概念，也都付诸与当时城邦相关的伦理和政治问题。普洛狄科采用的方法，和他认为的对这一方法来说最为有效的语词，让人想到同义语学说利用有效、结实而确信的工具，清除了众多的混淆，[107]这正可转用于其他领域，从而成为哲学的心爱之物。这也正是柏拉图将普洛狄科看成是苏格拉底老师和友人的原因，也是色诺芬称之为贤人并钦佩其才智的原因。借助于这种行事方式，苏格拉底，以及柏拉图，希望将古希腊语词汇集起来，使得不同的含义存在于同义语(agathos, kalos, dikaios)和反义语(aischron, kakos, adikos)体系中，而不是存在于先前提到的中性或多义区域。即使苏格拉底没有想到他的词汇表与古希腊的日常词汇表不同，但是道德化术语特定的或特殊的用途，伴随着对词汇及语言创造的选择、含义频繁的可变性和特定性而专门化的过程，乃是由他而始的。（参 Tordesillas [2004]，页 665）我们可能永远都不会明白普洛狄科的 epideixis [表述]，与色诺芬传递给我们的《赫拉克勒斯轶事》之间的具体区别。值得欣慰的是，普洛狄科的同义语学说及其明确和规范语言用法的努力，直接促进了后来概念分类的诞生，经由苏格拉底，智术师的词语辨析学说在哲学的介入下，如其所愿地在伦理和政治领域开花结果。Diairesis ton onomaton[辨析词语]是 orthotes ton onomaton[明确语义]的前提，后者则是节制、道德和城邦生活的前提。阿蕾特对卡吉亚的纠正及修辞上的针锋相对，是色诺芬的苏格拉底以自己的方式，运用普洛狄科同义语辨析技艺的伦理用途，阐述伦理和政治问题的一个好例子。

参考文献

BLASS，L. 1888：*Die attische Beredsamkeit*，Leipzig，²1887—1888.

CATAUDELLA，Q. 1940：«Intorno a Prodico di Ceo»，dans *Studi di antichità classica offerti da colleghi e discepoli a Emanuele Ciaceri al termine del suo insegnamento uniiversitario*，Gênes-Rome-Naples-Città di Castello，1940，p. 41—62.

CHROUST，A.-H. 1957：*Socrates*，*Man and Myth*. *The two Socratic Apologies of Xenophon*，Londres，1957.

CLASSEN，C. J. 1984：«Xenophons Darstellung der Sophistik und der Sophisten»，*Hermes*，112 (1984)，p. 154—167.

DORION，L.-A.，2004：«Socrate et la *basilikê tekhnê*：essai d'exégèse compara-tive»，dans V. Karasmanis (éd.)，*Socrates*. *2400 years since his death* (*399 B.C. — 2001 A.D.*)，*International Symposium Proceedings* (*Athens-Delphi*，*13—21 July 2001*)，Alhènes，2004，p. 51—62.

— 2008a：Xénophon，*Mémorables*，tome II：*Livres II-IV*，texte établi par

M. Bandini, traduit [et annoté] par, L.-A. Dorion, Paris, 2008 (Collection des Universités de France). [À paraître.]

— 2008b: «Héraklès entre Prodicos et Xénophon», *Philosophie antique*, 8 (2008) [À paraître.]

DUMONT, J.-P. 1969: *Les sophistes. Fragments et témoignages*, traduits et présentés par —, Paris, 1969 (Collectioin SUP. Les grands textes).

— 1986: «Prodicos: de la méthode au système», dans B. Cassin (éd.), *Positions de la sophistique. Colloque de Cerisy*, Paris, 1986, p. 221—232.

DUPRÉEL, E. 1922: *La légende socratique et les sources de Platon*, Bruxelles, 1922.

— 1948: *Les sophistes. Protagoras, Gorgias, Prodicus, Hippias*, Neuchâtel, 1948 (Bibliothèque scientifique, 14).

FRITZ, K. von 1965: «Das erste Kapitel des zweiten Buches von Xenophons *Memorabilien* und die Philosophie des Aristipp von Kyrene», *Hermes*, 93 (1965), p. 257—279.

GIGON, O. 1956: *Kommentar zum zweiten Buch von Xenophons* Memorabilien, Bâle, 1956 (Schweizerische Bteiträge zur Altertumswissenschaft, H. 6).

GIULIANO, F.M. 2004: «Esegesi letteraria in Platone: la discussione sul carme simonideo nel *Protagora*», dans Id., *Studi di letteratura greca*, Pise, 2004 (Biblioteca di Studi antichi, 87), p. 1—86 [= *Studi classici e orien-tali*, 41,(1991), p. 105—190].

GOMPERZ, H. 1912: *Sophistik und Rhetorik. Das Bildungsideal des* eu legein *in seinem Verhältnis zur Philosophie des* V. *Jährhunderts*, Leipzig-Berlin, 1912.

GUTHRIE, W.K.C. 1969: *A History of Greek Philosophy*, vol. III: *The Fifth Century Enlightenment*, Cambridge, 1969.

— 1971: *The Sophists*, Cambridge, 1971.

— 1976: *Les sophistes*, trad. fr. J.-P. Cottereaau, Paris, 1976.

JOEL, K. 1893—1901: *Der echte und der xenophontische Sokrates*, Berlin, 1893—1901.

KAHN, Ch. 1996: *Plato and the Socratic dialogue. The philosophical use of a literary form*, Cambridge, 1996 [«Appendix: on Xenophon's use of Platonic texts», p. 393—401].

MAIER, H. 1913: *Sokrates. Sein Werk und seine geschichtliche Stellung*,

Tübingen, 1913.

MAYER, H. 1913: *Prodikos von Keos und die Anfänge der Synonymik bei den Griechen*, Paderborn, 1913.

MARTANO, G. 1986: «L'ambivalenza del *logos* e l'esigenza della scelta: Gorgia, Prodico, Luciano» dans L. Montoneri & F. Romano (éd.), *Gorgia e la sofistica*, *Atti del Convegno internazionale* (*Lentini-Catania*, *12—15 dil. 1983*), Catania-Lentini, 1986 [=*Siculorum Gymnasium*, 38 (1985)].

MICHAELIS, W. 1954: « Hodos », dans Kittel-Friedrich, *Theologisches Wörterbuch zum neuen Testament*, vol. V, Stuttgart, 1954, p. 42—101.

MOMIGLIANO, A. 1930: «Prodico da Ceo e le dottrine sul linguaggio da Democrito ai Cinici», *Atti della R. Accademia delle Scienze di Torino*, Classe di scienze morali, storiche e filologiche, 65 (1929—1930), p. 95—107.

MORRISON, D. R. 2004: « Tyrannie et royauté selon le Socrate de Xénophon», dans L.-A. Dorion & L. Brisson (éd.), *Les écrits socratiques de Xénophon* (= *Les Études philosophiques*, 2004/2), p. 177—192.

NARCY, M. 1995: «Le choix d'Aristippe (Xénophon, *Mémorables* II 1)», dans G. Giannantoni *et al.*, *La tradizione socratica*. Seminario di studi, Naples, 1995 (Memorie dell 'Istituto Italiano per gli Studi Filosofici, 25), p. 71—87.

NATALI, C. 2004: «Socrates' dialectic in Xenophon's *Memorabilia*», dans V. Karasmanis (éd.), *Socrates. 2400 years since his death* (*399 B.C. — 2001 A.D.*), *International Symposium Proceedings* (*Athens-Delphi*, *13—21 July 2001*), Athènes, 2004, p. 15—27. [Article repris dans L. Judson & V. Karasmanis (éd.), *Remembering Socrates*, Oxford, 2006, p. 3—19.]

NESTLE, W. 1936: «Die Horen des Prodikos», *Hermes*, 71 (1936), p. 151—170.

NIKOLAÏDOU-KYRIANIDOU, V. 1998: «Prodicos et Xénophon ou le choix d'Héraklès entre la tyrannie et la loyauté», dans L.G. Mendoni & A.I. Mazarakis Ainian (éd.), *Kea-Kythnos: history and archaeology. Proceedings of an International Symposium* (*Kea-Kythnos, 22—25 June*

1994), Athènes-Paris, 1998, p. 81—98.

ROBIN, L. 1910: «Les *Mémorables* de Xénophon et notre connaissance de la Philosophie de Socrate», *Année philosophique*, 21 (1910), p. 1—47. [= Id., *La pensée hellénique des origines à Épicure*, Paris, 1942, p. 81—137.]

ROMEYER DHERBEY, G. 1985: *Les sophistes*, Paris, 1985 (Que sais-je?).

ROMILLY, J. de 1986: «Les manies de Prodicos et la rigueur de la langue grecque», *Museum Helveticum*, 43 (1986), p. 1—18.

— 1988: *Les grands sophistes dans l'Athènes de Périclès*, Paris, 1988.

SANSONE, D. 2004: «Heracles at the Y», *Journal of Hellenic Studies*, 124 (2004), p. 125—142.

SPENGEL, L. 1828: **Συναγωγὴ τεχνῶν** *sive Artium Scriptores*, Stuttgart, 1828.

TOVAR, A. 1954: *Socrate, sa vie et son temps*, Paris, 1954 (Bibliothèque historique). [Traduction française par H. E. Del Medico de *Vida de Sócrates*, Madrid, [2]1953 ([1]1947, [3]1966, réimpr. Madrid 1986, 1999).]

TORDESILLAS, A. 2004: «Platão e os sofistas: um amigo de Sócrates, Pródicos de Céos», *Veritas*, 49 (2004/4), p. 653—665 [= Actas do Congresso *As Interfaces de Platão na Hisória*, Porto Alegre, 26—28 maio 2003].

UNTERSTEINER, M. [2]1961: *Sofisti*, *Testimonianze e frammenti*, fase. II: *Gorgia*, *Licofrone e Prodico*, intr., trad. e comm., Firenze, 1949, [2]1961 (La Nuova Italia).

— 1993: *Les sophistes*. Seconde édition revue et notablement augmentée avec un Appendice sur *Les origines sociales de la sophistique*, 2 vol., Paris, 1993 (Bibliothèque d'histoire de la philosophie). [Traduction française par A. Tordesillas de *I sofisti*. Seconda edizione riveduta e notevolmente ampliata con un'Appenqice su *Le origini sociali della sofistica*, 2 vol., Milan, 1967 ([1]1949, Turin, 1 vol.; réimpr. Milan, 1996, 1 vol.).]

ZEPPI, S. 1955: «Un passo delle *Leggi* e la filosofia di Prodico», *Rivista Critica di Storia della Filosofia*, 10 (1955), p. 213—222.

— 1956: «L'etica di Prodico», *Rivista Critica di Storia della Filosofia*, 11 (1956), p. 265—272.

模仿即认知

——以《回忆苏格拉底》卷三第 8 章为例

罗瑟逊(Livio Rossetti) 撰

(意大利佩鲁斯大学)

引　言

[111]“色诺芬既不是哲人,也不是实足的苏格拉底弟子……他对苏格拉底的记述总是与柏拉图相左,而色诺芬必然是错误的”——这是整整一个世纪以来左右着色诺芬研究的观点。多里安(L.A. Dorion)晚近对上述观点的评论(参 Dorion[2000],页 CXIX) 我基本赞同。不过,自 70 年代以来,出现了与此过分简单的观点相反的倾向:美国的希根斯(William Edward Higgins)和德国的尼凯尔(Rainer Nickel)几乎同时提出批评,认为将色诺芬与柏拉图和修昔底德(Thucydide)对比,使色诺芬在各方面受到贬低,使我们明显失去了判断力(或更糟糕地是,使我们的研究受到蒙蔽),以至于不能发现色诺芬所阐发的哲学主题(不仅史学方面)的独特性,尤其是其所记述的苏格拉底的独特性。

比如,尼凯尔指出,色诺芬的作品出乎意料地得出了个体和社会关系的"原型—希腊"(proto-hellénistique)概念，这一概念的特征表现为：以个体与城邦(polis)之间的差距，强调个体和普通民人自制、友谊和节制的重要性，以及对未成文律法观点的更新。除这些特征外，还有其他许多可能[112]与伊壁鸠鲁学派或廊下派有关的观念。这就等于肯定了[尼凯尔]那个时代几乎不为人知的色诺芬思想，而它的价值则要等半个世纪之后才为人所认同。学界对尼凯尔研究的沉默不免令人遗憾，因为他成功地指出的东西有重要意义，不仅对他自己，对整个希腊哲学浪潮先兆的研究来说都很重要。而且，或许更为关键的原因是，他重新唤醒了学界对色诺芬的兴趣，这不同于以往传统的观点，那些观点认为色诺芬比那些最好的历史学家(*希罗多德*[Hérodote]和修昔底德)逊色，并认为他是苏格拉底弟子中(与柏拉图相比)的二等角色。

重新认识到色诺芬提前半个世纪预测到了希腊史的某些特征性事件，意味着后人对他的评价不再局限于时刻指责他差劲或自不量力。从根本上来讲，这种趋势完全正常。不管是否为历史、哲学、文学、公共经济、军事战略学等的巨匠，我们的主人公总有依据其所是，及其体会和所知而行事和写作以为后人所赏识的权利，而不因为他或许没有达到其他作者的高度[就受到贬低]！打个比方，好比色诺芬是弟弟，他有权利不与其兄长步调一致，而是具有自己的独特性，因为无所不在的对比会妨碍对不同人的认识，有过分简化的危险。况且，只要我们不带偏见地审评同一段文字，在精致的笺注本的帮助下重读某些文本时，每个人就都会有获得新义的体会，而有时我们则需要抛开笺注(或者超出文本的关联)，直到能够指出某一为先前的(再)阅读者所跳过的东西。

不幸的是，就色诺芬的苏格拉底作品来说，对待它们的习惯却与此不同，施莱尔马赫有名的"本然的苏格拉底远超出色诺芬对他的叙述"的观点，依然左右着对色诺芬的解读。今天，我们也看到开始比以往更为公允地重新思考色诺芬的苏格拉底作品的努力，而就已经达到的成果来看，这一努力应该会有[113]更大的成效。研究色诺芬的记叙、讲述或他所描绘的东西，重新认识他整体的叙事作品，考察他就其所能而做的、非其本愿做的、无力做或做得不如柏拉图的东西，这其中包含着再教育的问题。但是，自一个世纪以来，对色诺芬的苏格拉底作品的阅读、翻译、分析、评论和解读，始终笼罩在柏拉图相应文献的光芒之下。对此，我们是不是还有把握说，我们阅读色诺芬的方式丝毫没有受到以上倾向的影响呢？

我希望以本文所选的色诺芬文本(《回忆苏格拉底》卷三第8章)来驳斥以下观点，这种观点习惯上认为，色诺芬的作品仅能作为苏格拉底的二手见证，仅是侧面描写，附带一些原始材料而已，总之，不能作为关键文本来看待(就此我有些怀疑，因为我所选用的文本仅是色诺芬文本中的一段)。在以下提到的文本细节中，我将试着清除认识论上的障碍，彰显这段文本可以作为典型的见证苏格拉底实施 elenchos[辩驳]的方式，以及彰显色诺芬作为苏格拉底友人—弟子圈内部成员的重要价值。

一、创新抉择的独一性：苏格拉底挑战苏格拉底

《回忆苏格拉底》卷三第8章以苏格拉底和阿里斯提普为主角，阿里斯提普试着以苏格拉底的方式，与苏格拉底作一场还不太成熟的智力竞赛。因而我们看到，阿里斯提普向苏格拉底设下圈套，想借助苏格拉底惯用的辩驳策略，用诘难将之困住，并试图以苏格拉底的 elenchos[辩驳]态度来反对他自己，而作者却将之视作无须大惊小怪的细节。如同为传统观点所牺牲掉的所有其他文字一样，这段文字的独特性也没有受到注意；因为正是在这

段文字中,不是随便哪个人,而是苏格拉底的亲炙弟子,要当着伙伴们的面挑战苏格拉底,并要借助于完全从后者那里习取的计谋使之陷于困境。[114]我们只在这里看到,一位苏格拉底弟子毫无顾虑地告诉我们,另一位弟子用完全由苏格拉底教导的策略(苏格拉底通过例证或详尽的教导所传授的辩驳策略)来对付自己的导师。

仅此而见的对群体首领(leader)的挑衅,似乎有着众多的附加涵义。首先,色诺芬描绘了这样一位弟子,他自认为拥有苏格拉底技艺的一些方法和常识,并想借此在苏格拉底身上实行其 elenchos,或许不排除随后会如此用于外界。柏拉图《申辩》中的苏格拉底曾谈到他的弟子们时常模仿他,并以他的方式来考验(exetazein)他人(23c),随后(39c—d)预言辩驳者(hoielenchontes)的泛滥以及与其年龄不相称的挑衅,将在弟子中带来疯狂。我们为何不把这些言论和色诺芬谈到模仿的文本相联呢?研究这一章节的研究文献却从来没有注意到这一比较。①

首先,我们拥有的第一手材料告诉我们,阿里斯提普是唯一努力学习苏格拉底提问技艺的弟子,尤其还无偿地教授自己从苏格拉底那里免费学来的东西,② 尽管色诺芬的某些段落(《回忆苏格拉底》卷一,2.60)也提到,苏格拉底的有些弟子不顾老师从来不取报酬的惯例高价授课。或许色诺芬是要告诉我们,毕竟有一位弟子试图表明自己从导师那里学来的对话技艺如何有效,哪怕唯

① Delatte(1933),Strauss(1972)都忽视了这一点,Morrison(1988)则丝毫没有谈到这一章节,除了 Dorion (2000)页 CXLIV—CL 有所谈及。

② 有好几处证据。Giannantoni(1990)(=*SSR*)在 *De Aristippo Socratis sectatore et mercede docente* (卷二,页 3—7)中对此作了细致整理。亦参该书卷四,页 140—145。

有一次。其次，在指出这位弟子没有实现其计划的同时，色诺芬试图（并成功地）给我们这样客观、标准的印象，即弟子曾近乎成功。这一手法难道没有恰当地为柏拉图《申辩》中的说法提供例证吗？不过，如果柏拉图（《申辩》23c5—6）说的是那些“着手检查别人（*ἐπιχειροῦσιν ἄλλους ἐξετάζειν*）”的人，色诺芬在《回忆苏格拉底》（卷三，8.1）中[115]提到的则是“着手辩驳苏格拉底，好比他自己曾被其所辩驳过一样”（*Ἀριστίππου ἐπιχειροῦντος ἐλέγχειν τὸν Σωκράτην ὥσπερ αὐτὸς ὑπ' ἐκείνου τὸ πρότερον ἠλέγχετο*）的阿里斯提普。

我们面对的这一段文字较为罕见，显然，阿里斯提普模仿的是苏格拉底辩驳（*elenchein*）的方式。或许色诺芬并不想对辩驳加以评论，但他还是描绘了一幅曾有过的、或曾经试图进行却没有完全成功的辩驳画面。因此，就需要把这段叙述，归于苏格拉底弟子掌握苏格拉底辩驳技艺（并向他保证有一流传）的见证之一。实际上，这段文字的独特性在于，它模仿了老师还几乎不太规范的辩驳形式，至于这些形式是在其生前或身后制定的，则显得无关紧要。不幸的是，现有关于该段文字极少的研究文献，似乎完全忽略了这个事实。德拉特（Delatte，参见 Delatte[1933]，页98）十分准确地谈道：

> 一种满足于批评对方观点的谈话方法，一般情况下会列出其理由或态度的矛盾之处。这一方法是要完全驳倒、否认对方；同时……又酝酿着后面谈话的内容。苏格拉底在对话方面极为出色。

他认为以上说法乃是不争的事实，如果要反对19世纪注疏者对该段文本观点的否定（按：les athétèses[*ἀθέτησις*]）的话；而且他毫不犹豫地肯定，能够藉此了解苏格拉底及其教导。但是，葛恭（Olof Gigon，参 Gigon[1947]）认为，当史学传记成分的问题变得越来越模糊时，《回忆苏格拉底》这一章的开场部分本应拥有重要的见证意义。但是，好几十年来，学者群体最终却忽视了这一可能性，除了一个例外（Dorion[2000]），其他的都是保持惯例，比如 Gilbert Ryle（1966－1967），Gregory Vlastos（1983，1991，1994），Hugh Benson（1995）和 Gary A. Scott（2002）。

然而，这段文字是如此清晰，以至我们不能忽略色诺芬认为，存在一种完善确立的、通常称作 elenchos 的苏格拉底辩驳方式。同样，我们也很难认为此处色诺芬的见证一无是处。我们研究的这段文字，正好明确见证了全然为苏格拉底式的辩驳（elenchein）方法。下面我们来仔细[116]讨论阿里斯提普的挑衅，及色诺芬对具体场景的描述方式。

我们的出发点在某种意义上是必须：首先需要指出的是，对抗公认的导师对于一位弟子来说是不太相称的，阿里斯提普的情况极为少见。实际上，阿里斯提普不无自负地幻想着一场真正的辩驳比赛（la joute dialectique），直到置哲人[苏格拉底]于困境之中，从而他自己的努力获得成功，而使后者脸红，至少使后者一时能称赞他“了不起！”，让他在同学中出类拔萃，成为最为出色的一位。这难道不是一种完全 erisitique[修辞辩驳]的态度，针对的是看来不适合的唯一一位对话者？而且这一辩驳并不是随便由谁提出来的，而是苏格拉底的一位弟子，在这一背景中，难免让人想起 hybris[肆心]的概念。

导师和弟子之间的差距得到了淋漓尽致的描绘。色诺芬首先指出，阿里斯提普试图用苏格拉底经常使用的某些辩驳技艺，使老师陷入困境之中。[①] 这是这位无礼的弟子用来反抗哲人[苏格拉底]及其辩驳威力的秘密。[②] 总之，我们可以肯定的是，苏格拉底先前形式化(ἠλέγχετο：形式化的另一表达)地驳倒了阿里斯提普，这一次远不想接受在他看来颇具 erisitique[修辞辩驳]的态度，虽然毫不担心其言(logos)的变味。也就是说，苏格拉底会立即阻止阿里提斯普用言(logos)来反对自己，试图将自己堵在自相矛盾中的想法。

[117]这就意味着，苏格拉底马上就毫不费力地识破了这场诡计，对他来说，寻找适当的应对方式并不困难。实际上，对于弟子提出的那些问题，苏格拉底立即就能觉察到，其中必定含有提问者的某种不安和苦恼，身为导师，有义务适度缓和这一不安。阿里斯提普若看到苏格拉底不费力气就能多方应对其反抗，显然会鼓不起与后者辩驳的士气，所以他唯一的问题就是如何灵活应对对话者。从而，阿里斯提普的态度完全暴露了他的竞赛对抗精神，且不失对挑衅结果的某种乐观，而苏格拉底则完全是一种调解的随和态度，同时又施以阻止提问以及调换角色的技艺。这与我们可怜的阿里斯提普用来辩驳的技艺完全相似，而且一点都不程式化，能与辩驳对象灵活应对，也就是说适度地挑出无礼弟子

① Dorion(2000)(页 CXLV)认为这段文字需加注——《回忆苏格拉底》卷二，1——是苏格拉底反驳阿里斯提普。从而，阿里斯提普对苏格拉底生硬仿效 elenchos[反驳]，是为了“报复他所忍受的羞辱”(页 CXLIX)。然而，确切地说，卷二第1章中丝毫没有提到“羞辱”，所以这一对阿里斯提普的否定——甚至前提——都是难以接受的。其次，以《回忆苏格拉底》中的一段文字，来解释另一段文字的可能性，是很难确定的一种猜测。所以我们还远远不能认为色诺芬是要借这段文字有所影射。当然就一般情况而言，这里也可能暗示了苏格拉底和阿里斯提普多年来之间的某种交换，而不是阿里斯提普要抛掷一场混乱局面的出乎众人意料、令人不解的反抗。

② 色诺芬满足于描述苏格拉底的辩驳强力。在众多相关段落中，这里我们将提到《回忆苏格拉底》卷一，2.34，特别是卷四，2(下面我将具体论及)。

的错误(而且谈话中还伴以微笑,态度亲切)。

对于色诺芬来说,阿里斯提普这里所做的完全苏格拉底式的反抗,并不是他唯一要告诉我们的东西。这里重演了《回忆苏格拉底》中的另一段内容,哲人[苏格拉底]与欧绪德谟的谈话中所展开的辩驳(《回忆苏格拉底》卷四,2),特别对应于这段文字中的第12和第18段的内容。苏格拉底请欧绪德谟辨认正义者的行为,后者颇为自信地接受了这一邀请。然而,后来却总是苏格拉底——当然,并不是没有获得欧绪德谟的认可——指出不正义行为的类型,并且让这位年轻人发现,很多情况下被认为是可惩罚的行为并不是那么简单,这就动摇了年轻人对先前某些确定性陈述的自信。哲人作为对话者的角色虽然稍有不同(弟子并不辩驳或无礼),但处理方式则基本一致,因为他要让对话者知晓自己的无理或矛盾。

但直至第31段始,才有确实可与阿里斯提普的情况相比的地方,因为,我们于此看到可怜的欧绪德谟宣称健康是善、疾病为恶,苏格拉底举以反例[118]说明情况并不总是如此,又一次将前者置于困境。而且从内容来看,这一段也与《回忆苏格拉底》卷三8有着惊人的相似之处。在关于阿里斯提普的文字中,色诺芬告诉我们说,阿里斯提普对自己的问题有着一套答复方案,比如"食物和饮料(或健康、力量、勇气)是善"这类陈述,以便随后能够不费力气地证明,在某些情况下善也会变成恶。而在关于欧绪德谟的文字中,苏格拉底运用的正是阿里斯提普所用到的计策(尽管后者没有成功),并且提到的也是尽乎相同的例子(节31:饮料、食物、习惯;节32:生理健康和力量;节33:智慧;节34:美、力量、财富、荣耀)。所有这些与第四卷对话相关的片断,从侧面证明,在色诺芬看来,阿里斯提普所用的辩驳技艺完全是苏格拉底式的。①

阿里斯提普独创的(为苏格拉底动摇了的)辩驳策略的细节,色诺芬几乎只字未提,但整段文字却不仅仅限于其字面含义(métaphrastique),需要我们费些力气来探求其具体论及的东西。因为色诺芬在此用极少的文字拟画了一个复杂的境况,一个完全明确地向我们"道"出怎样的思想会穿过阿里斯提普、苏格拉底或其他人的头脑的境况,其中的人物都在被缩减了可能性的范围内进行度量。

首先来谈谈色诺芬用到的"比如"(ὥσπερ)这个词。要知道,所有人——包括阿里斯提普本人——都清楚,他的挑战乃是对一套固有辩驳技艺的模仿,挑战导师这件事本身完全是一种放肆,这是其他弟子从来都不敢去做的。阿里斯提普的挑战从而包含了hybris的部分,他不会不担心对手的对策。于是,他缺少挑战所必需的全部信心,此一境况的有趣之处恰在这个地方,无论对于那些有权旁观的其他苏格拉底弟子来说,或是对于或多或少处于这一圈子的读者来说。

色诺芬所描绘的场景说明,这场挑战中还有其他苏格拉底弟子在场,② 每一位弟子[119]都很惊讶或者给予了些许称赞("太棒了! 他做了我从来都不敢做的事"),或是有些不以为然("他本不应如此"),或是非常之好奇("我们的导师将如何应付?"),或是抱有[阿里斯提普]会获胜的期许而兴奋不已。奇怪的是,对于每位读者来说,情况同样如此。[色诺芬]敢于在对话中置入不同的人物等级,总是能够刺激和激发出对立的感受,也就是说,使得正反两面的张力同时存在。

---

① 得出这样的结论,不言而喻,也让人想起柏拉图类似的某些段落。

② 这里必然会有旁观者,即使色诺芬对此未提,因为若非如此,阿里斯提普所想象的成功就会过于失去意义。

那么苏格拉底呢？文本说得很清楚，他随即就完全清楚了自己是被挑战的对象，而且挑战是程式化的，也就是从理论上来说，阿里斯提普的标新立异将有可能动摇团体中的习惯规则。这也正是对立感受共存的又一则例子：对自己拥有信心（对阿里斯提普来说这不是问题），同时有对与未知情况相关危险的预测（“正视或承认阿里斯提普的超拔？这确实有些过头！”）。他的决定在逻辑上完全与其处境相符：首先不服从被挑战者，除非以完全表面的方式，也就是说为了维护师徒之分。

一旦明确了他的徒弟所希望的回答类型，并且察觉了多方面的顾虑，苏格拉底就能应对自如了。哲人选择了能使提问者一步步陷入困境的回答，同时在回避对方所希望的答复时，又极巧妙地隐藏了他的某些感受。背景则是各方（阿里斯提普及其支持者）都充满好奇，并都有所期待。

我们看到色诺芬所描绘的这一场景中的协调和智慧，实际上证实了隐藏于背后的围绕苏格拉底的人际关系及为人所知的活力。显然，习以为常的圈子掩盖了其他众多层面的特征。

阿里斯提普对所提问题表现出浓厚的兴趣，同时又贯注于无疑野心勃勃的言辞辩驳和个人拟定的计划。苏格拉底假装需要对方给出更多的解释以便理解问题的意思，这是不得已而为之，其意图在于明白什么是问题的关键，转换阿里斯提普作为提问者的角色[120]（柏拉图的不少章节证明了这一方式），从而应对其挑战。这是苏格拉底所拥有的反制对策（la contre-mesure）的形式法则，他作为答复者的角色仅是暂时的，他会迫使阿里斯提普表以赞同，并让他失去对局面的控制而面对挫败。

严格说来，对话的结尾很简洁：“试着确定某物是好的，但是好得一无是处，是否有意义？”这就是一种多余的简单化，为了获胜而匆忙结束问题。因为从逻辑上来说，提出什么是好的问题，在一般情况下是合理的，而且与可怜的阿里斯提普过高的目标也相容（还是阿里斯提普后来对此加以质疑）。① 我们有证据认为，这一次苏格拉底所寻求的是理智，而不是学问的秩序，也不是为了探求什么。

二、辩驳规矩及交手之过

叙述随着阿里斯提普新的挑战得以延续，他沿袭了以上提问的风格，“现在告诉我，苏格拉底，你是否知道 ti kalon[某种美的东西]?”这一次，情况发生了很大的转变。苏格拉底简要地回答说：kai polla[是的，而且很多]。接下来的问题是：“是否都是一种类型的美?”回答：“不，有着一系列的差异!”对于给阿里斯提普留下并非微不足道的机会来说，这样回答足够了。问题：“不同于美的东西还是美，如何可能?”回答：“呵，没有问题，因为有着各种不同类型的美，比如盾牌之美就完全不同于标枪之美。”这也是为了给阿里斯提普留后路来辩驳并控制局面：“注意，你的回答可是离题了哟，刚才我问你的是，你是否知道某种美的东西!”

第 4 段及随后一段起首的谈话，表面上也基本这样。需要透过表层加以思考，因为[121]阿里斯提普以上的言辞，违背了辩驳的规则。

我们注意到，开始第二段对话时阿里斯提普所提的问题，可认为是以规范的形式提出的，即按照苏格拉底通常的程序，希望获得一个简短的回答（比如“是”）。相反，宣称知道很多美的东西，就等于为宣称某物美且仅是美的言论倾向设置了障碍，也就

---

① 提问抽象和普遍的宇宙问题，实际上，对于不太了解柏拉图的作者来说是合理甚至简单的。

是说为反例敞开了大门。接下来的问题——“同一类型的美到处都是,不是吗?”——就是柏拉图的苏格拉底通常用的手法,即寻求同一性和差异性,以获得一个具有普遍性的确认。但是,回答者显然实在是太了解阿里斯提普提问的逻辑了,所以就强调了多样性,以便阿里斯提普能有提出以下疑问的可能,即如果一样东西不同于美的东西,那么它必然就是不美的。不幸的是,苏格拉底同样能够毫不迟疑地反驳,这就使得阿里斯提普刚找到的勇气,现在就又一次被堵住了。

但正是这时,提问者找到了他的智慧活力,向苏格拉底提出了一个重要的问题(节 5):“但从根本上来说,这是千篇一律的回答!”还说“你又一次故意不以应该回答的方式回答,你又一次违反了此类对话默认的规矩”。然而,如此说就等于是曲折地说,“如果是您来提问,您自己难道不想遵循此类修辞规矩? 那么……求求您还是守点规矩吧!”也就是说,对于苏格拉底来说,辩驳是有规则的,阿里斯提普和色诺芬都知晓并承认这样的规则。我认为不一定是里勒(Gilbert Ryle,参 Ryle[1967],页 317;亦参 Narcy[2007],尤其页 25—29)认为那样,这些规则是可以施行于教学的明确、成文的规矩。无疑,也不应仅说是潜在的、未成文的规则,但因其不可违反性而的确就是规则。

同时,这段文字很自然地让我们想起另一些文字,其中有人抱怨苏格拉底喜欢提问题,却拒绝主动回答问题。首先是《回忆苏格拉底》卷四 4.11,与[上面提到的]阿里斯提普的言辞特别相似,[122]另外还有柏拉图作品中的大段文字(尤其《王制》卷一,337a,337e)。由此可以说明,色诺芬毫无迟疑地确认,苏格拉底全然不顾抛弃此类哲学实践之基础的代价,而把修辞辩驳的某些规则弃置于一旁。将苏格拉底视为某种优秀对话法则或规矩的立法者,或许显然有些夸张,但是苏格拉底对话践行的典型策略,难道不是因他才得以明确建立?

从另一个角度来看,我们看到第二段对话中,色诺芬笔下的阿里斯提普已不像在最初与苏格拉底应对时那样优柔寡断。可以肯定的是,他对最初的交锋明显策划得有些过了,成为他首场近乎无可挽回的失败的原因。但是在第二回合(round)中,至少可以看到他懂得了如何限制为苏格拉底所接受的对立一度量的范围,尽量不过于轻易地被对方击溃。① 他又一次运用了完全苏格拉底式的辩驳类型,而且讨论的方式还算过得去。从这一角度来看,这就凸显了苏格拉底亲自提出的那些阿里斯提普不会不知道的概念。由此,色诺芬也证明了哲人弟子中广泛流行的概念范畴。

重新回到对话的细节。卷三 8.4—5 纪录的交手,基本上是一种僵持的状态,多少出人意料的是,阿里斯提普最终无条件地顺从并与老师和解了。色诺芬的斯文,与在回答问题和提供见解方面一点都不犹疑的苏格拉底形成了对比,阿里斯提普则在尽力想将苏格拉底陷于困境的同时,却不得不为了学习和理解,一点点将其异议转化成不含敌意的问题。相反,苏格拉底一如既往地控制着局面和话题,维持着老师和弟子之间的距离,但同时又用受启于普遍意蕴的一个小教导来缓和一下气氛:一切都可以既美又善,同一物在某些观点看来可以是好的,而在另一些观点看来则是差劲的;对于 A 来说是优势的地方,[123]对 B 来说可能就是弱势。伴随这一决定性基调的发展,面对弟子的挑衅,一开始完全倔强的苏格拉底,表现出一种更为冷静的态度,不太敌对而是更为友好,(因为)他的对手变得可以接受了,并准备以适于其言论

① 应该指出这一坚持抵抗的能力,因为在关于苏格拉底的古典研究资料中,人们通常注意到的是对话者的智力失败。但是,柏拉图的“疑难”(aporetique)是个例外,这也是值得具体研究的一个问题。

的问题来请教并协助老师,比如(节 6)当他提到粪筐的问题时。

这后一场回忆,让我们差不多很自然地想到了《希琵阿斯前篇》(288c)关于好锅的讨论。如此紧密的联系并非不具有特征性,因为阿里斯提普的言论,似乎以这一类型文本的内在关联为前提。也就是说,从上下文来看问题完全合理,就好像它们属于目录中的一个部分,不再是挑衅,不再令人有一丝的惊讶,仅用来推进对话。以这种方式,阿里斯提普重新找到了自己作为哲人之伙伴或是合作者的角色,而哲人则继续分享着其智识。①

三、题外话:城邦规划秩序

有必要讨论一下谈到兴建房屋、祭坛的第三卷 8.8－10,这一段文字让我们多少有些困惑。

刚记述完挑衅和交锋,色诺芬就立即转换到了一个完全出乎意料的话题:房屋、庙宇、和祭坛的建造,以及与之有关的某些建筑设计原则。上下文仅有的联系在于,就文本意义的灵活性而言,此处谈的是所谓苏格拉底的教育,而多少会包含一点色诺芬的教育。但是,记述的方式使得两者融为一体,苏格拉底失去了所有的自身特征,他与弟子的紧张关系不经意间难觅踪影,对话双方显然和解了,甚至最终隐匿不见。

[124]在呈现了苏格拉底的各类美的概念之后,色诺芬继续向我们表明,甚至就房屋来说,苏格拉底也有可说的东西,只是没有明确是在与阿里斯提普的这次对话中,还是在另一场景和语境中谈到这些的。普遍意见——即使这里涉及的问题是要知道如

① 简要说明一下,苏格拉底对话中苏格拉底通常有着十分显著的自主性。现代过分圣化的研究,教导我们忽略这些认识,重要的是质疑性对话中的苏格拉底,或在哲人和其对话者角色之间有着不对称性,都为此提供了证据。

何很好使用与实用性观点相关的极有韧性的概念——打开了第一道猜测的大门，但是，这里采用的承接形式——“同样，当他说同一个屋子可以同时既美又有用的时候，我觉得他是要告诉人们如何来进行建造”（节 8，同上，Chambry 译本）——更多暗示的则是第二种[推测]。实际上，这段谈到新话题的文字由简单的观点联合而成，涉及的是不同意见的扼要整合，以致在这场关于建筑设计的题外话中，色诺芬没有向我们指明谁是对话者。

人与人之间智力差异构成的张力，是这里承认苏格拉底能够继续完全自由地表达观点的前提条件，但也并不妨碍我们看到，两个对话段落之间的联系完全是外在的。一般评论认为，有两位色诺芬，一位生动而有渗透性，另一位则满足于泛泛之谈；一位富有原创性，另一位则完全平庸。①

四、苏格拉底形像因何特殊？

现在回到阿里斯提普与苏格拉底的交锋。生动而有穿透性的色诺芬，描述的是阿里斯提普的小表演，后者正在模仿苏格拉底 exetazein[谨慎考察之后再接受]的结构或策略（尤其 logos[言辞]方面）。文本开头暗示我们，这位仍刚起步的新手必然会失败，但是后面那些小插曲则让我们看到，这个角色远非我们当初所想的那么幼稚，他不会放弃向苏格拉底提问的任何机会，且能够完全熟练、灵活地模仿苏格拉底的 exetazein 和 elenchein。[125]色诺芬在这里为我们描绘的，乃是作为出色模仿者的阿里斯提普形象。同时，也证明了色诺芬自己懂得模仿，或懂得给出

① 我在此谈论的完全是一个不会引起注意的问题，奇怪的是秉赋不佳的色诺芬总促使我们（甚至十分有效）忘记另一位色诺芬的好处。

虽然或多或少有些拙劣，但无论如何依然客观、明察并有价值的模仿者形象——模仿技艺的胜利者。

问题是，这样一种形象是不是较为少见？我说的不是直接的形象，比如柏拉图在他的《申辩》或其他地方带给我们的形象，而是形象之形象（portrait du portrait）。对于这些，我们极少有什么文献资料。实际上，除了这段关于阿里斯提普的文字之外，仅有：

— 我们可以在柏拉图的《申辩》中读到的模仿，以及同时质问年轻人（23c5：*πολλάκις ἐμὲ μιμοῦνται, εἶτα ἐπιχειροῦσιν ἄλλους ἐξετάζειν*）的文字；

— 同样在《申辩》中的苏格拉底的谈话，以极少的言辞，回忆了其以往的谈话和模仿的可见效果（29d－e；可与《拉克斯》[*Lachès*]中一段有名的文字[187e6－188a5]相比较）；

— 关于阿里斯提普有一次来到奥林匹斯，看到伊斯科马柯斯（Ischomaque）激动地谈到苏格拉底。阿里斯提普说，“告诉我，他都说了什么，让他的听众如此激动？”伊斯科马柯斯立刻跟他谈到*μίκρ' ἄττα τῶν λόγων αὐτοῦ σπέρματα καὶ δείγματα*[苏格拉底谈话的某些小例子]，这些激发了阿里斯提普强烈的哲学爱欲，促使他一定要亲自去聆听（普鲁塔克[Plutarque]，《论好奇》（*De curiositate*），2，516c = *SSR* 卷四 A 2）。

除了这些文字，我们还可以加入艾斯欣（Eschine de Sphettos）《阿斯帕西娅》（*Aspasie*）中的那一段。这位执政官将在这场对话中践行苏格拉底式的 elenchos，以取笑色诺芬和他的妻子（在谈话过程中，苏格拉底作为叙述者的角色并不是偶然的，可以参见我 1997 年的一篇文章）。其他的材料就没有了。

可以看到，我们研究的这段文字是某人正在模仿苏格拉底方式进行对话的精华。要描述一幅说得过去的模仿某人的图景，并不是一件简单的事情。

参考文献

BENSON, H.H. 1995: «The dissolution of the problem of elenchus», *Oxford Studies in Ancient Philosophy*, 13 (1995), p. 45—112.

DELATTE, A., 1933: *Le troisième livre des Souvenirs Socratiques de Xénophon. Étude critique*, Liège-Paris, 1933.

DORION, L.-A. 2000: Xénophon, *Mémorables*, tome I, *Introduction générale*, *Livre I*, texte établi par M. Bandini et traduit par L.-A. Dorion, Paris, 2000 (Collection des Universités de France).

GIANNANTONI, G. 1990: *Socratis et Socraticorum Reliquiae*, collegit, disposuit, apparatibus notisque instruxit —, 4 vol., Naples, 1990. [Cité également sous l'abréviation SSR.]

HIGGINS, W. E. 1977: *Xenophon the Athenian: The Problem of the Individual and the Society of the Polis*, Albany (NY), 1977.

MORRISON, D. 1988: *Bibliography of Editions*, *Tranlations*, *and Commentary on Xenophon's Socratic Writings 1600-Present*, Pittsburgh (PA), 1988.

NARCY, M. 2007: «Che cosa è un dialogo socratico?» dans G. Mazzara (éd.), *Il Socrate dei dialoghi. Seminario palermitano del gennaio 2006*, Bari, 2007 (Le Rane, 47), p. 21—32.

NICKEL, R. 1979: *Xenophon*, Darmstadt, 1979.

ROSSETTI, L. 1984: «Socrate e i Socratici Minori» dans A. Negri (éd.), *Grande Antologia Filosofica*, *Aggiornamento Bibliografico*, vol. XXXII, Milan, 1984, p, 87—110.

— 1997: «Autore dell' *Athenaion Politeia* fu forse un socratico, omonimo di Senofonte erchieo?», dans M. Gigante & G. Maddoli (éd.), *L'*Athenaion Politeia *dello pseudo-Senofonte*, Naples, 1997, p. 141—158.

— 2004: «The *Sokratikoi Logoi* as a Literary Barrier. Towards the Identification of a Standard Socrates Through Them», dans V. Karasmanis (éd.), *Socrates. 2400 years since his death (399 B.C. —2001 A.D.)*, *International Symposium Proceedings (Athens-Delphi, 13 — 21 July*

2001), Athènes, 2004, p. 81—94.

RYLE, G. 1966: *Plato's Progress*, Cambridge, 1966.

— 1967: art. «Plato», dans Paul Edwards (éd.), *The Encyclopedia of Philosophy*, New York-Londres, 1967, vol. 6, p. 314—333.

SCHLEIERMACHER, F.D.E. 1818: «Ueber den Werth des Sokrates als Philosoph», *Abhandlungen der kgl. Preussischen Akad. der Wiss. zu Berlin 1814/15, Philos. Kl.*, 1818, p. 50—68. [Aujourd'hui dans A. Patzer (éd.), *Der historische Sokrates*, Darmstadt, 1987 (Wege der Forschung, 585), p. 41—58.]

SCOTT, G.A. 2002: *Does Socrates have a Method? Rethinking the Elenchus in Plato's Dialogues and Beyond*, ed. by —, University Park (PA), 2002.

STRAUSS, L. 1966: *Socrates and Aristophanes*, New York, 1966.

— 1972: *Xenophon's Socrates*, Ithaca and London, 1972.

VLASTOS, G. 1983: «The Socratic Elenchus», *Oxford Studies in Ancient Philosophy*, 1 (1983), p. 27—58.

— 1991: *Socrates: Ironist and Moral Philosopher*, Cambridge, 1991. [Trad. fr. par C. Dalimier, *Socrate: ironie et philosophie morale*, Paris, 1994.]

— 1994: *Socratic Studies*, ed. by M. Burnyeat, Cambridge, 1994.

《回忆苏格拉底》中的苏格拉底辩驳术

古里纳(Jean-Baptiste Gourinat) 撰

(法国国家科学研究中心)

[129]纳塔里(Carlo Natali)在《色诺芬〈回忆苏格拉底〉中的苏格拉底辩驳术》中指出,"在关于古代逻辑的标准历史著作中,比如克尼勒(Kneale)的《逻辑发展》一书,从未提到过色诺芬"(Natali[2006],页18,释注47)。在逻辑史学家看来这理所当然:逻辑历史的文字必须包含与逻辑有关的理论,尤其逻辑学家和哲人建构的推理体系。这样的体系在亚里士多德之前并不存在,而"逻辑"(logique)这个概念在色诺芬和廊下派之前也不曾出现。色诺芬对苏格拉底辩驳术的描绘,更多应看成是对辩驳史实的记载。但是,如果这样的史实确实存在,那么色诺芬是否也与此有关呢?这一点很值得怀疑。与柏拉图相反,色诺芬从不运用"辩驳学"(science dialectique,柏拉图,《智术师》[*Sophiste*]253d),"辩驳方法"(méthode dialectique,柏拉图,《王制》卷七,533c)或"辩驳技艺"(art dialectique,柏拉图,《斐多》276e)这样的表达。在色诺芬笔下,我们看到的只是"谈话技艺"(art des discours, logon techne),这种叫法还是从三十僭主禁止苏格拉底行为的律法转化而来(色诺芬,《回忆苏格拉底》卷一,2.31),在《回忆苏格拉底》卷四关于对话(dialegesthai)的章节,色诺芬没有再提及。

[130]所以，在色诺芬那里，辩驳术既不是一种学问，也不是一种技艺和方法，它给人以无甚可述的印象。我们发现，论及苏格拉底辩驳术的作品，尤其柏拉图的对话，通常不包含《回忆苏格拉底》中关于辩驳的内容，色诺芬也并不想与柏拉图的辩驳术攀比。对辩驳术的看法，如同其他关于色诺芬的一般观点一样，人们大多认为，重点在柏拉图那里。

其实，从《回忆苏格拉底》中往往可以看到，辩驳不属于任何技艺、学问或方法。色诺芬在第一卷第3章开头呈现其意图时写道，他要"写出他[苏格拉底]对其伙伴来说如何有帮助，一方面以行动(*ἔργῳ*)，另一方面以对话(*διαλεγόμενος*)证明其所是"(《回忆苏格拉底》卷一，3.1，Dorion译本，稍有改动)。但对话和行为之间的对立，尽管以古希腊语*λόγῳ μὲν... ἔργῳ δέ* 的对立形式来表现，以指出苏格拉底的话语本质上是对话，但不构成辩驳理论，也不是对辩驳的践履。辩驳并非对话。

问题就在这里。因为，与在柏拉图作品中不同，在色诺芬的作品中，辩驳既不是学问也不是技艺。由此，色诺芬对苏格拉底辩驳术的解释不同于柏拉图，如同我们看到的，也不存在相似之处。出现这种情况有两种可能：要么色诺芬在描述辩驳时向柏拉图有所借鉴，在详知底细的情况下省去了在柏拉图看来最为重要的东西；要么他对于辩驳术的看法不同于柏拉图，完全有他自己的特点。无论哪种情况，色诺芬对苏格拉底辩驳术的描述都值得人们关注。然而，去除第二种可能性无疑是理智的。如此这般，第一种情况就促使人们思考，色诺芬为何主动与柏拉图保持距离。但是，即使我们接受第一种假设，色诺芬的描述也同样有明显的可取之处。

对于《回忆苏格拉底》中色诺芬对苏格拉底的辩驳术的描绘，我们需要区分两类文本：

- 第一卷针对[131]苏格拉底对手控诉的辩驳,苏格拉底式的防御和辩护,见第1—2章,及第3—4章;
- 第四卷中对苏格拉底教导计划中的辩驳术位置的描述。

《回忆苏格拉底》的结构问题,是色诺芬研究中的一个话题,多里安(Louis-André Dorion)在他关于《回忆苏格拉底》的《导论》中,曾对此加以详细研究(Dorion[2000],页CLXXXIII—CCXL)。某些色诺芬研究专家认为《回忆苏格拉底》并没有一个写作提纲,其他人,比如多里安,则坚持认为该书作者经过仔细构思。对辩驳术最为重要的讨论,存在于作品的首尾两头,这多少有些让人不解,也与该作品一般所认为的最明显的结构关系不相符。因为第一卷中第1—2章与第3—4章是两段差异较大的章节,第1—2章通常被认为是与整部作品有所疏离的第一部分,剩下的内容则构成该作品的第二部分(Dorion[2000],页CLXXXIV,尤其注释1)。但是,从对辩驳术的描述来看,在这四个章节中,还是有着些许的连贯性。就对辩驳术的讨论来看,第一卷中辩驳之平稳与均衡,和第四卷中对其教导角色的描述,都细腻动人,可以认为是色诺芬的精心构划。第一卷中,色诺芬试着说明苏格拉底的辩驳术并不完全是辩驳型的;第四卷中,他则试着说明辩驳术在教导中所扮演的角色。

一、第一卷中对苏格拉底践行辩驳术的捍卫

《回忆苏格拉底》第一卷的前两章,致力于回答官方诉讼第399条对苏格拉底的两项控诉,即第1章(卷一,1.2)提到的"苏格拉底有罪,乃在于他不承认城邦公认的诸神,而引入其他新的精

灵;还在于腐蚀年青人”。[1] 对此,色诺芬在第1章和第2章[132]中,分别给予了有力的回复。就安律托斯(Anytos)和墨勒图斯(Mélétos)的控诉,色诺芬在2.9－61中还加入了珀律克拉底(Polycrate)诽谤书中的指控(Dorion[2000],页CLXXXIV;参页CCXXXIX及页79－81注77)。第2章追忆的苏格拉底对话的内容(31－38),涉及的实际上是苏格拉底和僭主们之间的矛盾。从而,《回忆苏格拉底》前两章,谈及的就是对苏格拉底的官方指控——关于重建民主政体及随后关于僭主们的对话,以及色诺芬对此的回答。

1. 针对三十僭主禁止“谈话技艺”的苏格拉底“对话”(卷一,2.31－38)

第2章中谈到了对苏格拉底对话最早的政治批评:三十僭主之中的两位,克里提阿(Critias)和卡利克勒斯(Chariclès),禁止苏格拉底“与年青人对话”(卷一,2.33)。

据色诺芬,这一禁止依据的是三十僭主颁布的一条敕令——禁止“教授辩驳的技艺”(*λόγων τέχνην μὴ διδάσκειν*),克里提阿专门“针对苏格拉底”而颁布的(*ἐπηρεάζων ἐκείνω*,卷一,2.31)。这一段的内容,拉尔修(Diogène Laërce)在《名哲言行录》卷二19中也曾谈及:据伊多美奈(Idoménée),苏格拉底“擅于修辞”(*ἐν τοῖς ῥητορικοῖς δεινός*);据阿里斯托芬(Aristophane,参阿里士多芬,《云》[*Nub.*]行112－115,881－885),他“能使虚弱的言辞变得有力”(*τὸν ἥττω λόγον κρείττω ποιοῦντα*)。色诺芬并没有就三十僭主的律法做如此解释,而是强烈申辩说苏格拉底从来都不自

---

① 关于对苏格拉底的控诉的讨论,可见Brisson(2001)。

认为擅长教导言辞技艺。拉尔修的指责,无疑有助于理解色诺芬随后对克里提阿之所以诬陷苏格拉底的阐释,因为拉尔修"对苏格拉底的批评乃基于民众对哲人的普遍诘难"。拉尔修的批评显然表明,三十僭主的禁令显示他们将苏格拉底与修辞家及智术师混为一谈,后者通常也被列入哲人行列。[①] 柏拉图在《申辩》中,曾提到人们对"那些从事哲思的人"的普遍抱怨。据柏拉图,这是用来反对苏格拉底的借口,尤其就他"使[133]虚弱的言辞变得有力"(*τὸν ἥττω λόγον κρείττω ποιεῖν*)这点而言(柏拉图,《申辩》[*Ap.*]23d;参 Dorion[2000],页 100 注释 120)。那么,禁止教授"辩驳技艺"(technique de l'argumentation),无疑指的是修辞家和智术师运用的技艺,苏格拉底的"受害者"克里提阿[②] 自认为这也是苏格拉底所运用的。

色诺芬反对将苏格拉底和修辞家及智术师混为一谈,他为苏格拉底辩护说,苏格拉底从来没有教授过辩驳技艺,也从来不曾有人听他夸口教授过。

据色诺芬,克里提阿和卡利克勒斯曾传唤过苏格拉底,向他宣布针对他而立的法令:"克里提阿和卡利克勒斯传唤苏格拉底,向他指明禁止他与年青人对话(*τοῖς νέοις ἀπειπέτην μὴ διαλέγεσθαι*)"(色诺芬,《回忆苏格拉底》卷一,2.33、2.35[Dorion 译本])。文本随后稍微探究了为敕令所禁止的"辩驳技艺"的性质,卡利克勒斯的这一敕令,禁止苏格拉底与年青人的任何交谈:

> 苏格拉底,他说,很惊讶看到你故作无知,下面这条法令会让你清醒些:禁止你与年青人再有任何交谈

① 许多修辞师,比如伊索克拉特(Isocrate)自认为是"哲人",并谈论他们的"哲思"。

② 据色诺芬,《回忆苏格拉底》卷一,2.29—31,克里提阿斯没有原谅苏格拉底曾嘲弄他对欧绪德谟的热情。

(τοῖς νέοις ὅλως μὴ διαλέγεσθαι)(色诺芬,《回忆苏格拉底》卷一,2.35[Dorion 译本])。

乍一看,与此有关的两段文字似乎有些出入,因为第 33 段克里提阿和卡里克勒斯似乎立即向苏格拉底公布了他们的禁令,而第 35 段卡利克勒斯则是稍后才向苏格拉底挑明他不应再与年青人对话。然则,这两种情况涉及的都是同一种禁令:禁止对话性交谈。

最为有趣的是第 36 段,其中的对话被认为是苏格拉底扮演提问者角色的一种行为,而他习惯于在知道答案的情况下提问:

> 你,苏格拉底,多数情况总是在已知晓真相的前提下提问:那么,不要再提问此类问题了。

我们看到,这里并没有描述人们惯称的"苏格拉底式反讽"(ironie socratique)——苏格拉底提出问题并假装不知道答案。卡利克勒斯仅说苏格拉底在知晓[134]真相的情况下提问,而没有说他假装不知道答案。在卷四 4.9 中,希琵阿斯提到了苏格拉底所提的问题,指责了对这一辩驳型问题的践行或对交谈者的考验,指出苏格拉底从来不表明自己的观点:

> 够了,你嘲笑别人已够多了,总是提问、辩驳,从来不为他人考虑,也不愿表明你自己的观点。(《回忆苏格拉底》卷四,4.9)

苏格拉底回答说,由于言辞表达观点的不足,他倾向于以行动来显明。但是，卡利克勒斯这里认为苏格拉底表达了他的观点，他想禁止的也正是这一点。苏格拉底让人觉得他很清楚他与年青人的“对话”以及回答问题的方式，因为当人们问他已知道答案(*ἐὰν εἰδῶ*)的问题时，比如“卡里克勒斯住哪儿?”他总是避而不答(*μηδ' ἀποκρίνωμαι οὖν*)。① 但是，卡里克勒斯清楚地解释说，要禁止苏格拉底的，正是那些他用与很低微行业从业者(鞋匠、木匠和铁匠)的类比来表达自己观点的交谈。② 而苏格拉底认识到，藉与这些手艺人行业的类比，可用来谈论“正义、虔诚以及其他诸如此类的话题”，这些讨论涉及的是德性问题。在《回忆苏格拉底》的其他地方，苏格拉底清楚明白，他所传授的仅是那些他认为好的东西(《回忆苏格拉底》卷一，6.14)，在卷四第 2 章与欧绪德谟的谈话中，苏格拉底清楚表达了他的想法(同上，卷四，2.40 及以下)。希琵阿斯的批评没有为色诺芬所采纳，在这一点上，色诺芬与他赋予卡利克勒斯、克里提阿以及《回忆苏格拉底》第一章中苏格拉底自己的观点一致：[135]苏格拉底准备表达自己的观点，而远非仅满足于扮演提问者的角色。但是，要注意的是，他是用与手艺人行业的类比来实现这一点的，我们看到，在卷四第 4 章与熟人交谈时，他就不用类比，而以“最为简单明了的方式”来表达自己。③

---

① 色诺芬，《回忆苏格拉底》卷一，2.36。我们看到，这一类型的问题，在廊下派的辩驳中成为提问(*πύσμα*)的一种典型，以对问题答以是或否而相对(D.L.VII,67)。

② 见 Dorion(2000)，页 103 注释 126－127，与《回忆苏格拉底》卷四，2.22 及 4.5、柏拉图《高尔吉亚》490e－491a 及《会饮》211e 相应。这一与手艺人相比的谦卑，对我们来说并不显得特别。在《泰阿泰德》(*Théétète*)中，柏拉图让泰阿泰德确认“学问”不仅为数学家、也同样为鞋匠所建立，就“如同技艺为其他手艺人”所创立一样(146c－d)。几何学首先需测量的是形相，如同色诺芬在《回忆苏格拉底》卷四第七章所谈到的那样。

③ 在卷四 2.12 中，与欧绪德谟的预备(反驳及筹备性)交谈中，明确用到了木匠的类比，而且甚至运用了与更为高贵行业的对比(特别是医生)。

苏格拉底、克里提阿及卡利克勒斯之间的交谈，反应了对 dialegestha 的含混运用，其动词形式表示借助问题和回答所作的任何交谈，而苏格拉底式 dialegestha 并不仅限于此，尽管其也以问题与回答的方式进行。苏格拉底担任的乃是两个角色：问题的提问者，以考察对话者的认知；问题的回答者，以与手艺人行业的类比来回答德性问题。卡利克勒斯和克里提阿要禁止苏格拉底的正是这一点。据克里提阿，此类对话乃为一种“谈话的技艺”（une technique des discours），其中，苏格拉底使虚弱的谈话变得有力（这一点很显然）。他似乎在不知道答案的情况下提问，而与手艺人的类比则表明他显然有自己的观点，并且随时准备说出来。色诺芬拒绝认为苏格拉底的此类对话行为就是一种“谈话的技艺”。

2. 苏格拉底对民主政体的辩驳：所言究竟为何（卷一，1.16）

第 399 条敕令并没有直接采用僭主禁令所用的语词，没有谈到“谈话的技艺”（technique des discours）及“与年青人的对话”（discussions avec les jeunes gens），然而却含蓄地暗示了对苏格拉底与年青人谈话的看法，正是基于这一点，人们抱怨他败坏了青年。但在这一章节中，色诺芬却不是针对第 399 条控诉苏格拉底腐蚀青年这点来为其辩护，而是针对苏格拉底渎神的指控。色诺芬辩护的理由之一是，苏格拉底的谈话没有丝毫渎神的成分，因为他从来不谈论有关神的问题，也不谈论关于自然的哲学，涉及的仅是关于人的问题。色诺芬就此指出了以下三点：

（1）苏格拉底“谈论的一直是关于人的事物”（*περὶ τῶν ἀνθρωπείων ἀεὶ διελέγετο*）。这一论点[136]对驳斥渎神指控有极为特殊的含义，也意味着苏格拉底从来不谈神的问题。[①] 色诺芬将苏格拉底就人之事物的谈话，与"谈论(διελέγετο)宇宙本性"的智术师们的谈话相对立。[②]

这段文字涉及非常丰富的传统。苏格拉底仅谈论伦理问题这一传统，在亚里士多德(《形而上学》卷一，987b1—4[③])处重现，亦可于西塞罗(《图斯库鲁姆清谈录》卷五，4.10—11)或塞柯斯都(Sextus)(《驳数学研究者》卷七，8)那里找到，他们都明显借用了色诺芬的见证。自亚里士多德的重新阐释开始，色诺芬的"人之事务"变成了伦理问题，也预示了随后古希腊人关于哲学的区分(逻辑、物理、伦理[éthique])。色诺芬随后的文字将证明这一解读是正确的。苏格拉底仅关心伦理问题的习惯，在色诺芬的辩护中找到了出处，色诺芬所要做的乃是使苏格拉底脱离渎神的控诉，并摆脱与那些研究自然的"智术师"们的混淆。[④] 苏格拉底从未对自然加以研究是一项更有理(a fortiori)的论据。苏格拉底一点都不渎神，因为他对大多数智者感兴趣的自然问题没有丝毫的兴趣。相似的捍卫也可以在柏拉图那里找到，比如《斐多》96—98中，柏拉图说苏格拉底仅在年青时对自然哲学有过兴趣。就这一

---

① 我们注意到这一神性和人性之间的区分，在廊下派那里构成了类似"神与人学问"的智慧(普鲁塔克[Plutarque]，*Plac*.I，Praef.= SVF II，35)。这一表达取借于《回忆苏格拉底》第2章，其对廊下派有着深远的影响，这两点也并非不可能(据拉尔修，卷七，2，这是芝诺[Zénon]最初的爱好)：也即与苏格拉底纯粹的人类哲学明确保持距离。实际上，当拉尔修谈到廊下者阿里斯通(Ariston de Chio)对逻辑和物理的摈弃时(卷七，160)，他运用了与色诺芬这段文字相同的语词(见D.L.II，8)，这就说明了色诺芬的这段文字在廊下派哲学传统中的重要性。

② 色诺芬，《回忆苏格拉底》卷一，1.11：περὶ τῆς τῶν πάντων φύσεως。

③ 据亚里士多德，"苏格拉底仅关心伦理问题，对于自然之类的事物毫不关心"。尽管亚里士多德用"伦理"取代了"关于人的事物"，但是这种与自然学问完全相对的表达方式，看来直接来自色诺芬。

④ 参 Viano(2001)，谈到《回忆苏格拉底》中苏格拉底对宇宙学的谈论，以及渎神控诉的背景。

点而言,《回忆苏格拉底》卷四7.6—7中对阿那克萨哥拉(Anaxagore)的评断,与柏拉图所谈到的苏格拉底青春时代对阿那克萨哥拉的热情、以及后来[137]对之的批评并不矛盾,而是指出了苏格拉底对智者的自然神学(la théologie naturelle)的摈弃,后者犯了"妄图研究神领导天际运动的方式"的错误(《回忆苏格拉底》卷四,7.6)。然而,实际上,《回忆苏格拉底》自身也谈到了不少关于自然神学(théologie physique)的研究(尤其神意问题),这说明根据色诺芬,苏格拉底有一套虔诚的宇宙观(une cosmologiie pieuse,参Viano[2001]),而神意宇宙观(cosmologie providentialiste)后来很大程度上成为廊下派论题的根源。

(2)色诺芬给出的第二道信息是,苏格拉底讨论的是"什么是……"的德性概念:

> 什么是虔诚,什么是渎神,什么是美,什么是丑,什么是正义,什么是不公,什么是适中,什么是疯狂,什么是勇气,什么是怯懦,什么是城邦,什么是政治人,什么是人之政府,什么是有能力的掌权者。(《回忆苏格拉底》卷一,1.16)

苏格拉底所寻求的是τί ἐστιν[某物是什么],与柏拉图的众多对话相当一致,这一问题于《回忆苏格拉底》中多次重现(参Patzer[1999],页57—58),这也是亚里士多德在《形而上学》中谈到苏格拉底时,赋予他的两项创新——"归纳性话语与普遍性定义"的原因(《形而上学》卷十三,1078b27—29)。亚里士多德明确指出此类普遍性定义所指的为"何"物,τὸ τί ἐστι[这是什么](1078b23)。实际上,这一以定义为目标的对某物是什么(τί ἐστι)的确认,也与亚里士多德学派的教义相一致。它提示我们,色诺芬影响了亚里士多德的苏格拉底形象,而且我们发现,亚里士多德于文字上忠实于色诺芬的描述，重新阐释色诺芬关于苏格拉底寻求定义的表述，正是亚里士多德式技艺对色诺芬见证的补充。因为苏格拉底探讨某物“是什么”(*τί ἐστι*)的语句在《回忆苏格拉底》中多次出现——卷三 9.8(*ὅ τι εἴη*)，尤其卷四 6.1(*τί ἕκαστον εἴη τῶν ὄντων*)——我们会在下文加以讨论。亚里士多德技术性地指出，这一“是什么”(*τί ἐστι*)即物之本质，也即对普遍性之定义。对色诺芬而言，则是更为描述性的表述，即回答那些“某物是什么”的问题。

(3)在色诺芬的叙述中，这些问题以相对立的形式出现：虔诚与渎神，[138]美与丑，正义与不公，适中与疯狂，勇气与怯懦。在这五对相反物之后，最后出现的两组——城邦/政治人，政府/掌权者——虽然在现代看来并不相反，但在古希腊语里，则为反义词。这两组语词以名词形式(*πόλις / ἀρχή*)出现，相应的形容词以-*ikos* 结尾(*πολιτικός / ἀρχικός*)，也就是说形容词由名词派生而出(参 Natali[2006]，页 4)。我们可以认为，其所指的乃是物及其持有者(参 Patzer[1999]，页 56)。这一逻辑和语法结构，与其余领域的变换相辅：前五对反义词为严格的政治概念(同上)。而实际上，在《回忆苏格拉底》的其他部分，我们也可以找到反义相对的形式，比如美与丑(卷三，8.4－7)，正义与不公(卷三，9.5；卷四，4)，审慎与浮躁(卷三，9.4)，勇气与怯懦(卷四，6.10－11)；还有些则是单一的表达，没有出现相对应的反义词(卷四，6.2－4、5－6；6.9)。[①] 所以很明显，苏格拉底的谈话并不一定就含有对立的反义形式。此外，当色诺芬在文中让苏格拉底讨论一系列范围更为有限的问题时——比如卷一 2.37 里对卡利克勒斯的回答——苏格拉底所提到的并不是相对的反义词形式，而是孤立的概念，即“正义、虔诚及此类其他的主题”。卷一 1.16 中色诺芬的呈现，无

---

① 这里我们采用了 Natali(2006)页 4 的分析，文中给出了与此有关的所有例子。

疑不希望赋予苏格拉底的讨论对象严格的结构性，而是作出一个相当宽泛的列举，后者所谈论的是基本的德性与政治概念，包括“正面”与“反面”的概念。事实上，列举结尾的那些已不是反义相对的概念，正可说明反义相对这一形式，呈现的是一种修饰风格。另外，与智术师和自然哲人所讨论问题的对比，表明这些问题一般而言是对立性论题的讨论对象，而这无疑对伦理概念成对的反义形式有影响，尽管色诺芬尽力以同样相互对立的怀疑主义来呈现这些伦理问题：他提出的是相对的概念，而不是这些概念的相对论题。最后，我们看到，根据色诺芬，成对的反义形式在辩驳的基本程序中扮演了分类的角色。[139]所以，据色诺芬，成对的反义形式在苏格拉底辩驳术中有十分重要的作用。但是，这并不意味着辩驳仅有成对的反义词，而没有其他形式。

实际上，据色诺芬，苏格拉底对所有自然问题的论述，基本不涉及智术师的二律背反论题（les thèses antinomiques），即使提到也不做评判，而仅仅认为对于这些问题的研究是疯狂的，模棱两可的。可以肯定的是，苏格拉底自己不谈论这些问题，但他考察过对此类问题的研究，以便弄清楚为何有人会提出这些不可解决的问题。此类讨论不仅让我们想起亚里士多德在《论题篇》（*Topiques*）中谈及的辩驳问题的列式，[①] 还有着前一怀疑主义的成分。通过从正反方面对这些问题的讨论，色诺芬赋予苏格拉底以弃权主义者的立场，暗含了某种相对论题的等同（isosthénie）形式。我们可以在柏拉图的《申辩》中看到，苏格拉底花了很大篇幅谈智术们对此的观点。

结果，我们发现，苏格拉底对话所用的关于“人世事物”的形

---

① “世界是否永恒？”在《论题集》卷一，14，105b23－25 中被认为是出色的辩驳问题，在《回忆苏格拉底》卷一 1.14 中已经以稍微不同的形式出现了：“有些人认为，所有物出生并灭亡；另有些人认为，什么都不形成亦从不灭亡”（Dorion 译本）。

式,在这里一点都不明晰。相反,在与僭主对话的第2章里却很清楚。第16段似乎说明,对话(dialegesthai)的目的是回答什么是这个或那个的道德概念问题,或至少提出此类形式的问题。然而,第11段认为智术师有一套关于"宇宙本性"的对话(dialegesthai),似乎将对话(dialegesthai)一词的含义泛化了,因为几乎没有任何证据表明智术师遵行一种提问和回答的对话。在第11段中,我们依然找到一些不甚直接的问题,可以认为是对话,比如"世界如何","据何种必然性,天际现象自我生成"。但第14段就不再是对话的问题了,不再有问题存在,有的仅是作为观点的论题:"那些研究自然和宇宙的人之中,有些认为(δοκεῖν)存在是惟一的,有些认为存在是无尽的……",所以,dialegesthai这个语词在这里似乎含有比对话问答更为宽泛的含义,似乎[140]苏格拉底对话(dialegesthai)自身作为这样的对话并不明显,更多为不完全明晰的暗示。不管怎样,苏格拉底对话(dialegesthai)与智术师对话(dialegesthai)之间的不同,并不仅仅是问题领域的差异(一方是伦理和人世事务,另一方是物理和与神有关的学问):智术师的问题并不是同一形式的问题,因为对于他们的问题,人们并不以确定的形式加以回答,而更多以论题来回答,因而就呈现为更多的对立与不兼容。

3. 辩驳与对话之分(卷一,4.1)

上文已经提到,在全面考察和辩驳针对苏格拉底的指控之后,第一章第3段的起始处说明了《回忆苏格拉底》的整体意旨:苏格拉底如何保持"行"(ἔργῳ)与"言"(διαλεγόμενος)的一致(《回忆苏格拉底》卷一,3.1)。第4章开始展示的是,苏格拉底并不满足于辩驳,他的对话重在能够正确引导对话者朝向德性。

从这一角度来看，色诺芬以向“那些自认为知道一切的人”(τοὺς πάντ’ οἰομένους εἰδέναι)提问(ἐρωτῶν ἤλεγχεν)，和“与那些日常生活中他遇到的人交谈”(ἃ λέγων συνημέρευε τοῖς συνδιατρίβουσι)，来区分简单的辩驳。在这一段文字中，色诺芬没有用动词 dialegesthai，但随后(卷一，4.2)则用之来说明“我从他那里听到的谈论神性的说法”(ἅ ποτε αὐτοῦ ἤκουσα περὶ τοῦ δαιμονίου διαλεγομένου)。在第 2 段的例子中，对话正是以这个 dialegesthai 开始的，其中苏格拉底通过对话者所接受的观点一点点展开，随着展开的部分越来越长，对阿里斯托德莫斯(Aristodème)的提问则相应越来越少。正是在这段文字中，色诺芬赋予了苏格拉底以廊下派获得巨大成功的神意观。色诺芬在第 19 段中如此总结——“在说到这些的时候……”，说明他提到的这些都是苏格拉底自己确认的。苏格拉底所说的确极为虔诚，足以驳斥对他的渎神指控，但与前面章节中色诺芬提到的苏格拉底从不谈论神的说法相悖。[141]据色诺芬，正是基于此类看法，苏格拉底“才能够让其伙伴自我克制，避免那些不虔诚、不正义以及可耻的东西”(卷一，4.19)。

色诺芬的提议很明显：苏格拉底在问“那些自认为知道一切的人”的同时，也进行了辩驳；然而，他却不想驳斥那些他每天遇到的伙伴们，而是借助于精心构思的长篇独白使问题消隐。由此，苏格拉底使得其伙伴有德性。“提问并加以辩驳”与“讨论并诉说”的对立，和“引导朝向德性”(προτρέψασθαι ἐπ’ ἀρετὴν)与“引导朝向自身”(προαγαγεῖν ἐπ’ αὐτὴν)之间的对立一致。所以，在苏格拉底对话中有着两种稍微不同的实践：一为向“那些自认为知晓一切的人”提问，自己不表达任何观点，最后戳穿那些认为知道一切而其实一无所知者；一为“在讨论的同时”“说出”某物，好像苏格拉底同时扮演了提问者和回答者的角色，或大方表达自己观点的人。第一种对话类型(柏拉图在《苏格拉底的申辩》中对此有详尽描写),针对的是那些偶尔遇到的对话者,意在让他们认识到自己的无知。最后他们会自己找上苏格拉底,如果他们有能力克服这一考验的话,因为,这其实相当于某种进入苏格拉底学圈的入门考试。第二种对话类型乃是针对那些已经通过苏格拉底考验的人,他们对于倾听苏格拉底的学说已经相当胜任。第一种类型虽然藉辩驳(l'elenchos)能够刺激对话者,并将他们引向德性,但不能使之成为有德性的人,仅哲学性的对话能够做到这一点(参 Dorion[2000],页 CXXVIII—CXXXIII,及 Natali[2006],页 7)。

第 1 段中,当色诺芬说到"与那些日常生活中他遇到的人交谈"时,他的表达含糊其辞。这是否指苏格拉底一再教导其伙伴们的那些日常对话?实际上,色诺芬仅给出与阿里斯托德莫斯对话这一则例子,其中苏格拉底还同时向后者解释了其关于虔诚和神性的看法。在这一例子中,苏格拉底似乎并不以日常的多次对话来教导弟子,而是一旦机会成熟,便一次性地表达他自己的观点。整个过程可以分为以下三个阶段:

[142] • 最初的辩驳,使对话者认识到自己的无知;
• 与苏格拉底的日常交往;
• 苏格拉底一下完全表达自己的看法。

这与第四卷中的大部分情况相吻合,比如该卷第 2 章的末尾,在长时间"袭击"欧绪德谟之后,苏格拉底才最终认为到了向后者解释其想法的时候(卷四,2.40)。

那么,与阿里斯托德莫斯的对话是否如此呢?确切说来,在这一点上,色诺芬的叙述并不很清楚。苏格拉底似乎曾让阿里斯托德莫斯改变过看法。阿里斯托德莫斯不献祭,不祷告,不信凭神之占卜,苏格拉底似乎向后者证明过他这样做不合情理。但是,阿里斯托德莫斯是不是就此诚服了呢?我们并不知道,因为第 15 段中,他最后的表态依然表明其对神意满怀犹豫。色诺芬的结论则过于一般，他说，正是以这样的说法，苏格拉底避免让其弟子不虔诚，但是他并没有告诉我们阿里斯托德莫斯自己是不是为这次的谈话所折服。事实上，色诺芬的目的不在于说明谈话对阿里斯托德莫斯的效果（不像卷四2中欧绪德谟的例子想说明的那样），而是要指出苏格拉底在与其熟识者的谈话中都说些什么。所以此类谈话的直接效果如何并不重要，因为这并非色诺芬所要展示的，即使通常情况下他总是提到苏格拉底对话的效果。色诺芬想要说明的，乃是大部分人在臆测苏格拉底通过完全辩驳性的对话不能引导其弟子朝向德性时，往往弄错了。因为，根据色诺芬，存在着两种形式的苏格拉底对话：一是公共场合的对话，仅用来让自认为知晓一切的人认识到自己的无知；一是与那些经常交往者的对话。第二种对话类型有正面的内涵，能够使苏格拉底的伙伴们成为有德性的人。色诺芬由此指出，某些人，确切说来，大部分人对苏格拉底的对话有误解，因为这类印象来自苏格拉底于公共场合的谈话，而苏格拉底与其日常交往者的私下谈话则极为不同。

有意思的是，根据这一章的描写，当苏格拉底开始表达自己的观点时，他从自己的一段谈话开始，一直到结尾都扮演着[143]提问者的角色，而随着谈话的逐步展开，问题却渐渐隐匿了。总之，对话不是辩驳，但也不是教化。这一点与柏拉图的《苏格拉底的申辩》中的苏格拉底相当一致：

> 如果某人在我说话时，有意愿倾听，我就做我所能做的，不管他是年青还是年长，我从来不曾有过犹豫。就向我提问的人来说，穷人、富人我都同样对待，对那些听我说话的人（*ὧν ἂν λέγω ἀκούειν*）和想回答的人（*ἐάν τις βούληται ἀποκρινόμενος*）也是如此。（柏拉图《苏格拉底的申辩》33b）

《苏格拉底的申辩》中的这段文字很难解释。在该段的最后一部分，根据亚里士多德《论题篇》中的分配角色学说（une répartition des rôles），苏格拉底似乎认为，应由提问者表达观点。然而，当文中苏格拉底说他愿意为那些向他提问的人服务时，他不想说他准备以自己的观点回答问题，这点表现的很不明显。无论如何，柏拉图《苏格拉底的申辩》中的苏格拉底似乎准备扮演回答者和提问者的角色，并且准备表达自己的观点，而不是那类不停地提问却从不回答和说明自己想法的人。同样，《回忆苏格拉底》第一卷中的苏格拉底既准备提问也准备回答，既准备考察别人的观点也表达自己的观点。基本的差异是，在柏拉图笔下，苏格拉底以此来为自己开脱："我从不曾是某人的老师（didaskalos）"（柏拉图《苏格拉底的申辩》33a）；相反，在色诺芬笔下，苏格拉底明确说到自己的教导："如果我知道某种好的东西，我就传授（didasko）它"（色诺芬《回忆苏格拉底》卷一，6.14）。

如果我们对《回忆苏格拉底》第一卷中的对话（dialegesthai）作一总结，可以发现对话主要由提问和回答组成，其中苏格拉底扮演了提问者的角色，有时也是回答者。这一对话有时是辩驳性的，这是苏格拉底对话的公众层面，他以此戳穿那些自认为有学问的自负的人，并且基本上带有否定和筹备的性质。然而，有时苏格拉底也向其熟识者讲说他想说的话，一般扮演提问者的角色，但同时以长篇独白来表达自己的观点，这就使对话不具有提问和回答的特点，这一类型的对话有[144]肯定的性质，使苏格拉底的对话者变得有德性。这一类对话被视为一种教导。苏格拉底有时用行为来表明什么是德性，来为自己的不予回答辩护。这两个层面与色诺芬在卷一 3.1 中谈到的"以行为"（ἔργῳ），以及在"交谈中"（διαλεγόμενος）苏格拉底对伙伴们的"用处"（utilité）是一致的。这一用处是道德性的，是苏格拉底对话全然的人性目的。

苏格拉底不谈论自然或神性哲学，如果他谈到诸神，仅是于虔诚的角度来谈，以便使弟子变得虔诚。

视这些对话为一种"谈话的技艺"，并控诉苏格拉底向他者提问却假装自己无知，这是克里提阿和僭主们的指责，而不是色诺芬笔下的苏格拉底自身的表现。控诉苏格拉底不回答，好比希琵阿斯所做的，犯了双重的错误：将部分混同于整体，将对话的辩驳实践混同于苏格拉底对话的全部，而不知道苏格拉底准备向弟子明确表达自己的观点；还有就是不清楚在对话实践中，通常是提问者而不是回答者负有论证的职责。第二点在色诺芬和柏拉图的作品中很含糊，色诺芬没有明确论证，柏拉图则倾向于强调苏格拉底以教化性独白来代替提问与回答的对话能力。

二、辩驳术在第四卷教导意旨中的位置

除去最后一章，第四卷又回到诉讼背景，对苏格拉底加以总结性称颂，也为《回忆苏格拉底》提供了一个整体性的结论，其他部分则谈论了苏格拉底的教导及其用途（参 Dorion[2000]，页 CCXL）。该卷第1章对此加以总体呈现，解释了苏格拉底认为的教导德性，以及根据对话者的不同而使用不同的方法。

1. 苏格拉底的教导方法（卷四，2—3）

[145]该卷第2章中，色诺芬以苏格拉底与欧绪德谟之间的关系为例，叙述了"苏格拉底是如何对待那些自认为获得了最好教育的人，和那些满足于自己所知的人"（Chambry 译本）。这一章特别有趣，因为色诺芬向我们描述了苏格拉底对欧绪德谟教导的全部过程：苏格拉底最初听说了欧绪德谟的情况，然后去了欧

绪德谟经常造访的一个鞍具作坊(2.1)。他一开始并不直接与欧绪德谟说话,而是向他人讲针对欧绪德谟的看法(2.2—8)。当预感到是欧绪德谟准备倾听的时候了,他就与后者展开了一场谈话,它在规则上完全属于辩驳类型(2.8—39)。在谈话的末尾,欧绪德谟认识到了自己的无知:

> 我不得不承认你在这一点上是对的,而我显然是个糊涂虫。而且我自问是不是最好闭嘴,因为我担心自己什么都不知道。(《回忆苏格拉底》卷四,2.39。Chambry 译本)

在该章的最后一段中,色诺芬展示了这段预备性谈话随后的情况:欧绪德谟造访苏格拉底,改变了自己的习惯,苏格拉底不再嘲讽他,而是向他阐明自己的想法:

> 苏格拉底看到一切都准备好了,就不再嘲讽他,而是以最为简单和清楚的方式,向对方解释(exegeito)他所认为的什么是应该知道的,以及献身于什么才是更好的[*ἁπλούστατα δὲ καὶ σαφέστατα ἐξηγεῖτο ἅ τε ἐνόμιζεν εἰδέναι δεῖν καὶ ἐπιτηδεύειν κράτιστα εἶναι*]。(《回忆苏格拉底》卷四,2.40)

这一次(与卷一 4 中的例子不同),色诺芬没有提及这些想法是什么,使得这段文字显得颇为深奥。但这仅是暂时的,随后的章节将给出苏格拉底对欧绪德谟教导的内容。从第 3—6 章(除了卷四第 4 章中与希琵阿斯关于正义的谈论之外)都是欧绪德谟作为提问者,因而这几章就此构成了一个环环相扣的链条:我们看到,继卷四第 2 章同欧绪德谟的谈话及其缓慢的道德变化之后,首先是关于诸神的观念(卷四,3),然后有关正义(卷四,4),再次有关自制(卷四,5),最后是真正的辩驳实践(卷四,6)。至此,苏格拉底的对话者最终成为了一位真正的对话者。在这一链条中,[146]仅在苏格拉底与希琵阿斯关于正义的谈话中,欧绪德谟不是提问者,该对话也不是针对熟识者的(尽管希琵阿斯经常与苏格拉底讨论)。正是在这段谈话中,明确指责苏格拉底拒绝表达自己的观点(4.9)。在文本的整个框架中,在苏格拉底陈述了关于虔诚的看法之后插入第 4 章的内容,恰好说明阐述关于正义看法的必要性,此两种德性紧密相连。[①] 的确,这一问题在卷四 6.5—6 与欧绪德谟的谈话中再次提及,但不可否认这一主题在卷四 4 中阐述得更为充分有力(就这一章节,参 Morrison[2001]),这或许可以成为《回忆苏格拉底》之所以能够作为史实基础的一个论据。如果色诺芬知道的苏格拉底关于正义的最完整的谈话,乃是与希琵阿斯的对话,那这段谈话在这里出现就很自然了。无论如何,如果我们反复读第 2—6 章苏格拉底与欧绪德谟的对话,而把第 4 章置于一旁,就会发现它们颇引人瞩目地整体上展示了浓缩了的苏格拉底教导方式,以及对话(dialegesthai)于其教导中的位置。而在柏拉图那里,我们找不到整体的一致性,即使于《王制》中,后者也仅谈及一种教导的规划,而没有详尽描述苏格拉底的教导。无疑,我们还不能就此得出结论说色诺芬更忠于史实,但事实上色诺芬给予了我们柏拉图做不到的描述类型,因而色诺芬比柏拉图更胜任于史学家的工作。苏格拉底的教导方法,如同这些章节叙述的那样,首先以辩驳来"摧毁"对方先前的个性,赋予其崭新的观念,并通过漫长的交往改变其性格,最后进行真正的辩驳训练——也就是说不再让对话者受辩驳的折磨,而是使其有

---

① Dorion 2000,页 CCXXXV。就明确第 4 章在整个卷四中的位置,见页 CCXXXV—CCXXXVII。

能力承担提问者的角色。

辩驳训练的这一维度，在第一卷中完全没有清楚显示出来，色诺芬仅描述了苏格拉底对话是什么样子，也就是说，他折磨对话者的对话是什么类型。欧绪德谟在卷四第2章中遇到的，仍然是颇费力气的全然辩驳型的对话，而使其受益的教导性的对话，开始于卷四2.40及以下的章节。经由辩驳的训练，人们[147]下意识地从训练过渡到辩驳。实际上，很有可能第一卷中就已经暗含了这一训练，尤其僭主们颁布了针对苏格拉底教导“谈话技艺”的禁令。因为，这种技艺教导禁令，似乎更有可能针对的是禁止教导辩驳术，而不是禁止操行它。而从苏格拉底对克里提阿和卡利克勒斯的回答来看，好像他从来没有操行过辩驳术，也没有教导过辩驳的技艺。毫无疑问，这是克里提阿和卡利克勒斯对两类对话的错误区分所致：他们将苏格拉底在公共场合采取的辩驳性辩驳，和针对他们权威的颠覆性言论相等同。显然，这样做混淆了本质和表象。但是，色诺芬在第四卷中明确强调，苏格拉底在没有改变其学徒们的观点和习性之前，不愿使之变成对话者。

从这一点看来，卷四3.1提供了与卷四5.11—12相当一致的形象：首先需要获得好的辨别力（sophrosyne），然后才可教对话者去反应、说话和行事（卷四，3.1），而在他们成为对话者之前，需反复教导他们学会自制（enkrateia）（卷四，5.11—12）。在卷四3.1中，色诺芬这样写道：

> 他并不急于让对话者有能力去说话、反应以及行事，他认为他们首先需要获得好的辨别力。因为他认为，如果他们不具备好的辨别力而来做这些的话，则会变得更不正义、更有能力来行坏事。(2)所以他首先让他们变得明智而知道神是什么。[*τὸ μὲν οὖν λεκτικοὺς καὶ πρακτικοὺς καὶ μηχανικοὺς γίγνεσθαι τοὺς*

συνόντας οὐκ ἔσπευδεν, ἀλλὰ πρότερον τούτων ᾤετο χρῆναι σωφροσύνην αὐτοῖς ἐγγενέσθαι. τοὺς γὰρ ἄνευ τοῦ σωφρονεῖν ταῦτα δυναμένους ἀδικωτέρους τε καὶ δυνατωτέρους κακουργεῖν ἐνόμιζεν εἶναι. (2) *πρῶτον μὲν δὴ περὶ θεοὺς ἐπειρᾶτο σώφρονας ποιεῖν τοὺς συνόντας.*]（卷四,2.1—2)

这里的 sophrosyne[好的辨别力],通常被译成“克制”或“节制”,如同理论上的明智和理性,以抵抗快感和恶为辅,也即随后章节中的自我的主人或 enkrateia(自制,通常译成“禁欲”,或如 Chambry 译成“克制”)。第 3 章中还没有提到“辩驳术”(dialectique)或“对话的能力”(capacité de discuter),而是说话的能力(capacité de parler)(lektikos,而不是[148]dialektikos),但随后色诺芬似乎没有就这一区分做更多阐述,他认为说话的能力本质上不同于对话的能力。

总而言之,获得好的辨别力,是获得说话、行事以及对话能力的必要条件。这样的辨别力由倾听苏格拉底的教导而获得,也就是说要经承苏格拉底的辩驳,而不是学会去控制它。据卷一2.15,这一说话和行动的能力,正是克里提阿和卡利克勒斯希望从苏格拉底那里获得的(*γενέσθαι ἱκανωτάτω λέγειν τε καὶ πράττειν*),但是却不愿首先获得其“好的辨别力”和“节制”。然则,既然苏格拉底将节制视为掌握言语和行动的前提条件,克里提阿和卡利克勒斯就显然没有获得这一不可或缺的必要能力(参 Dorion [2000],页 CCVI—CCVIII)。对辩驳术的不信任,并不能作为不信任苏格拉底辩驳实践的证据,因为这一实践正是克里提阿那样的僭主(及墨勒图斯[Mélétos]那样的民主分子)所防备的,但却见证了那些不能克制、还不是自己主人的年青人,与苏格拉底的辩驳实践,尤其他们对辩驳实践的矛盾心情。实际上,色诺芬在卷一第2章中指出，克里提阿和卡利克勒斯可以在不具备克制能力的情况下——苏格拉底强调需要于辩驳之前获得——掌握言行能力；而卷一2.40－46阿尔喀比亚德(Alcibiade)和伯利克勒斯(Périclès)的对话，则说明阿尔喀比亚德掌握了辩驳和辩驳的能力，却用得很糟糕(参 Dorion[2000]，页 CLX－CLXIX，页 CCVI－CCVII)。

很明显，如同多里安所指出的，柏拉图在《王制》中对辩驳的看法，与色诺芬有趋同之处：他禁止年青人在30岁之前致力于辩驳术(卷七，539b－d)，认为年轻人操行辩驳术之后就会"反叛律法"(卷七，539d)，这种看法不禁让人想起《回忆苏格拉底》中伯利克勒斯对阿尔喀比亚德的辩驳(Dorion[2000]，页 CLXVIII)。虽然不应过早让年青人掌握辩驳术，但事实上，像阿尔喀比亚德这样有天赋的弟子，即使不用苏格拉底教导，也能从后者的例子中自己悟出来。这也正好说明为什么要禁止苏格拉底教授"谈话的技艺"，[149]因为只要经历过苏格拉底的辩驳，就足以掌握这门辩驳的技艺。

这里，色诺芬关于辩驳术的看法，显示出了苏格拉底的劣势。因为代为民众判决的僭主们，他们对苏格拉底的禁令，所指的并不是他与经过挑选的、并有过长期准备的对话者在私下使用的辩驳术，而是以辩驳为形式的辩驳术。因为一个有天赋的人，能够在不拥有作为苏格拉底"栅栏"的克制和节制的条件下，就能获得苏格拉底的辩驳术。事实上，辩驳能力的肯定层面与其本身否定成分之间的含混，也正是苏格拉底的对手，或像克里提阿和阿尔喀比亚德这样的苏格拉底的不肖弟子的特征。同样，当苏格拉底希望保留向已获得克制和自制的弟子传授辩驳术，他所指的无疑也并不仅是辩驳这一层面，而且包括了苏格拉底辩驳术的肯定层面，据色诺芬，这一层面不对那些并不与苏格拉底足够熟识的人公开。但是，这一得到保留的辩驳术，并不是苏格拉底让人生畏的地方。《回忆苏格拉底》第四卷很好阐明了苏格拉底构建一套有序教导进程的意愿，驳斥最先于常交往之人中，其次则是获得克制和节制，辩驳术的教导处于最后。另一方面，第一卷中提到，对于一位聪明的弟子来说，可能绕过这一进程而单单学会厉害的“辩驳技艺”，这就与苏格拉底的有序教导构成了张力。它也显示了这一教导计划，和那些仅在公共场合见过苏格拉底，以及仅知道苏格拉底的辩驳实践厉害的人之间的张力。

2. 自制与辩驳术(卷四,5—6)

第四卷第5章结尾和第6章开头对苏格拉底对话作了详尽的肯定评价，也是出现“辩驳的”(dialectique)这一形容词仅有的两处地方。该卷第5章总的来说重新提起卷一第5章中的基本论题，即自制是德性之根本(κρηπίς)。[①] 如同多里安所指出的，自制(l'enkrateia)对于德性的重要性，在于它暗指了缺乏自制(l'akrasia)，[150]这在唯理智论中打开了一道缺口，因为它认为“学识并不是变得有德性的足够条件，在学识之外还需要学会自制”(Dorion [2003]，页647)。自制在这里表现为对好的辨别力或克制的补充：正确说来，即自己不能任由感官快乐所支配，需保持住自制的能力(卷四，5.11)。在这一背景下，色诺芬将自制与辩驳术完全等同：

仅节制的人能够判断出最好之物，能选择善、远离恶，并

① 色诺芬，《回忆苏格拉底》卷一，5.4。见Dorion(2000)，页148—150注释278，及Dorion(2003)。

> 通过言行分类抉择。(12)正是如此,他说,人才变得更优秀,更幸福,更能胜任对话。他还说,“对话”(dialegesthai)这个词来自聚合并按类抉择(dialegontas)事物的用途。因而,需要尽可能地自我训练以胜任于此,并更好地进行应用。因为正是由此,人才成为最贤能者、最伟大的统治者以及最好的对话者。[*τοῖς ἐγκρατέσι μόνοις ἔξεστι σκοπεῖν τὰ κράτιστα τῶν πραγμάτων, καὶ λόγῳ καὶ ἔργῳ διαλέγοντας κατὰ γένη τὰ μὲν ἀγαθὰ προαιρεῖσθαι, τῶν δὲ κακῶν ἀπέχεσθαι.* (12) *καὶ οὕτως ἔφη ἀρίστους τε καὶ εὐδαιμονεστάτους ἄνδρας γίγνεσθαι καὶ διαλέγεσθαι δυνατωτάτους. ἔφη δὲ καὶ τὸ διαλέγεσθαι ὀνομασθηναι ἐκ τοῦ συνιόντας κοινῇ βουλεύεσθαι διαλέγοντας κατὰ γένη τὰ πράγματα. δεῖν οὖν πειρᾶσθαι ὅτι μάλιστα πρὸς τοῦτο ἑαυτὸν ἕτοιμον παρασκευάζειν καὶ τούτου μάλιστα ἐπιμελεῖσθαι. ἐκ τούτου γὰρ γίγνεσθαι ἄνδρας ἀρίστους τε καὶ ἡγεμονικωτάτους καὶ διαλεκτικωτάτους.*](色诺芬,《回忆苏格拉底》卷四,5.11—12)

确定辩驳“分类抉择”的能力,和选择善并克制快感诱惑的自制之间的关系十分直接,因为自制是“以言行”分类抉择善与恶的保证。辩驳无疑对所有物加以分类抉择,而自制则限于善恶的分类抉择。但是自制能够保证“以言行”来对善恶加以分类抉择,而不仅于言上。尤其,它使得人们能够正确地运用辩驳术,也就是说做出正确的分类抉择,因为不具备自制能力的人无法正确地这样做。或许以言语也足以正确地分类抉择,但是这里色诺芬是如此直接地将言论与行动能力连在一起,也就说明[151]好的对话者能够以言与行来正确地分类抉择。这也涵括于苏格拉底的回答中,他说,如果他不用言语来表达自己的观点,则用行动来表达。优秀的对话者，以其自身行为来表现自己分类抉择的能力。

据这段文字，苏格拉底自由地运用了 dialegesthai 的一般含义——“对话”，以及主动态形式 dialegein 的含义——“分类抉择”。混合使用这两种含义，是为了说明当人们提到“对话”(dialoguer)或“辩驳术”时究为何指。有两点让人颇感意外：一，辩驳术的定义显得多少有些狭窄，为何仅限于“分类抉择”？二，对话与分类这两种行为，在色诺芬笔下自然相连，在柏拉图文本中却是分开的。在某些文本中，柏拉图将苏格拉底的辩驳术定义为对话行为：对话者是“知道提问并回答的人”(《克拉底鲁》[*Cratyle*]，390c10—11)。辩驳术的这一定义，或至少这一涵义，为大多数与辩驳术有关的柏拉图文本所认同，包括《王制》，其中，柏拉图说辩驳术由对话而来(卷七，532a6)。但是，辩驳术同样也包含了一种“聚合与分类”的方法，其一方面“以整体的视角将分散之物整合进统一的观念，最后又将要传授的事物按质分类”(《斐德若》，265d3—5)，“另一方面，也能够根据自然关联勾画成形”(同上，265e1—2)。根据这一概念，辩驳术能够将感性杂多引向智性整体，甚至一种形相。在《斐德若》中，苏格拉底还能根据一个观念的关联性将之再分，这一观点更多存在于柏拉图的“形而上学”对话中，比如《智术师》(253d—254c)，《治邦者》(*Politique*，285a—b)和《斐勒布》(*Philèbe*，57e—58d；比较 16d)。这一点似乎并不专属于苏格拉底。

“按质分类”的其他意思是什么？在柏拉图那里，《智术师》253d 中的这段话经常被提起：“按质分类(*κατὰ γέμη δοαορεῖσθαι*)不认为一种形式为它者，或它者为此一形式，我们难道不可以说这是辩驳术的特性吗”？[①] 但是，有些人严厉批评了色诺芬所作

---

① Maier(1913)页 59 曾对这两段文字加以考察，还有 Magalhães-Vilhena(1952)，页 217 注释 2，Luccioni(1953)，页 52 注释 2，Chroust(1957)，页 230 注释 39。

的变形,[152]据卡恩(Charles Kahn)的说法,色诺芬"将 dialegesthai(据物之性而分类辨别)这一技术概念,转换成了庸俗的实践智慧的概念(选择善,避免恶),利用非柏拉图的词源理论,将 dialegein 变成了主动态,'将物分开'"(参 Kahn[1996],页 77 = Kahn[2001],页 213)。据卡恩,色诺芬完全参考了柏拉图,① 但却是将之转换成了一种平庸的实践。其他说法则认为,在《智术师》和《回忆苏格拉底》的相关文字之间不存在任何关联,比如纳塔里(Carlo Natali)认为,应该将《智术师》的这段文字,与《回忆苏格拉底》卷四 2.13—16 加以对比,而不是与卷四 6.12 对比。"在柏拉图对话中",他写道,"曾将 diairesis 描绘成根据性质辨别世界之真实性的能力,不同于色诺芬在此所作的 pragmata 与 kala 和 aischra 之间的简单区分"(参 Natali[2006],页 11 注释 29)。然则,这样的批评是错误的,因为,两种情况下都是"按类"行事——柏拉图那里是区分,色诺芬那里则是分类。

这是否将辩驳术简化了呢?确切说来,卷四2.13—16是个特例,因为其所谈及的乃是对书写性对话的一场训练,即苏格拉底和他的对话者借助的或许是绘于沙上的一幅图表,如同《美诺》中的形象:

> 那好,苏格拉底说,你可愿意我们在这里写下(γράψωμεν)Δ,而这里写 A,然后在 Δ 下放入我们看来正义行为(ἔργον),A 下放入所有我们看来不正义行为?(《回忆苏格拉底》卷四,2.13。Chambry 译本)

---

① 参 Kahn(2001),页 212:

> 注意,dialegesthai 作为"谈话"、"进行一段谈话"的含义,乃是通用的古希腊语用法,色诺芬将 dialegesthai 解释成 dialegein kata gene ta pragmata,柏拉图在《王制》卷五、《斐德若》、《智术师》等中已经如此定义过辩驳术。

苏格拉底划分了两列，试着将某些行为分别置于其中：

Δ（dikaiosyne 的 ergon，正义行为）	A（adikia 的 ergon，不正义行为）
	谎言
	欺骗
	盗窃
	贩卖自由人

[153]对应的例证却表明这一分类并不恰当：一位长官缩减一座敌对的不正义城邦中的奴隶，并没收居民的财产，还让敌人认为他们没做任何不公的事（卷四，2.15）。需要指出的是，这些行为对敌方来说是正义的，而在盟友一方看来则是不公的。因而，就需要在另一行列中也加入一些行为，一般而言，即一个补充说明：

Δ（dikaiosyne 的 ergon，正义行为）	A（adikia 的 ergon，不正义行为）
	谎言
欺骗敌方	欺骗友方
盗窃敌方	盗窃友方
贩卖敌方的自由人	贩卖友方的自由人

谎言的例子却表明，这一区分没有将之包含进去：一位长官看到其军队涣散，说援军很快来到，这不是不公；一位父亲为了孩子的健康而更好地服用良药，谎说那是一种食物也同样如此。①欧绪德谟摆脱了这一蛊惑性的分类——从中他无法知道什么是

① 色诺芬，《回忆苏格拉底》卷四，2.17。廊下派重新提到这些例子，也是色诺芬对廊下派有影响的新的证据。参 Sextus Empiricus，《驳数学研究者》（*Contre les mathématiciens*；*M.*）卷七，43－44。

正义。实际上,这并不是苏格拉底在与早就熟识的某人进行的对话实践,而是与欧绪德谟的第一次交谈,他要让欧绪德谟认识到自己的无知,并与自己熟识起来。这段进程乃是辩驳的辅助。的确,根据卷四 5.11,那些作为自我之主人、能够辨别善恶之物的人要实践的,正是这样的进程。然而,紧随其后的卷四第 6 章的开头,显然延续了卷四第 5 章的内容,而卷四 2.13—16 或卷四 5.11 中区分不同行为的简单分类,成为对话能力的特征。该卷第 6 章的开头,似乎很显然,辩驳术不再被简化为按质分类的能力:

> 他如何使得那些与他交往的人变成擅长对话者(*διαλεκτικωτέρους ἐποίει τοὺς συνόντας*),这也是我要尽量说明的。苏格拉底认为知晓什么是每一存在的人(*τοὺς μὲν εἰδότας τί ἕκαστον εἴη τῶν ὄντων*)才能将之解释(*ἐξηγεῖσθαι*)给别人,[154]而不知晓什么是每一存在的人自己会弄错,毫不奇怪,也会让别人犯错误。这就是他考察与他交往的人中谁是知晓什么是每一存在的人(*σκοπῶν σὺν τοῖς συνοῦσι, τί ἕκαστον εἴη τῶν ὄντων*)的原因,且从不疲倦于此。检阅他所作的所有区分(*πάντα μὲν οὖν ᾗ διωρίζετο*),的确是一项重要的工作。我将尽量引用我认为必要的例子,来说明他所践履的乃是怎样的考察(*τὸν τρόπον τῆς ἐπισκέψεως*)。(《回忆苏格拉底》卷四,6.1)

色诺芬在这里开始的关于辩驳术的描述,并没有明确提到分类。与将正义归于 Δ 列、不正义归于 A 列的卷四 2.12—13 不同,这里提到的乃是一种界定和划分(dihorizein)的技艺,与我们在柏拉图对话中看到的相似。我们看到,卷一 1.16 中对“什么是”(*τί ἐστι*)某物的考察,卷三 9.8 中也重新提到(*ὅ τι εἴη*)。奇怪的是,"什么是每一存在"(τί ἕκαστον εἴη τῶν ὄντων)在这里用得极为宽泛,因为对话的内容并不限于伦理概念,而是包含了存在之整体(参 Döring[1892],页 189)。总之,我们看到这一实践不仅涉及分类,同样也准备探求定义。

需要指出的是,色诺芬在卷一 1.16 中第一次指出苏格拉底探求"什么是"某物的时候,我们看到的多组反义词组,完全可以与卷四 2.13—16 中的分类相对应。但是,我们在第 6 章末尾看到的一个例子,让我们想起卷一 1.16 中关于民人的例子。色诺芬想说明当某人在"无论证"(ἀντιλέλοι)的情况下"辩驳"(ἄνευ ἀποδείξεως)苏格拉底时,后者是如何应对,并如何表现为"最智慧、最懂得政治或最有勇气"者的。在这些情境下,苏格拉底将讨论引向色诺芬所作的"假设"(hypothèse,卷四,6.13)。色诺芬以两位民人谁更优秀的争辩为例(卷四,6.14),两位对话者对此持有不同的观点,并以这一观点推出错误的假设。为了解决争端,苏格拉底将问题引向怎样才是好的民人,或好民人做什么:"首先要考察,苏格拉底说,好的民人做什么"。① [155]很显然,与卷四 2.13—16 一样,苏格拉底要做的就是在 ergon[行为]这一列中,置入好民人应具有的东西,与上文提到的分类属于同一类型。我们要确定怎样的民人是好民人,或比他者更为优秀的民人,即需要按质分类,以便由此得到一个"假设"(就假设的概念,参 Patzer [1999],页 64—69,尤其页 65),换句话说,就是得到分类之预设。这一假设必须是两位对话者达成的共识:为了结束对立观点的争辩,苏格拉底将每一问题引向一个就问题本身来说隐蔽着的假设。一旦分类引出了假设并达成了共识,就分类来说,不合就不复存在。

这一假设即一位好民人所应具备的素质:我们于卷四 2.13 中

① 色诺芬,《回忆苏格拉底》卷四,6.14:πρῶτον ἐπεσκεψάμεθα, τί ἐστιν ἔργον ἀγαθοῦ πολίτου。

找到同样的 ergon,以区分什么属于正义,什么属于不义,我们也可以同样找到类似的确定苏格拉底研究之意旨的 ti estin(什么是)形式。需要限定并确认何为好民人,就需要按质分类,这无疑也是辩驳术的目的,因为这是它最为直接的实践功用。如果我们没有事先确认事物,没有考察它们为何,则不可行。为了能够按质分类,就需要首先确定这些质,也即假设我们已经对之加以明确确认了。①

色诺芬所做的解释认为辩驳术包括:

- 明确定义什么是某物,什么是其类,什么是物之 ergon;
- 按质给物或存在分类。

定义和分类好像两组不可分的行为,确定了苏格拉底辩驳术的功用。我们也看到为何定义是以自主的个人逐渐昭明的选择为基础:如果我们知道什么是某物,如果我们能够正确地定义它,那么,我们就能够按质分类,并在"言行"中选择善而抛弃恶。

《回忆苏格拉底》含有许多定义或区分此类概念的例子(色诺芬用动词[156]dihorizein[区分,分别]来表示[色诺芬,《回忆苏格拉底》卷三,9.4;卷四,6.1]),这些显然不属于分类(classements),而是与柏拉图对话和后来的逻辑学派——比如廊下派——所做的区分(divisions)相似(参拉尔修,《名哲言行录》卷七,61—62)。比如,在卷三 9.8 中,苏格拉底"考察何为嫉妒"(φθόνον σκοπῶν ὅ τι εἴη),他发现(ἐξμύρισκεν)那是一种痛苦,与其友人之不幸或其对手之成功不相关,而是因友人的成功而来的痛苦。这与廊下派学者们所称的 merismos 或"划分"极为相似,也就是说,以其所具有的现实类质加以划分(拉尔修,《名哲言行录》

① 这是 Döring(1892)已注意到的,页 189:"将某物归于某一概念下的不同观点,比如好公民的例子,为以其显明特征对这一概念之内涵的确定所消除。"

卷七,62)。构架如下:

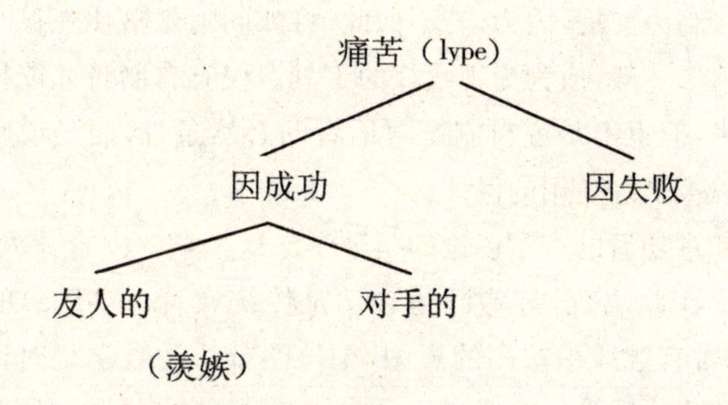

但是色诺芬的苏格拉底所践履的这一区分必须包含否定,好比在定义虔诚的例子中一样(卷四,6.2—4)。定义对诸神虔诚之人,是以与不虔诚之人的对比来实现的,这与廊下派学者所称作的diairesis或"区分"类似(拉尔修,《名哲言行录》卷七,61)。此种情况下,构架如下:

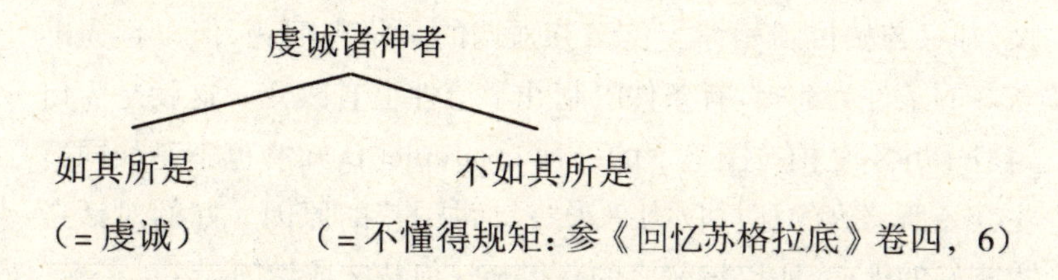

当然,在色诺芬笔下,划分和区分之间的技术性差异并不明显。但是,可以肯定的是,这种以划分来下定义的形式,不同于卷四2.13—16中的简单分类。

[157]色诺芬强调了两样东西:如果我们还不能自制,则不能操行辩驳术;对话能力与伦理及运用政治权力的能力相连。辩驳术保证了政治权力之操持,因为它使"人成为最贤能者,最伟大的统治者以及最好的对话者"。需要重新将此置于第四卷的整体背景中去,该卷主要的对话者是欧绪德谟,他有着成为政治人的雄

心。辩驳术是政治统治的一种手段,但是对话能力的获得必须以节制与自制为前提,因为,若不如此,将如同阿尔喀比亚德与克里提阿的情形一般,成为为害政权的工具。仅有自制者才能操行好的辩驳术,但也不是说自制是对话者的必然条件,而是说它是辩驳术得以被很好运用的保证。

第6章随后的一章谈论的是数学。这一章的内容让人奇怪,它之所以在此出现,好像因为数学是传统教育(paideia)的一部分,但却带有挑战柏拉图的意图,柏拉图曾认为数学是对话训练的预科。将论数学一章置于论自制与辩驳术之后,意在质疑仅具理论益处的数学的纯实践用途。显然,色诺芬想要明确说明,不是数学使人成为一位好的对话者,而是道德识辨力和自制。第四卷的整个焦点乃在于民人和政治人的训练。色诺芬坚持辩驳术对于造就好的政治人有益,这与柏拉图的看法类似;但是色诺芬说,要成为好的对话者,无需学习毫无实践用途的算术、几何与天文,却又与柏拉图相悖。色诺芬强调的是伦理问题,但以预先准备好的条件为前提,有条件限制并于德性上有改变。这就是为何辩驳术并不是柏拉图笔下的一种 episteme[认知],也不是如同僭主禁令所认为的那样仅为一种"对话技艺"的原因。好的对话者也有好的性格,所以辩驳术的获得与任何技艺或学问无关。

相对于柏拉图的《王制》和其他对话中呈现的"科学"版本的辩驳术,《回忆苏格拉底》为它提供了一种清醒的、经过反思和细致论证的理解。这就是为什么我们会[158]在《回忆苏格拉底》的辩驳术中,看到一个不依赖柏拉图的关于真实苏格拉底的历史见证,而不是对柏拉图意义上的辩驳术的蹩脚复制:色诺芬不同意柏拉图对苏格拉底辩驳术的解读。

参考文献

BRISSON, L. 2001: «Les accusations portées contre Socrate», dans Romeyer Dherbey & Gourlnat 2001, p. 71—94.

CHROUST, A.-H. 1957: *Socrates, Man and Myth. The two Socratic Apologies of Xenophon*, Londres, 1957.

DÖRING, A. 1892: «Der Begriff der Dialektik in den *Memorabilien*», *Archiv für Geschichte der Philosophie*, 5 (1892), p. 185—197.

DORION, L.-A. 2000: Xénophon, *Mémorables*, tome I, *Introduction générale, Livre I*, texte établi par M. Bandini et traduit par L.-A. Dorion, Paris, 2000 (Collection des Universités de France).

— 2003: «*Akrasia* et *enkrateia* dans les *Mémorables* de Xénophon», *Dialogue*, 42 (2003), p. 645—672.

KAHN, Ch. H. 1996, *Plato and the Socratic Dialogue. The philosophical use of a literary form*, Cambridge, 1996.

— 2001: «La philosophie de Socrate selon Platon et Aristote», dans Romeyer Dherbey & Gourinat 2001, p. 207—220.

LUCCIONI, J. 1953: *Xénophon et le socratisme*, Paris, 1953 (Publications de la Faculté des Lettres d'Alger [2. Sér.], 25).

MAGALHÃES-VILHENA, V. de 1952: *Le problème de Socrate. Le Socrate historique et le Socrate de Platon*, Paris, 1952.

MAIER, H. 1913: *Sokrates. Sein Werk und seine geschichtliche Stellung*, Tübingen, 1913.

MORRISON, D. 2001: «Justice et légalité selon le Socrate de Xénophon», dans Romeyer Dherbey & Gourinat 2001, p. 45—70.

NATALI, C. 2006: «Socrates' dialectic in Xenophon's *Memorabilia*», dans L. Judson & V. Karasmanis (éd.), *Remembering Socrates. Philosophical essays*, Oxford, 2006, p. 3—19.

PATZER, A. 1999, «Der Xenophontische Sokrates als Dialektiker» dans K. Pestalozzi (éd.), *Der fragende Sokrates*, Stuttgart-Leipzig, 1999 (Colloquium Rauricum, 6), p. 50—76.

ROMEYER DHERBEY, G. & J.-B. GOURINAT 2001: *Socrate et les socratiques*, études sous la direction de G. Romeyer Dherbey, réunies et éditées par

J.-B. Gourinat, Paris, 2001 (Bibliothèque d'histoire de la philosophie. Nouvelle série).

VIANO, C. 2001, « La cosmologie de Socrate dans les *Mémorables* de Xénophon », dans Romeyer Dherbey & Gourinat 2001, p. 97—119.

对观《回忆苏格拉底》与《高尔吉亚》[①]

雷诺(François Renaud) 撰

(加拿大蒙克同大学)

[161]色诺芬和柏拉图向我们展现的苏格拉底,是一位精通对话和提问技艺(l'art du dialogue et du questionnement)的导师。由此,有必要比较两人笔下的苏格拉底在提问和指引对话方面的不同方式。这篇关于"提问技艺"(l'art du questionnement)的研究,尝试解决以下问题:苏格拉底为达到预期效果,在对话中运用了哪些对话规则,尤其运用了哪些提问的策略?这一比较,限于《回忆苏格拉底》和柏拉图的"苏格拉底对话"(dialogues socratiques),尤其《高尔吉亚》。

先来看看二人明显的差别。柏拉图呈现的多为苏格拉底与其对手的对话,也就是说,那些有不同意见或准备辩驳的人,尤其智术师和修辞家们。相反,色诺芬则几乎完全集中于展示苏格拉底与其伙伴之间的交流:他在《回忆苏格拉底》中曾明确表示,他的主要意向乃是说明苏格拉底对其伙伴们如何有用(《回忆苏格拉底》卷一,3.1)。所以,毫不奇怪,在色诺芬笔下仅看到安提丰(Antiphon)和希

---

① 本文在提交研讨会论文的基础上有稍许改动。与会者尤其纳尔茨和罗瑟逖的提问和批评,促使我进一步将之补充完善,谨此致谢。

琵阿斯(Hippias)两位智术师出场(《回忆苏格拉底》卷一,6;卷四,4;参Classen[1984],页167)。作为反对者,[162]阿里斯提普(Aristippe)应列入对手名单中,尽管他曾属于苏格拉底弟子圈中的一员(指卷三第8章中的对话,而不是卷二第1章)。另外,柏拉图笔下的苏格拉底辩驳术以探究为特征,而在色诺芬那里则尽乎是循导型的。柏拉图的苏格拉底自称无知,抛弃教导之術,致力于鼓励对话者同他一起探寻智慧(参柏拉图,《申辩》19e,20c);色诺芬的苏格拉底则从不宣称自己无知,而是自认为是授业解惑者,有能力教导其伙伴们辩驳术(la dialectique)、政治技艺以及道德、践履或技巧等其他许多方面的内容(《回忆苏格拉底》卷一,2.31;卷四,5.1;卷一,6.14)。这位智者苏格拉底已经知道他所提问题的答案,他的问题从而完全是规划好的(《回忆苏格拉底》卷一,2.36)。

我们这一比较研究,是否仅限于一系列实际缺乏相同之处的差异呢?是的,在"苏格拉底对话"中,柏拉图强调的无疑多为思想的负面意义,色诺芬则是强调其积极意义。柏拉图的苏格拉底满足于一种卓然的辩驳术,且比色诺芬的描述更为精妙。柏拉图将苏格拉底呈现成能够控制对话者们——包括其对手智术师——的精通辩驳术之人。[①] 而且不应忽略的是,在柏拉图和色诺芬那里,苏格拉底的提问都含有谋划的成分。的确,当回答者而不是提问者必须论证论题的时候,提问比回答要"更容易"。[②] 提问的技艺同时包含智识的一种形式:每一个提出的问题都含有一种选择,而每一种选择都决定了对话的进展。苏格拉底的问题比其对话者的回答更具启发性,如同我们看到的那样,它们涉及讨论主题、解决之可能性(a/b 分拆问题)及明确的结论(是/否问

---

① 参柏拉图,《会饮》215d;色诺芬,《回忆苏格拉底》卷一,2.14—15。

② 参《王制》336c,337a,e;《回忆苏格拉底》卷四,4.9—10;亚里士多德,《智术师之反驳》(*Réfutations sophistes*; *Soph. El.*)34,183b7—8。

题)。色诺芬和柏拉图笔下的提问技艺,论证有力且结构合理,不仅能够引导对话,更能有力地控制对话。

文学上的选择和策略

[163]一般来说,色诺芬和柏拉图有一个共同的基本出发点:苏格拉底对不同的对话者运用不同的谈话方式。这一点,叙述者色诺芬曾明确提到(《回忆苏格拉底》卷四,1.1),而在作为剧作家的谦逊的柏拉图那里,读者则必须从其苏格拉底的行为中推断出来。色诺芬说,苏格拉底最关心他的对话者知道什么,以便在对话开始之前,就能判断出他们在何种程度可以达成一致(比如,《回忆苏格拉底》卷四,7.1)。在色诺芬笔下,对话者的重要性,部分体现在辩驳术和修辞术之间的相似性或一致性方面(《回忆苏格拉底》卷一,2.31;2.39,2.47)。在柏拉图的《高尔吉亚》中,苏格拉底对杰出的演说家高尔吉亚含有些许尊敬,尽管前者显然有些自负,却极为尊重传统道德;而当面对高尔吉亚的那位年青且目空一切的弟子珀洛斯(Polos)时,苏格拉底的态度就严厉多了;最后,面对有勇气却专断的卡利克勒斯(Calliclès),苏格拉底的提问更加不留情面。因此,《高尔吉亚》对苏格拉底辩驳术严厉程度的描写,似乎与对话者的心理抵抗力成正比。①

既然对话者在我们两位作者那里都极其重要,那么,写作时选择苏格拉底的对话者,则必然有其重要意义。在柏拉图那里,通常讲来(grosso modo),对话者包含两种类型:一种是年青人(即年青男子),苏格拉底试图使他们对哲学感兴趣;另一种是智术师和修辞

① 另外,我们想提醒《斐多》中介绍的哲学修辞的概念,苏格拉底将擅长对话者,描绘为真正的修辞师,能够区分不同类型的灵魂,并能适应其听众(269c—272b)。

家，苏格拉底享有盛名的对手。苏格拉底和来到雅典的杰出智术师之间令人难忘的交锋，无疑构成了柏拉图最伟大的文学和哲学成就（参 Gadamer[1991]，页 103—105）。在色诺芬那里，如同我们已经指出的，苏格拉底的大部分对话者由其伙伴组成，所以好感首先就占了上风。如果说色诺芬也描述了与两位智术师的谈话，这无疑是出于历史真实性的考虑，但是更为重要的意图则在于，要将苏格拉底描绘成无论在智性还是德性方面，在有名的论证导师中都最为卓越。

[164]文学的特征，以及苏格拉底作品（logoi sokratikoi）的部分虚构性，使得我们的两位作者得以更好地呈现苏格拉底。色诺芬试图减少或排除苏格拉底有争论的或革新的层面（参 Morrison[1987]，页 19），柏拉图的描绘则反而指出了苏格拉底的激进和怪诞。忠实于展示苏格拉底对其周遭人如何有用的写作目的，色诺芬首先强调了苏格拉底行为的前后一致性，甚或遵守社会习俗的层面（同上）。这一选择显然完全剔除了那些认为苏格拉底的辩驳（elenchos）方法不合适的对手，更为一般来讲，反对苏格拉底教育意图的对手。色诺芬曾在一段简短而孤立的章节里说，不少（polloi）和苏格拉底辩驳过的对手，与欧绪德谟相反，因为辩驳的创伤，以后再也没有接近过苏格拉底（《回忆苏格拉底》卷四，2.40；卷一，2.47，2.37）。色诺芬在《回忆苏格拉底》中对呈现此类对话有所保留，而是近乎集中于那些关注苏格拉底的教导意向，并有效证明了导师苏格拉底的德性的对话者。①

---

① 参 Erbse 1961，页 286 的评论：

> 如果色诺芬想要达到自己的描述目的，他就必须与自己主张的一切远远保持距离。苏格拉底如果总是仅仅即时地利用身边的人，他兴许就无法完全与身边的人取得一致，就得既不用反讽，也不用认识批判（Erkenntniskritik），而且他也不会展开对话——这种对话以如此让人感兴趣的方式把人引入困惑，这兴许也会给他留下深刻印象。

一般说来，如果柏拉图避免直接呈现对苏格拉底的政治指控，那么，色诺芬则选择至少在细节上不呈现苏格拉底与其对手（或反对者）之间的交锋，尤其与智术师的交锋。[1] 色诺芬还避免将苏格拉底与修辞辩驳相提并论，以免透露智术师的修辞辩驳与苏格拉底辩驳术之间现实存在的相近性，或者面对难以驯服的对话者而衬托出苏格拉底劝说能力的有限。相反，柏拉图则不惮于呈现苏格拉底众多教导不成功的例子。色诺芬和柏拉图（尤其辩护性）策略的异同，[165]在苏格拉底作为提问者的对话中表现得特别明显。

对话规则与方法实践

首先要区分《高尔吉亚》和《回忆苏格拉底》中的对话规则，并在实践、运用和违规性方面进行比较，甚至更简单地比较它们缺席的情况。要知道，这些规则在柏拉图笔下有时是围绕主题组织起来的，而《回忆苏格拉底》却从未如此，一方面，因为它们与《回忆苏格拉底》的教导性对话并不十分谐调，另一方面，与色诺芬一般而言关于辩驳术的简洁呈现有关。因而，我们可以凭靠柏拉图而不是色诺芬来列出提问和回答间的对话规则。

苏格拉底对话被看作是对真理的一般性拷问，而不是以获胜为目标的辩争。友情或善心构成了这一拷问的基本条件。[2] 需要指出的是，这一条件对于苏格拉底和智术师的大多数对话来说是不成熟的。《高尔吉亚》中苏格拉底的对话者，尤其卡利克勒斯，

---

① 与柏拉图相反，色诺芬也避免道出使得某些不出名的政治家（特别是阿尔喀比亚德）与苏格拉底联合的密切关系，而柏拉图则提到并展示这些关系。

② 《高尔吉亚》487a；这一段中提到的另外两个条件是知识（episteme）和坦诚（parrhesia）（Canto 1993 译本）。

在修辞辩驳上的好强(pleonexia),妨碍了他们对哲学及所有实际对话的参与。[1] 而且,不应将辩驳(logoi)看成是人身攻击,而应看成是言辞(logos)本身尽可能明晰与合理的表达。这也是我们的论题被辩驳时,为什么仍应保持冷静而不发怒的原因(《高尔吉亚》453c2－4,454b8－c5,457d,489d1－3)。需要寻找与言辞(或准确的协和与清晰性),与自身——即自身之理智——的相合性(《高尔吉亚》481d－ 482e),这就是为何苏格拉底认为自己说的"总是同一回事"(《高尔吉亚》491b5－8)的原因。《高尔吉亚》中的这一说法,几乎同样可以在《回忆苏格拉底》中找到(比如,与希琵阿斯的对话,《回忆苏格拉底》卷四,4.5)。[166]与言辞的相合性构成了辩驳术的某种非个人维度,这一维度与作为个体的对话者的重要性相联接。根据柏拉图,对一个论题的合理考察,必须总是与对话者意见相一致,这就是为什么苏格拉底必须了解对话者的观点、并试图接受其看法和回答的原因。一般情况下,我们两位作者的提问策略,说明了解对话者的重要性。色诺芬笔下的苏格拉底辩驳术,具有这一通常能够达成共识的特征(*διὰ τῶν μάλιστα ὁμολογουμένων*)[2]。

辩驳考察在两位对话者之间进行。据柏拉图,不能少于也不能多于两位对话者。这一双重要求,与提问者和回答者之角色密切相关。相反,色诺芬笔下沉默的听众,则作为苏格拉底谈话的真正对象。这是谈话含有第三方的情况,第三方于稍后处提出问题。提问者必须首先了解与对方的共识(homologia),而且对方愿意扮演回答者的角色。对话最初暗含的一致,通常与后来的一致一样,是对话步骤的基本标志。这种最初的一致性,在色诺芬

---

① 按这一理解,色诺芬首先介绍苏格拉底与其伙伴的对话,不仅与他的辩护意图有关,也与他对哲学作为共同(synousia)生活的理解有关。

② 《回忆苏格拉底》卷四,6.15。本文第三节将重新讨论这一话题。

那里并不明晰，除却与希琵阿斯的对话(《回忆苏格拉底》卷四，4.9)。在色诺芬其他的对话中，提问者一次仅能问一个问题，以便对话者能够逐次回答，保证回答的清晰(《高尔吉亚》466b－c。就对话规则的讨论，参 Narcy[1996]的考察)。

苏格拉底问的是哪种类型的问题呢？除了核心的“什么是X?”(τί ἐστι;)之外，柏拉图笔下比《回忆苏格拉底》中更频繁出现的，还有“X是否为Y?”的问题(参 Robinson[1953]，页49－60)。后者可以分为：(1)拆分型问题(a/b；通常以πότερος -α -ον.../ἤ，或单独的ἤ来表示)，即“两者之中的哪一个……?”；(2)以是、否回答的问题。拆分型问题在提示回答的同时，将问题置于对两种或三种答案的选择中。拆分型问题十分常见，色诺芬和柏拉图笔下均是如此，仅《回忆苏格拉底》中就至少出现了60余次。以是、否回答的问题，能够提供[167]可能已经完全成形的结论。苏格拉底的这两种问题类型，在我们两位作者处都存在，具有阐明和组构对话的功能。同样，它们也保证了对对话进程的操控。

回答者必须以被问的方式作出相应的回答(《高尔吉亚》448d－e)。这并不排除拒绝回答的权利，比如，当问题本身过于含糊而需要事先阐释的话。这正是苏格拉底面对阿里斯提普故意含蓄的第一个问题时的态度，后者试图以一个简单的问题设下陷阱，而实际上则需要辨别，它其实暗含了一个双重的问题。正因此，苏格拉底拒绝辩驳。另外，回答必须清楚、不含糊，而且还应是真诚的或有个性的(《高尔吉亚》451d－e，489e)。回答者也必须考察自己的观点，以便保证其所承认的前提，与意料中的让步之间相协调(《高尔吉亚》461d)。苏格拉底通常在对话中明确规定了这一要求。[①] 辩驳(elenchos)不仅用来审查对话者观点的正确或错误，同样也是在审查其整体信念，因而也是对其生活方式的审查，并且鼓励他接受或避免一种生活方式，或更谦虚地说，学会一种已知行为(une action donnée，参 Brickhouse & Smith[1991]，页 135－136，151－156)。然而，再次需要指出的是，这一条件并不总令人满意，尤其当对话者为避免自相矛盾和辩驳而拒绝表达自己观点的时候，比如在《高尔吉亚》中，苏格拉底继续谈话，即使卡利克勒斯不愿进行回答。[②]

重要的是要区分辩驳术的理论(以苏格拉底的方法为依据)和实践。实际上，柏拉图的作品，尤其《高尔吉亚》中的苏格拉底对话，远不是理想的对话情境。首先，作为对话者的智术师或修辞家，通常对苏格拉底主张的简短对话规则持有敌意。苏格拉底不得不[168]反复劝诱对话者以对话利益为重，放弃冗长的(epideixeis)发言。苏格拉底劝高尔吉亚和珀洛斯放弃长篇大论，而是每个人轮流提问和回答(比如《高尔吉亚》448a1－3，462a3－5)。在克服这一困难之后，苏格拉底必须提醒对方提问的其他策略，最重要、最为人知的即认识到自己的无知。自然，苏格拉底是在一般询问的情景下提问的，但同时又加入了教导性的辩驳。他总是在决定性时刻宣称自己一无所知，即当他想开始或继续一段谈话的时候，尤其与智术师对话时的情况(比如《高尔吉亚》447c1－3;453c6－d1)，尤其当作为对话者的智术师或修辞家准备放弃对话的时候。苏格拉底宣称自己一无所知有特殊的形式，好比他宣称自己不懂得这个或那个一样。[③] 如同隆戈(Angela Longo)详

---

① 比如《高尔吉亚》495a－b，500b;《克力同》49c－d;《普罗塔戈拉》331c;《拉克斯》193c;《王制》346a。

② 《高尔吉亚》505d－e;就这一规则之特例，可见《王制》350d;《普罗塔戈拉》333c－d。

③ 比如与高尔吉亚的对话：458e4－5;与卡里克莱斯的对话：489d5－8

细指出的(参 Longo[2000],页 41—91),这一策略根据不同的背景,至少具有三种功能:宣称自我无知迫使智术师或修辞家接受对话,而非长篇大论式的独白;保证了苏格拉底重复或维持提问者角色,以及继续对话的可能性;最后,宣称自我无知,为读者创造了介于"无知者"和"智术师"之间的反讽关系,其效果是颠倒了角色关系——"智术师"的辩驳为"无知者"的谦逊所替代。这些方面在苏格拉底与智术师或修辞家的对话中特别明显,尤其是在《高尔吉亚》中。

一般来说,提问者和回答者的角色可以置换。苏格拉底自己说准备辩驳也准备被辩驳,他大度地邀请《高尔吉亚》中的三位对话者来辩驳他(《高尔吉亚》448a1—3,458a—b,462a3—5),结果没有一位成功。[①] 而且,苏格拉底与高尔吉亚的整个对话,以及在他与珀洛斯和卡利克勒斯的几乎全部谈话中,都始终保持了自己作为提问者的角色。希望向苏格拉底提问的珀洛斯,很快就暴露了自身的不称职,从而招致苏格拉底的批评。珀洛斯随后自己邀请苏格拉底来提问,苏格拉底由此全然担任了提问者的角色(《高尔吉亚》462b5,462c10—11,462d8—9,463c3—8)。[169]在这一点上,卡利克勒斯则是一个倔强的对话者,在对话的某些时刻,他全然拒绝回答苏格拉底的问题,并要求别人来替他回答,他甚至宣称自己仅为了讨好高尔吉亚才加以回答。苏格拉底由此又于提问者之外担任了回答者的角色(《高尔吉亚》505d8—9,506c5—507c7,515b3,519d5—7),而且他还采用了另一种策略:假设性问题。[②]

---

① 擅长对话的苏格拉底在其他的苏格拉底对话中总是不败的,除了少数几处特例,比如《欧绪德谟》(293b—296d)。

② Longo(2000)的先驱性研究,对我很有启发,他首先指出了苏格拉底问题的结构性特征(特别是对 Robinson [1953]页 49—60 的回应),而不是它们的策略性或修辞辩驳特征。

假设性问题有着多种类型:“如果我问你……”或“如果你问我……”(《高尔吉亚》452a6—d4,453c5—d7,455c6—d5,518b3—c1)。这些问题有时让对话者自己来假设(tis),例如“如果某人问我……”,“如果某人问你……”或“如果某人问我们……”(《高尔吉亚》451a7—c10,453e6—454b2,454d4—6,514d3—9,515a4—b2)。苏格拉底的假设性问题包含双重的效用,它们显然具有协助作用,因为有助于激励回答者坚持下去,或向对方解释其存在的问题。但是这些问题同样含有策略维度,在一定的范围内,有助于简化苏格拉底实现其期望的辩驳所需的前提或让步。在这两种情况下,这些问题保证了苏格拉底能够与对话者辩驳,而不伤害(至少公开地)其自尊。在某种意义上,假设性问题丰富了人们称作*迂回法*(aversio ab oratore,或 sermocinatio,或ἠθοποιΐα)的修辞传统,即说话者自己“转移话题”,以便自己的发言由他人讲出,并以问题形式假设一个对话,以便提出实际上与对话者观点相反的看法(参 Lausberg[1990],页 407—413)。

那么,色诺芬的苏格拉底呢?首先,我们在色诺芬笔下看到同样的拆分型问题,以及以是、否回答的问题,尽管它们的功用有时并不相同。因为,如同我们看到的,首先,色诺芬的苏格拉底从来不曾宣称自己无知,而是总准备着回答他人提出的问题。而且,他的对话者一般都很谦虚友好,他们一上来就认识到自己的无知,几乎不会抗拒。[170]色诺芬的苏格拉底从而并不反讽,至少该词不具有在柏拉图那里的意义(也就是说比如拒绝回答问题、拒绝担任回答者的角色;参 Narcy[2003],页 6—12)。如果我们不认为色诺芬的苏格拉底有反讽可能的话,后者至少会在不含敌意及任何挑衅的情况下,使用些许这种策略。比如,他有时用复数第一人称来鼓励对话者——“让我们来考察这个……(σκοπῶμεν, σκεψώμεθα, ἐξετάσωμεν)”,这就给没有经验的对话者以共同参与考察的感觉。[1] 色诺芬的苏格拉底同样也借用一些浮夸的或恭维的问题，让对话者感觉他们拥有其实并不具备的专心或能力，比如“你肯定对此加以思考过了，不是吗？”，或者“你肯定对此有所准备……”(比如《回忆苏格拉底》卷三，6.10，6.13；卷四，2.11)。苏格拉底的这些恭维乃是为了让对话者(比如格劳孔[Glaucon]和欧绪德谟)更专心地倾听他要说的话，随后又向他们表明，实际上他们并没有(或没有充分地)思考过对话的主题。[2] 好比柏拉图作品中宣称自己无知的情形，这些小的策略使得色诺芬的苏格拉底得以矫正并教导对话者，而又不冒犯对方。

在色诺芬那里，我们注意到这样一种特殊性，即拆分型问题(a/b)通常以一系列修辞性问题的形式提出。修辞性问题形式如下：“你难道不知道……(*οὐκ οἶσθα*)”，“你难道不认为……(*οὐκ οἴει, οὐ δοκεῖ σοι*)”，“你难道看不到……(*οὐκ ὁρᾷς*)”等。在《回忆苏格拉底》中，这一类型的问题至少出现了65次之多。有时修辞类问题不知不觉地转换成肯定性语句：“你知道得很清楚……(*εὖ οἶσθα*)”，“你肯定知道……(*δήπου οἶσθα*)”。这些问题一个接着一个，实际上乃是为了避免回答者的介入，并由此避免他们部分地接受苏格拉底提出的前提或结论，包含了苏格拉底问题的前提或结论[171]从而不会引起对话者的质疑。正由此，色诺芬的苏格拉底保持了自己作为“提问者”的角色，也即对话引导者的角色。在对话者被邀请回应的情况中，他们的回答多数时候都表达

---

① 《回忆苏格拉底》卷二，1.1，1.9，1.16；卷三，4.7；*ἐπισκεψώμεθα, ἐπισκοπῶμεν*：卷一，5.1，6.4，7.1；卷三，5.1。这种情况出现于苏格拉底与他稀有的两位对手安提丰和阿里斯提普的对话中，并不偶然。

② 《回忆苏格拉底》卷三，6.5，6.10，6.13，6.23；卷四，2.9；卷三，6.2；佯装的敬崇：《回忆苏格拉底》卷三，11.5；卷四，2.9，4.8。

了对苏格拉底提议衷心且完全的认可。[1] 这些修辞性问题，具有将肯定性话语转化成提问性话语的效用，是一个以无用的表象迷惑听众或读者的程序，因为它并不期待任何回答。色诺芬的苏格拉底的众多修辞型问题，通常与一道宣称或提醒相连。修辞型问题系列至少具备与假设型问题类似的功能，后者在《回忆苏格拉底》中近乎不存在。它们不仅构建了对话，还能够更多地控制对话，尤其在谈话受威胁的时候，这一点在色诺芬那里特别明显。因为，一般而言，柏拉图的苏格拉底提问时，习惯于鼓励对话者做出片面回答，试图同时扮演考察兼辩驳的角色；色诺芬的苏格拉底的提问，通常具有修辞特征，有时则排除了对话者的积极参与，并希望担任本质上教导性的角色。[2]

面对辩驳者的对话策略

下面来讨论色诺芬作品中苏格拉底与其敌手安提丰、阿里提斯普和希琵阿斯的谈话。我们将看到，苏格拉底这里的对话程序，与他跟自己伙伴的对话明显不同，这些不同与对话的起始、经过及结果密切相关。首先让我们来看看《回忆苏格拉底》中一个不常见的段落——卷四 6.13—15——这个段落与苏格拉底的辩驳术有关。

[172]需要指出，这段关于辩驳术的内容含有两种极为不同的对话论证方式，其中一种方式我们已经引用过，即从共识性的

---

① 最为众多的通常是“显然……（δῆλον ὅτι ...）”，或“它如何能够与此不同……（πῶς γὰρ οὐκ...）”之类的回答。这些回答通常伴有“以宙斯为证”（Μὰ τὸν Δί(α)），γοῦν等类誓言。

② 需要问的是，《回忆苏格拉底》中苏格拉底的提问技巧是一套没有掩藏好的教条之诡计，还是这一方法在某些情况下也包含了考察探究意图？就这一问题，可见Robin(1910)，页 32 和 Edelstein(1935)，页 15 的讨论。

观点出发(《回忆苏格拉底》卷四,6.14—15)。

> 每次当他[即苏格拉底]自己详述时(τῷ λόγῳ διεξίοι),总是运用最为共识性的观点(διὰ τῶν μάλιστα ὁμολογουμένων),将其视为可信(ἀσφάλειαν)的方法。这就是为什么当他论证时,总是比我所认识的其他所有人(πολὺ μάλιστα ὧν ἐγὼ οἶδα)都更能获得成功并得到听众认可(τοὺς ἀκούοντας ὁμολογοῦντας παρεῖχε)的原因。(《回忆苏格拉底》卷四,6.15)

与这一辩驳术相关的问题是,大家公认的前提并不总是成立或真实。[①] 而且,色诺芬试图将遵循社会惯例但不擅于对话的雅典人,作为苏格拉底的对话者。这一对话技巧从而存在双重问题,却又在《回忆苏格拉底》中占主要地位,这也是为什么它通常为学者引用的原因。但是,如同色诺芬所说的,这一辩驳术并不是苏格拉底运用的唯一形式。在同一段落中,还有另一种类型的辩驳术,即苏格拉底在面对辩驳者时所采用的:

> 如果某人不清楚且无证据地说反话(ἀντιλέγοι),认为某人是更为智慧或为更优秀的政治者,或更有勇气种种此类,苏格拉底则将谈话引向预先的假定(ὑπόθεσιν)[即辩驳者观点落脚处]。[②]

---

① Morrison(1987)页14—16,批评了Vlastos(1983)页41—42对色诺芬作品中的辩驳术的过分简化的解读;但Morrison并没有对这段中两种辩驳术类型做出区分。

② 《回忆苏格拉底》卷四,6.13。这里翻译 *hypothesis* 这个词的难处在于,《回忆苏格拉底》中该词仅此一见;色诺芬其他苏格拉底作品中,该词的另一次出现(《齐家》21;参 Róspide López & Martín García[1995])证明了我们翻译的可靠性。Marchant(1923)过于自由的翻译("他想把整个谈话回转向已获得的结论之上"),与该段下文并不是非常吻合:苏格拉底的目的是要达到一个可以接受的结论,但是,需要指出的是,同时又要驳倒对手论证的前提。

第二种对话方法并不从共识性观点出发，而是回到对话的预先假定，以便最终质疑对手的观点，[173]由此找到一个可以接受的结论。这一对话方法包含了“什么是X?”(τί ἐστιν)的问题，比如“好民人的职务[或作为：ἔργον]是什么?”需要指出的是，苏格拉底于对话中提出“什么是X?”这样的问题，在《回忆苏格拉底》中比较少见，此类对话基本上出现于卷三第9章和卷四第6章中。①

在与安提丰(卷一，6)、阿里斯提普(卷三，8)和希琵阿斯(卷四，4)的三段简要对话中，苏格拉底是如何面对对手的呢？首先需要指出，奇怪地是，我们提到的苏格拉底与其对手的这三段对话，总体来说描述的都不完整。我们首先看到，这几个例子都是对手向苏格拉底开讲，而在《回忆苏格拉底》中，大多数情况都是苏格拉底先向对话者开讲。因此，苏格拉底在这三段对话之初，扮演的并不是提问者的角色。其中第一段与安提丰的对话中，色诺芬将后者呈现成一位“智术师”(这也是《回忆苏格拉底》中唯一作为“智术师”出场的一位)，也是苏格拉底的敌手。安提丰暗含心计来与苏格拉底对话，色诺芬明言，前者抱着游说苏格拉底伙伴背离苏格拉底的意图，从而乃是间接地对在场的听众开讲。他并没有以问题开始，而是十分激烈地上来就批评苏格拉底，将之视为不幸的导师(κακοδαιμονίας διδάσκαλος)！(《回忆苏格拉底》卷一，6.3)随后，安提丰又无比感叹地说了其他的指责。这三场对话

---

① Strauss(1972)页122－123，是我所知道的指出这两种辩驳术之分的学者之一。他想知道，在色诺芬尽量避免描绘苏格拉底与对手的谈话的选择，和《回忆苏格拉底》中“什么是X? (τί ἐστιν;)”之类问题之间，是否某种关联。显然存在的问题是：一方面，这两种辩驳术存在区别(卷四，6.13－15)，另一方面，为学者广泛评论的，在苏格拉底与其自认为知晓一切的对话者之间的反驳性(elenchoi)对话，和苏格拉底有益于其伙伴们的基本上为教导性的日常对话(卷一，4.1)之间的区别，这两者之间的关联是什么。就第二点，请参考Dorion在Bandini& Dorion(2000)，页CXVIII－CXLIV中的详细阐述。

谈论的话题，并不是不具智性，它们讨论了《高尔吉亚》中的基本主题——哲学与幸福、正义与智慧之间的关系，以及苏格拉底对未来政治的看法。与安提丰等的三场对话，[174]相较于遵循对话规则的真正交谈和辩驳来说，都还不够简明。苏格拉底的辩驳完全由修辞性问题构成，某些则以拆分形式出现(或 a，或 b，或 c 等)。

色诺芬告诉我们，阿里斯提普来与苏格拉底谈话，是因为苏格拉底在前番对话中对他进行了辩驳(卷二，1)。这一出发点说明，第一场辩驳给他带来的更多是怒火，而不是自知之明。整个对话包含有柏拉图作品中辩驳性对话的所有特征。借助简要的辩驳，提问者和回答者的角色分工十分明确，如同对话规则要求的那样。阿里斯提普首先担任的是提问者的角色，他问苏格拉底是否知道善(agathon)的东西，幻想后者会以某种具体之物来回答，从而就能以该物有时可以不善来辩驳(《回忆苏格拉底》卷三，8.2)。如同我们所知，苏格拉底成功地回避了辩驳，并阐明和修改了对方的问题。阐明问题的必要，使苏格拉底得以置换对话角色，而反过来成为提问者，证明了对方所提问题的前提并不存在。苏格拉底在此显然又一次运用了修辞型问题的手法，通过向对方明确其(部分)赞成的可能性，从而也就没有可能成为一场真正意义上的辩驳。如同与安提丰的对话，色诺芬让苏格拉底来收场，却不道明他是否成功说服了对手。色诺芬总是借助叙述技巧，指出这些对话的获益者实际上乃是那些听众，即苏格拉底的伙伴们。

如同安提丰，希琵阿斯也是以挑衅开场。希琵阿斯没有提问，而是以讽刺的口吻谈论苏格拉底对正义的看法，认为后者总是重复同样的话！苏格拉底则回到两个连续的假设型问题(如果没有弄错的话，这是《回忆苏格拉底》中唯一的一处假设型问题)，我们可以总结如下：如果某人问你，在“苏格拉底”这个词中有几个字,或五的双倍是不是十时,你难道不总是报以同样的回答?①稍后不久,[175]希琵阿斯又一次贬低苏格拉底拒绝回答问题,并以嘲讽来和对手辩驳。与柏拉图的苏格拉底那样宣称自我无知不同,色诺芬的苏格拉底很快以如下的回答来辩驳这一批评:首先他从来没有拒绝以言辞或至少以行为(εἰ δὲ μὴ λόγῳ...ἀλλ' ἔργῳ)给出关于正义的看法,随后他给出了关于正义的定义("正义,即平等",τὸ νόμιμον δίκαιον εἶναι)。十分奇怪地是,希琵阿斯并没有反对这一定义,而他刚还无比骄傲地宣称自己拥有没有人能够辩驳的正义定义。之后,他满足于提出几个阐明性的问题,如同阿里斯提普在对话中所做的那样。苏格拉底并没有运用其获得成功惯用的修辞性问题,而是直接简要地表达自己的看法,比如以"但,我……(οἶμαι δ' ἐγώ...)"这样的语句开始。这场对话,如同与另两位对手的对话一样,虽然以交锋开始,随即很快就言和,没有运用简明的提问,以及对方对认同的重复,而这些对话本应是辩驳性的,如同苏格拉底与欧绪德谟的对话那般。

如果色诺芬的苏格拉底没有运用假设型问题的话,则是运用了借用第三方的策略(参 Rossetti[1974—1975],页 54—55)。第三方可以是确定的某个人,也可以是在场的全体或部分听众。若是确定的某个人,是因为苏格拉底知道他针对的对象一开始并不完全接受他的教导,所以这是逐步接近该人的一种方式。通过第三方的迂回,他试着一点点地接近对方,如同与欧绪德谟的情况一样。苏格拉底与欧绪德谟的对话仅有一次以对抗开场(《回忆苏格拉底》卷四,2.8)。苏格拉底小心谨慎,并不一下露出自己的意图,而是先对另一个人说话,所谈的却是针对其真正对象欧绪

① 《回忆苏格拉底》卷四,4.6。我们觉得柏拉图作品中的某处与之相似(《王制》337a1—3):针对忒拉绪马霍斯(Thrasymaque)的回应,苏格拉底以一个从算术得来的类似例子加以回答。

德谟的话题(《回忆苏格拉底》卷三,5.24;卷四,2.1—2)。苏格拉底这一策略的倾斜性特征,与柏拉图作品中的假设型问题,以及讥讽性恭维的道德(或戏剧性)对称性相似。这一策略的一般目标乃是为了更好地掌握对方,比如在与欧绪德谟的辩驳性对话中,能够缓和对方的挑衅个性,从而完全具有劝说的功效。[1] 另外,[176]苏格拉底的真正获益者通常是在场却保持沉默的伙伴,如同我们在其与敌手的对话情形中一样。实际上,不同于柏拉图,色诺芬通常强调了苏格拉底对话对其听众的益处。[2] 面对他的三位对手,苏格拉底运用了这一策略,但没有取笑对方的意图。而且,并不是他有意与对手交谈,苏格拉底似乎并没有期待这样的会面,除了出于对其伙伴有益的考虑。有时第三方也可以是苏格拉底针对的对象,比如与色诺芬的交谈(《回忆苏格拉底》卷一,2),其谈话的内容却是针对第三方克里托布勒(Critobule)的。[3] 相反,在柏拉图的作品中,对第三方的借用较为少见,好比一般辩驳性的对话,仅能通过苏格拉底直接的对话者进行(参《吕西斯》206c—207d;《卡尔米德》154d—155b)。然则,需要注意的是,柏拉图笔下苏格拉底的反讽总是指向第三方——读者。

我们最终看到,在色诺芬作品中,一系列修辞性问题构成了众多的辩驳或长篇发言,在一定程度上也避免了对话者以明确的方式来表达认同。我们注意到,在《高尔吉亚》中,柏拉图的苏格拉底也运用了长篇发言,包括结尾的神话。他自己也违反了简短的规则,尽管有时他以对方不理解或他自己不理解来为这些特例辩护。《高尔吉亚》并不是一篇"苏格拉底对话",而是一篇"过渡

① 《回忆苏格拉底》卷一,2.30,3.8;卷二,1.1,5.1;卷三,14;卷四,2.2。

② 《回忆苏格拉底》卷一,6.14,7.5;卷二,1.1,5.1;卷三,2.4;卷四,3.8。

③ 这一特殊处,Dorion 在 Bandini & Dorion(2000)页 135 中,针对卷一 3.13 的注释 222 里已经指出。

对话”(dialogue de transition),它并不能代表苏格拉底对话的辩驳规则,人们或许不同意这样的看法。确实,面对卡利克勒斯的辩驳,[①] 苏格拉底提出问题并同时加以回答,这其实是为了在不依赖对方的情况下对论题加以分析。在某种程度上,这一方法让我们想起柏拉图先前某些对话中普遍运用的手法,[177]比如《王制》(卷二至十)。相反,在《克力同》中,苏格拉底就雅典律法发表了长篇发言,虚构了一段极长的对话,因为克力同于其中保持了沉默。

一般来说,柏拉图作品中众多的提问技艺,比我们在色诺芬作品中看到的要更为复杂。因为柏拉图的苏格拉底之所以提问,是以达成共识、尤其辩驳对方为目的,而色诺芬的苏格拉底一般则是以教导为目的。然而,这一我们研究之初就存在的区别可以忽略,因为,在我们两位作者那里,苏格拉底通常都运用了他所擅长的卓越的辩驳术来随意引导对话。在这个意义上,苏格拉底对话,包括柏拉图笔下的,很大程度上都是教导性对话。柏拉图的苏格拉底所呈现的作为平等者之间交流的对话,是“苏格拉底对话”中并没有实现的理想。有利于每位对话者问答的辩驳之间的互补原则,基本上是做到了。因为,实际上,仅苏格拉底懂得提问的技艺。比如,在同时担任提问者和回答者角色的同时,苏格拉底表明,尽管对方提出与谈论主题相反的观点,他也能够根据需要而不予理睬(参《高尔吉亚》519d7—e1)。如果对话唯一目标乃是整全的哲学教导,那么,对话者则不可能拥有独立性:对话者处于学徒阶段,通常难以被老师驯服(参 Szlezák[1987],页 365—

① 需要指出的是,回答者的反驳,包括了或是个人或是听众整体的第三者的介入,也是以让对话得以延续为目的的策略之一:比如《高尔吉亚》458c3—7;458d5—6;497b4—5;还有《普罗塔戈拉》335e1—336a6,338d5—e1。所有这些介入都有利于随后谈话的进行,即苏格拉底的反驳。

367)。而在提问和回答的时候,苏格拉底似乎也损害了与对方看法的差异。这就是为什么有时苏格拉底的方法显得过于霸道甚至武断的原因。实际上,某些学者将这类苏格拉底对话,与确实开放而平等的对话相对。据这一批评,苏格拉底对话是一种封闭性考察,通过一位高高在上者将在下者引向一个事先就确定了的结论而加以实现(参 Loraux [1998],页 284—287)。

从而,在我们两位作者那里,除却彼此的差异,还显示出一个重要的提问技艺方面的含混性。两位苏格拉底的提问,阐明了某些难处,并选择可能的不同回答来引领对话。(这里,我们想到的尤其拆分型问题。)但是,这些被提出的问题,[178]通常也是对对方回答的某种控制。这一控制在色诺芬笔下更为明显,尤其在修辞型问题的情况中。现在就需要弄清楚,我们应该如何估量和评判这一非常特殊的对话类型。在何种程度上结构为(理性)思想所固有?[①] 相反,又是在何种程度上,可以认为这是智术师式的武断强制及专横?首先需要注意的是,这些规则和问题,以及苏格拉底预先占据的支配性角色,使对方如果没有这些问题则不会达到此种思想境域。实际上,如同我们已经看到的,苏格拉底的问题具备构建对话的功能:它们提出了考察的主题,回答的可能性(尤其通过拆分型问题:或 a,或 b),以及可能的结论(尤其以是、否回答的问题)。当然,需要区分参与者地位不对称的教导型对话,与所有参与者都能提问的平等者之间的对话(或辩争),鉴于篇幅,这里就不讨论了。相反,需要清楚,(哲学)对话的公众及集体形式自身也受限于强制性:它预见到了主持人的权力,后者很大程度上所做的是调控而不是对话。当然,主持人的职能也包

---

① 见 Irwin(1986)的研究,为柏拉图作品,特别是《高尔吉亚》中的论证策略的合理性辩护。

括保证所有参与者拥有发言的权利，并在这个意义上使自己尽可能地显得多余（参 Apel[1989]，页 63—64）。在某种程度上，至少在柏拉图笔下，苏格拉底对话还具有以下特点：提问的（唯一）目标在于保证对话者的自主性，同时共同分析并阐明对话中未加思考的前提假设，以便最终认识到不可超越的疑难。鉴于这一十分重要的差异，似乎苏格拉底对话者对自我超越的实现，比对话读者需要面对的任务显得更为容易。

参考文献

APEL, K.-O. 1989：«Das Sokratische Gespräch und die gegenwärtige Transformation der Philosophie», dans D. Krohn, D. Horster & J. Heinen-Tenrich (éd.), *Das Sokratische Gespräch — Ein Symposion*, Hambourg, 1989, p. 55—77.

BANDINI M. & L.-A. DORION 2000：Xénophon, *Mémorables*, tome I, *Introduction générale*, *Livre I*, texte établi par M. Bandini et traduit par L.-A. Dorion, Plaris, 2000 (Collection des Universités de France).

BRICKHOUSE, T.C. & N.D. SMITH 1991：«Socrates' Elenctic Mission», *Oxford Studies in Ancient Philosophy*, 9 (1991), p. 131—159.

CANTO, M. 1993：Platon. *Gorgias*. Traduction inédite, introduction et notes, Paris, [1]1987, [2]1993 (GF, 465).

CLASSEN, C. J. 1984：«Xenophons Darstellung der Sophistik und der Sophisten», *Hermes*, 112 (1984), p. 154—167.

EDELSTEIN, E. J. L. 1935：*Xenophontisches und platonisches Bild des Sokrates*, Berlin, 1935.

ERBSE, H. 1961：«Die Architektonik im Aufbau von Xenophons *Memorabilien*», *Hermes*, 89 (1961), p. 257—287.

GADAMER, H.-G. 1991：«Sokrates' Frömmigkeit des Nichtwissens» (1990), dans Id., *Gesammelte Werke*, Vol. 7, *Griechische Philosophie*, III, *Plato im Dialog*, Tübingen, 1991, p. 83—1 17. [Trad. fr.：«La piété du non-savoir socratique», dans H.-G. Gadamer, *Interroger les Grecs. Études sur les Présocratiques*, *Platon et Aristote*, sous la dir. de F.

Renaud, avec la collaboration de C. Collobert. Trad. et notes par D. Ipperciel. Révisions par F. R. et C. C., Montréal, 2006 (Noesis), p. 204—231.]

IRWIN, T.H. 1986: «Coercion and objectivity in Plato's dialectic», *Revue internationale de philosophie*, 40 (1986), p. 49—74.

LAUSBERG, H. 1990: *Handbuch der literarischen Rhetorik: eine Grundlegung der Literaturwissenschaft*, Stuttgart, [3]1990 (Munich, [1]1960).

LONGO, A. 2000: *La tecnica della domanda e le interrogazioni fittizie in Platone*, Pise, 2000 (Scuola Normale Superiore, Pisa. Pubblicazioni della Classe di Lettere e Filosofia, 42).

LORAUX, N. 1998: «L'équité sans équilibre du dialogue», dans N. Loraux & C. Miralles (éd.), *Figures de l'intellectuel en Grèce ancienne*, Paris, 1998 (L'antiquité au présent), p. 261—294.

MARCHANT, E.C. 1921: *Xenophontis Opera omnia* recogn. brevique adnot. crit. instr. —, t. II: *Gommentarii*, *Oeconomicus*, *Convivium*, *Apologia Socratis*, editio alteta, Oxford, 1921 (Oxford Classical Texts).

— 1923: Xenophon, *Memorabilia and Oeconomicus*. With an English translation, Londres-Cambridge (Mass.), 1923 (The Loeb Classical Library).

MORRISON, D. 1987: «On Professor Vlastos' Xenophon», *Ancient Philosophy*, 7 (1987), p. 9—22.

NARCY, M. 1996: «Les règles de la dialectique chez Platon», *Études de philosophie*, 3 (mai 1996), p. 83—96.

— 2003: «Un hapax dans l'histoire de l'ironie: le Socrate de Platon», *Internationale Zeitschrift für Philosophie*, 1/2003, p. 5—17.

ROBIN, L. 1910: «Les *Mémorables* de Xénophon et notre connaissance de la philosophie de Socrate», *Année philo sophique*, 21 (1910), p. 1—47. [= Id., *La Pensée hellénique des origines à Épicure*, Paris, 1942, p. 81—137.]

ROBINSON, R. 1953: *Plato's Earlier Dialectic*, Oxford, [2]1953 (Ithaca, N. Y., [1]1941).

RÓSPIDE LÓPEZ, A. & F. MARTÍN GARCÍA 1995: *Index socraticorum Xenophontis operum* conscripsemnt —, Hildesheim-Zürich-New York, 1995 (Alpha-Omega. Reihe A, Lexika, Indizes, Konkordanzen zur klassischen Philologie).

ROSSETTI, L. 1974—1975:«Socrate e il ruolo della dissimulazione nel processo educativo», *Pedagogia e Vita* (Brescia), 1 (1974—1975), p. 41—59.

STRAUSS, L. 1972: *Xenophon's Socrates*, Ithaca, N.Y., 1972.

SZLEZÁK, Th.A. 1987:«Platons "undemokratische" Gespräche», *Perspektiven der Philosophie*, 13 (1987), p. 347—368.

VLASTOS, G. 1983:«The Socratic elenchus», *Oxford Studies in Ancient Philosophy*, 1 (1983), p. 27—58.

有一种思考的艺术?

——《回忆苏格拉底》中苏格拉底的教导所缺乏的技艺

奈伊(Hugues-Olivier Ney) 撰

(法国普罗旺斯大学)

[181]借强调苏格拉底的修辞教导行为,色诺芬自许比柏拉图更具哲学性,然而,如同康德所认为的,修辞与诗歌相比,前者总稍逊一筹。①

然而,色诺芬的作品是不是完全修辞性的,我们不能确定;与柏拉图的作品相比,我们更不能完全否定前者,认为它不具任何"诗性",也就是说不具备需要仔细研读的实质。对色诺芬而言,诗性(poétique),或更确切地说"诗艺"(poïétique),至少没有将叙

---

① Philonenko(1965),页 150:

> 演说者给出了某种他自己并未许诺的东西,我要说的是想象的一种消遣游戏;其期待的将终极性与知性合一的训练,与其允诺相比,总是有所欠缺。相反,诗人允诺得极少,仅是诉说一场简单的观念游戏;但他却是实现了某种与严肃作品相称的东西,并通过游戏丰富了知性,且通过想象赋予概念以生命。由此,前者给出的极少,而后者给出的则比允诺的更多。

事诗与形式(Forme)相对立,而是通过精心的创作技艺,将意图足够深地镶嵌于轶事之中。色诺芬的诗性也具有虚构的涵义,即亚里士多德认为"比史学更为哲学化"(亚里士多德,《诗学》,9,1451b5-6)的通常意义上的苏格拉底作品(logoi sokratikoi,参Bandini & Dorion[2000],"简介",页CV-CVIII),因为它并不希望将一段生活叙事封闭于文本之中,而是[182]试图展示出思想可能具有的确真性(甚至自愿成为这一现实性的承继者)。均衡来看,色诺芬或许具有康德一般的诗性:他在《回忆苏格拉底》中"丰富了知性"。由此,我们愿意丢掉起初的失望,而乐意阅读和评判柏拉图式问题理论上运用的方法——该方法与赋格曲一般具有音乐性,及其中所具有的各样游戏。

这里,我们试图讨论的是政治问题,全然依据色诺芬式的两个理由:首先,政治训练问题——其目的和形式是《回忆苏格拉底》中的两个关键点,一为一般意义上苏格拉底教导的内容,另一与哲学相类似(哲学比于对话,即"辩驳术");其次,从申辩意图来看,《回忆苏格拉底》原则上遗漏了政治——既不能完全避免又不能全然挑明,所以在将之重新构建成迂回的教导时,又不能不落痕迹。那么在色诺芬的"见证"中,哲学与政治的关联究竟在什么地方?文本是什么含义呢?

《回忆苏格拉底》的文本次序中,政治训练和认知的问题至关重要,它们是第三卷的主要发展脉络。通过苏格拉底与伯利克勒斯之子(Périclès fils)的对话(卷三,5),转移到与格老孔和卡尔米德之间的交谈(卷三,6-7),从而展示了苏格拉底对城邦的作用。这一脉络不同于多里安(Louis-André Dorion)犹疑(volens nolens)视作的"哲学离题",① 亦与一系列针对"个人"的无甚连贯的建议(比如绘画之对象,或修生、悦人之道,或对俭朴的鼓励)无关。退一步看,第一卷起首涉及珀律克拉底(Polycrate)更新过的控诉,否认苏格拉底对阿尔喀比亚德和克里提阿的职业生涯负有任何责任(卷一,2)。但是更进一步看,第四卷苏格拉底对欧绪德谟的正面教导中,"辩驳术"被定义成处于德性和权力的十字口上(卷四,5)。尽管如此,在第一卷中克里提阿和阿尔喀比亚德离开苏格拉底去从政(*πράττειν τὰ πολιτικά*),并不是因为后者与此无关,而是因为苏格拉底仅在弟子获得了自制并成为自我的主人(*σωφρονεῖν*)之后,才肯传授政治(*διδάσκειν τὰ πολιτικά*),② [183]与第四卷中欧绪德谟的情况极为类似。为何出现这一反复循环而尚未得到满足的倾向?仅从策略方面考虑,也就是说作为《回忆苏格拉底》焦点的申辩原因,在此难道不是一个盲点?或者我们尚未发现另一个更为深层的原因,即苏格拉底政治教化中政治认知是一种具有不定性的技艺(technique)?作为必须寻求却难以寻得的认知,政治仅在问题意识或纯然的启发方式方面与技艺相似,也就是说具有十足的疑难性,至少尚未获得解决。

《回忆苏格拉底》与柏拉图作品中反复出现的希望建构这一技艺(techne)的倾向,出人意料地相似。这一现象很值得考察,因为这种相似并非与两部作品中值得注意的"哲学"进展无关。总之,苏格拉底谈话中论及的政治技艺提到了三类问题,需要尽可

---

① Bandini & Dorin(2000),"简介",页 CCXXXIX;也可见对卷三,8—9 的具体分析,页 CCXXIV—CCXXXI。

② 卷一,2.14—17;就此也可参考 Bandini & Dorion(2000),页 87—89,L.-A.Dorion 的补充注释 91,其中将之与卷四 3.1 做了比较。

能地加以区分：(1)据色诺芬的说法，[①] 如果这种说法与柏拉图的“苏格拉底”对话中的情况相反，据色诺芬，苏格拉底并不满足于辩驳中的不利时刻，而是将之转变为教导或至少是劝勉的有利时机。那么这一教导究竟有何蕴涵，有何政治寓意呢？在理式缺席的情况下，苏格拉底如何知晓、行事，或是什么指引他去知晓呢？(2)被视为“技艺”(techne，卷四，2.11：techne basilike)而(通过epagoge[循导行为])被认定的政治究竟为何物？如何、以什么且在何种程度上构成其(也包括其他的技艺)特性、区别和优点？它是否决定了一种政治理论或实践？它所涉及的认知、智慧(sophia)，或哲学的内涵是什么？换句话说，它是否至少含蓄而隐约地涉及“哲人王”的理式？或从不甚勉强的逻辑角度来看，它是否提供了某种均衡性？(3)哲学与政治之间的关联(即认识论上的关联)是什么？《回忆苏格拉底》中作为苏格拉底—哲学策略的“辩驳术”(dialectique) [184](即再次不仅是批评而且还是建构)，其形式、对象、结果或简而言之其技巧是什么？这一辩驳术是否明确具有技艺的特征，如果不是如此，那它是否与政治有建构性的关联，也就是说，它自身是否含有“技巧”上的决定性？

人们过于熟悉柏拉图作品对这三个问题的回答，所引起的仅会是对阅读色诺芬的失望。为了引起阅读色诺芬的兴趣，是否需要提到所谓柏拉图解决方法的关键？首先，教导问题使苏格拉底申辩与理式观念之间难以协调，而柏拉图又将同样的理式观念带到之后的考察中，不仅仅见于《王制》(还有《泰阿泰德》、《智术师》、《巴门尼德》)；其次，政治技艺的问题，在《王制》和《治邦者》中被作为技艺加以对待，在《法义》中被作为政治哲学技艺重新加

---

① 参 L.-A.Dorion 对卷一 4.1 的评论，见 Bandini & Dorion(2000)，“总论”，页 CXXVI—CXLIV。

以考察(与最好的政治体制问题相关);最后,辩驳术明确成为技艺和真正学问的基础,在《斐德若》、《智术师》或《巴门尼德》中,比《王制》中要更为明显,其附以各种不同的形式,总是试图摆脱政治职责,且时常赋予“对话”以词源学上的不确定性(参 Dixsaut [2001],简介,页 7—12 各处)。如果就最后两点加以考察,那么或许在柏拉图笔下,我们可以找到哲学与政治之间的分离(甚或不断增长的分离);相反,在色诺芬那里,我们却发现渐趋的融合,且不乏交替的稳定性。我们上面提到的三个问题,以下面三点为线索:苏格拉底教导学问的内涵;趋向政治技艺(techne politike)的倾向;掌握“辩驳术”的政治外延。

苏格拉底之为导师

从并非负面的外延来看,如果苏格拉底对话的意旨是认知及以技艺为例的德性教导,那么,这一点基本上来看并非一目了然:苏格拉底认知完全[185]以导师为准则,而导师之位则是空的;苏格拉底完全满足于作为中介者的角色。《回忆苏格拉底》在三段决定性对话中谈到了政治问题,并没有打破人世学问的这一普遍常规,而且导师不仅仅是准则,还是所具能力之对象(通过苏格拉底的中介,能力自外重新归于自身)。

学问的技艺能够通过导师的存在被掌握、成型并自我标志出来,这也是人们能够发现并展示出来的东西,以便确证自己已获得的能力。那么,一般来说,在诸神赋予人的学问权能中,是否存在一种无须归于神性的学习途径呢?① 保证了劳有所获的针对

① 卷一,1.7:*πάντα τὰ τοιαῦτα μαθήματα καὶ ἀνθρώπου γνώμῃ αἱρετά*,及 1.9:*ἃ τοῖς ἀνθρώποις ἔδωκαν οἱ θεοὶ μαθοῦσι διακρίνειν*。

赫拉克勒斯德性的言辞，是否邀请他去向那些“知道”“战争技艺（πολεμικὰς τέχνας）”的人请教并学习这一技艺呢？[1] 在军事“策略”方面，狄奥尼索多尔（Dionysodore）的弟子仅习得了“战术”（tactique）部分（卷三，1.5—6），甚至还不晓得如何布阵（taxis，参卷三 1.7：τεταγμένου / ἀτάκτου）就被导师打发走了（卷三，1.11）。当他们或通过战争或经由雄辩开始涉及政治权力的问题时，左右着训练的依然是导师的意见。小伯利克勒斯在具体发号施令（οἱ ἐπιστάμενοι ἄρχουσιν）的过程中，发现他所学到（ὁπόθεν ἔμαθον）的理论和受到的训练，与所有的“实际情况”（αὐτοσχεδιάζουσιν）相对立（卷三，5.21）；欧绪德谟，同样也是过于确信自己已经娴熟于诗人和智术师的学问，自认为从此可以不再需要导师（甚至超过了导师），因而受到苏格拉底辩驳，使其自觉无趣，发现自己在“政治”方面比技能方面（比如音乐）有更多的不足（ταὐτομάτου），更缺乏导师的指导（卷四，2.3—6），而且他原先的那些学问早就不合时宜了（卷四，2.2）。

[186]对于苏格拉底来说，教导就是要去寻求导师，而不再自我“摸索”。[2] 就星相学来说，弟子的学习过程，比如欧绪德谟，如果只满足于掌握那些有用的东西，不想过多探测空间和时间，那么就很容易找到那些“夜之狩猎者”（νυκτοθηρῶν）或“引航者”（κυβερνητῶν）作为导师（卷四，7.4）。政治上难的是严格选择导师。狄奥尼索多尔在“策略”学问方面的缺乏，已经从他的弟子那里暗中透露了出来（卷三，1.11）。《回忆苏格拉底》中，苏格拉底与伯利

---

① 卷二，1.28；除非特别注明，卷二至卷四参 Chambry（1935）的翻译。

② 参卷一，6.14：ἄλλοις συνίστημι[我使之与他人建立关系]（除非注明，本文中所引卷一的翻译参 Bandini & Dorion[2000]）；卷二，6.36—39；卷三，1.1—3；卷四，7.1（“就那些他不太清楚的东西，他带着他们[即弟子们]去那些知道的人那里去请教。”）

克勒斯的儿子们(Périclès fils)、卡尔米德及最后与欧绪德谟的对话，是最可认为直接谈论到政治的三篇谈话，苏格拉底以不同的“教导”方式使得导师缺席。

在与欧绪德谟的谈话中，很显然，一旦苏格拉底满足了弟子的需要并填补了空缺的席位，其自身即是导师。唯一缓慢地进行正面教导的例子，针对的是优秀的弟子。第四卷中，从虔诚开始谈至 enkrateia(自制)，不仅以德性为基础，还包括学问和权力，前者直接通过辩驳术的训练保证了后者(卷四，5.5)。在卡尔米德的例子中，更为巧妙地是，苏格拉底让卡尔米德发现了一种政治能力，如同人们看到的，让他确信通过与苏格拉底的谈话实践，自身有能力成为自己的导师(卷三，7)。在小伯利克勒斯的例子中，情况介于上述两例之间，有三个层面混合在一起：寻找导师及过往(父亲)的榜样，但在当时没落的背景中展现得不够充分(卷三，5.14－15[从 9 开始])，比如在建议将地理情况纳于“防御”训练中时，苏格拉底代替了导师(父亲)的角色(卷三，5.25－28[见 27])。苏格拉底有意鼓励小伯利克勒斯自己发现 archique[政治领导]知识并[187]用于实践，精明的对话者并非察觉不到对话不期然的成功。[①] 统领能力的训练，对政治首领来说至关重要，这必须自己摸索。然而面对导师的“技术”评判，却很容易于三种不可能也不能统一的十字路口之前犯犹豫：导师的缺席，苏格拉底乃是唯一的导师及成为自我主人的必要性。

如果导师问题在某种程度上是一个明确而普遍的问题的话(即使它在涉及政治问题的时候似乎完全改变了立场)，这一悬而未决(无疑需要再思考)的角度则需要得到肯定。下面我们将来

---

① 卷三，5.24：“你的用意不能逃过我，苏格拉底。与我谈到所有这些，你完全不相信我适合于此，你仅想向我说明如果一个人想领导一个军队的话，则必须与此相适。”

考察作为一种技艺的政治体制,并在具体审查过程中找到自身倾向的目标。

君王术

我们首先需要找出名词,即使名词自身也有些兜圈子。在与欧绪德谟(他自认为是城邦之“首”)谈话的开篇,毫不奇怪,这一名词首先谨慎出于苏格拉底之口,它就是“政治家们”(πολιτικοί)所需的“最为优美的秉性”和“最了不起的技艺”(μεγίστης τέχνης)的“德性”(ἀρετή)。欧绪德谟恰恰缺乏这一德性,而王者都应具备这一被称为“王权术”(βασιλική)的德性,对这种技艺的掌握要比别人更为娴熟(卷四,2.11)。《回忆苏格拉底》明确谈到这一点的另一个例子,是前面与阿里斯提普的负面谈话。[①] 尽管有些迂回,在强调知、行(与齐家相并列)等级的时候,用得最多的是政治这个词汇,处于第二位的则为“策略”。[②] 这一次一切都顺利进行,似乎[188]不能仅以迂回、掩盖、否定的方式来谈论政治;但是,就苏格拉底教导的事实来看,由于不可能直接讨论政治,说明最好不要去讨论政治。尽管如此,词汇的迂回或掩饰,还是允许通过涉及一种特别的技艺从整体上来讨论政治,即使政治这一语词出现得极少。

---

① 卷二,1.17:阿里斯提普反感“王者职业”,认为其不利于幸福(所有这些,以处于交叉口的赫拉克勒斯的语言为前提,也就是说以苏格拉底鼓励发现德性为背景)。

② 我们可以频频发现形容词 politikos,以阳性(卷一,1.8,6.15;卷二,6.26 及 38;卷四,2.11)或中性复数的形式出现,与 prattein(从事)相联(卷一,2.16,6.15;卷三,7.1,9.15;卷四,2.6);我们偶尔也注意到,引领、领导、卓越性这些词汇(προστατεύειν τῆς πόλεως,卷三,6.2;ἡγεμονικωτάτους,卷四,5.12;ἄρχειν,卷二,1.1;卷三,5.4,9.11;ἄρχων,卷三,5.5;πρωτεύειν,πρῶτος 或πρώτοι,卷三,5.8 及 14;卷四,2.1);就与策略相并于等级之列的例子,见卷一,1.8;卷二,6.38;及卷三,1—5。

由此看来，借助苏格拉底的诱导（僭主克里提阿恰恰禁止，参卷一，2.31—38，尤其37），政治显然是技艺可辨认的对象——正是这种技艺产生了上述三种评论，即使考察的结果仍需质疑并值得质疑。

首先，从苏格拉底习惯与其他技艺比较的角度来看，政治活动迫切需要的是获得并展示自身的才能，它从来都是处于最高等级。欧绪德谟认为，君王术（basilike techne，卷四，2.11）高于所有其他技艺（医学、建筑、几何、星相、吟诵），如同人们看到的，它是最了不起的技艺（*μεγίστης τέχνης*，卷四，2.11）——首先，君王术是正义的技艺，并由此（以辩驳术）确定什么是正义的（卷四，2.11—20）。正是由此，在苏格拉底与卡尔米德的对话中，政治（及演说）的优越性可与“田径运动”（athlètes）相比，议会上的“参与者”（*ἰδιώτας*，卷三，7.7）都是些手艺人（漂洗工、鞋匠、木匠、铜铁匠、种田人、批发商、一心只想贱买贵卖的小贩[卷三，7.6]）。真正卓越的能力，与所有其他能力不同，能够作为循导行为有限用途的代表，但定义仍然不确定。

其次，在“技艺”的外延中，政治活动特别强调有用性。就城邦的普遍目的来说，它有着绝对的重要性，[189]比如把阿伽门农（Agamemnon，卷三，2.1）或克里提阿（卷一，2.32及37—38）比作调和或扰乱牛群的放牛人。重要的是犯错误或被欺骗的危险，对已获得的能力的限制（苏格拉底对抽取蚕豆而执政的[偶然性]危险的批评[卷一，2.9]），也是在拒绝颂扬倾向于策略与政治的议会，其最为严重的后果，类似面对船东的水手（卷二，6.38）。此一痕迹的暴露，从吹笛者至策略家，最后如同水手一样，显得极为可笑，他们怀着统治城邦的意图，使一切遭受挫败，这也正是“最大欺骗者”[*ἀπατεῶνα μέγιστον*]的例子（卷一，7.5，按多里安的译法，“终极的不忠”）。剩下这样一种能力，在标志了原则的效果中表现并被发现,甚至需要怀疑它是否可能在人身上存在。因为就对起先不虔诚的指控的回复来看,如果人具有某些学问的话,那么则需要学会 archique,它与 tectonique 一样属于“最为重要的事情”(*τὰ μέγιστα*),需要认识其用途和内容,也即从诸神而来的人世学问所不懂得的统治用途(卷一,1.8)。但是,指控和为苏格拉底辩白的潜在担忧之间的相似性,无疑足以解释这一基本情况,尽管它并不总是与《回忆苏格拉底》后来进行的更为正面的申辩完全融合。

实际上,统治技艺这一君王术极少具有特定指向,如同辨别人们的不同价值(这是它的特定“目的”)并领导他们严守职责。以军事或合唱为范型的政治,代表着强有力的命令及协调,如同苏格拉底与小伯利克勒斯试着“重新激起”雅典人古典德性的谈话所体现的那样。[①] 城邦的胜利显示了协调(卷三,5.16:*ὁμονοήσουσιν*)与竞赛(卷三,5.3:*φιλοτιμότατοί γε*)的融合,其中的基本准则在于秩序(taxis)和[190]原则。[②] 军队在航海或音乐合唱中找到了其范型,暴风雨中的水手们的恐惧(phobos),比漫不经心的勇气(tharsos)更能让人放心(卷三,5.5—6)。

然而,正是在建立秩序这一核心内容中,确立了人世策略性或君王术(政治的外延在此十分明显,可参考对话者对父亲的引用;第三卷处于中心位置的章节具有起承转合的作用),其特定的学问内涵令人震惊,类似于某种同义反复:决定统治的学问旨在使人服从,也就是说,既要统治又要在这一职位上得到认同。令人震惊的是,被掌握的学问成为被认同的学问,甚至被感激的学问。这样,在上述对比中,恐惧会带来服从(*εὐπειθεστέρους*)和守纪

---

① 卷三,5.7:*πῶς ἂν αὐτοὺς προτρεψαίμεθα πάλιν ἀνερασθῆναι τῆς ἀρχαίας ἀρετῆς*;也可见卷三,5.14。

② 卷三,5.5:*εὐπειθεστέρους καὶ εὐτακτοτέρους*;18:*εὔτακτοι*,*εὐτάκτως*;*ὑπηρετοῦσι*。

律(εὐτακτοτέρους,卷三,5.5)。斯巴达或运动员由于顺从不同的对象而彼此区分,[①] 最后,在军队中人们获得"审慎"(σωφρονεῖν)、"守纪律"(εὐτακτειν)、"顺从"。其中最后一个词是标志性的(πειθαρχεῖν),道明了对首领衷心而确凿的顺从(卷三,5.21)。

尽管有些离题,我们还是要做些补充。第三卷中的一系列定义,在谈到 sophrosyne[节制]和 dikaiosyne[正义]之后不久,文本就集中于 sophia[智慧]和 mathesis[知识]。这样乃是为了结束前面提到的话题,即人们承认,统治者(君王和执政官)拥有关于领导能力的学问(ἐπισταμένους ἄρχειν),其唯一标准是能够为人所认同,并能知人善任(卷三,9.11)。

同样,在领导和特定的认知中,命令不以劝说(persuation)、能力为条件。劝说显然不是谎言或欺骗,在一场虚假的辩驳中,[191]苏格拉底拒绝劝说克里托布勒(Critobule,如此的举动是相称的并从本质上来说是友爱的,卷二,6.33—39);也不是唯一"与技艺无关"(比如吹笛者的例子[τὰ ἔξω τῆς τέχνης],卷一,7.2)的模仿结果。但是,劝说并不是唯一的,或许还要在缺乏延续性的情况下(sans solution de continuité),与辩驳术和修辞术相结合,如同苏格拉底与卡尔米德的另一段关于政治决断的谈话所见证的。政治上"获选"的格老孔的父亲([译按]俗称老格劳孔)正面临被否决的境况,章节之间的完美衔接,使得前后的对比十分明显(卷三,6—7):一方面,苏格拉底因为格老孔是一个蹩脚的演说者(卷三,6.1),想劝他放弃从政(προστατεύειν τῆς πόλεως)的念头;另一方面,他又鼓励卡尔米德去从政(δυνατώτερον τῶν τὰ πολιτικὰ τότε πραττόντων,卷三,7.1),后者似乎没有认识到自己的辩才

① 卷三,5.18:"你难道没有看到他们在航海中受到严格的规则训练(εὔτακτοι);在田径运动中,他们完全服从(εὐτακτως ...πείθονται)领导;在合唱队中听从指挥(ὑπερητοῦσι),在它处也是如此。"

(即 dialegesthai[辩驳术]的实践,卷三,7.3)。在格老孔的例子中,如果苏格拉底对他的否定来自对其基本的齐家能力的辩驳(卷三,6.4—6,尤其 12—14),而他在演说上的无能是因为缺乏学问的话,那么,很显然,这种无知与无能表现为劝说和说服的无能为力(卷三,6.15)。这一才能乃是一种学问(savoir,卷三,6.17:*ἐπισταμένων*),是政治学问维度所需要的。[①] 相反,在卡尔米德的例子中,苏格拉底认识到他潜在的政治 dynamis[能力]和"运动员"的能力,而且完全优于议会的"成员"(卷三,7.7)。这是政治人物在集会中"交谈"(*ῥαδίως διαλεγόμενος*)的一种便捷方式(卷三,7.7),这种方式显然是苏格拉底式的("辩驳术"),即将好的建议串联在批评的纠正性实践(卷三,7.3:*καλῶς συμβουλεύοντα, ὀρθῶς ἐπιτιμῶντα*)与辩驳之中,能够"首先"说服对方,同时又让对方绕开了径直谈话所带来的讥讽,也就是说[192]避免使对方感到窘迫(卷三,7.7)。苏格拉底对卡尔米德的教导,就是鼓励后者认识到自己可以是自己的主人,是另一个苏格拉底,[②] 可以通过对话的支配性成为人们的政治导师。

如果确实存在苏格拉底教导,我们无论如何都不能认为,政治问题完全缺席。我们已重新认识到它曾被讨论的方式,其所关心的乃是对话及统领对话的能力,这直接处于苏格拉底实践及其哲学的核心之中。它在政治上是否为辩驳术,与修辞术有什么直接关系呢?

---

① 卷三 6.16—18 与演说和行动政治能力相关联;特别是卷三 6.17:*τῶν εἰδότων ὅ τι τε λέγουσι καὶ ὅ τι ποιοῦσι*。

② 参卷三,7.9:"先要认识你自己(*πρὸς τὸ σαυτῷ προσέχειν*),并且不要无视城邦的事务";稍前,我们可以看到双重否定*μὴ ἀγνόει σεαυτόν*。

辩驳术与修辞术

第四卷中，苏格拉底教导（及其用途）的高潮，乃是用辩驳术将德性和权力突然衔接起来。

迅速将哲学与政治高度链接，除非出于偶然，往往借助于形容词和副词的组合来进行。苏格拉底首先让自己的弟子变得"更为虔诚、睿智（*σωφρονεστέρους*）"（卷四，3.18），更为"公允"（卷四，4.25）；然后，通过精神之节制（sophrosyne），使得他们"擅于言辞、行事和想象"（*λεκτικούς, πρακτικούς, μηχανικούς*）；[1] 最后，尤其通过节制（enkrateia），使得他们达到一个卓然的等级，"更为实际"（*πρακτικωτέρους*）、[2] "更擅于对话"（*διαλεκτικωτέρους*），[3] 以[193]"培育出最优秀、最适合统治以及最精通于谈话的人"（*ἀρίστους τε καὶ ἡγεμονικωτάτους καὶ διαλεκτικωτάτους*）（卷四，5.12）。这些说明了什么？辩驳术的哲学目的和政治宗旨是什么？

除了巧妙加入"最高"位置的参引，对政治领域的参与，完全体现在行事与言辞、prattein[行]和 legein（或其派生词 dia-lectique）[言]的联合之中。如同我们看到的，它传达的正是苏格拉

---

① 卷四，3.1："他并不急于让弟子擅长于言辞、行事、想象；他认为首先需要培养他们精神的节制（sophrosyne）；因为他相信没有后者，前面的那些才能只会使人变得愈发不正义、更有能力去做坏事"。

② 卷四，5.1（"他如何教导自己的弟子很好地控制自己的行为"；P. Chambry 忽视了副词在此所暗示的过程）。

③ 卷四，5.12："正是通过这一方法（即按类而分，使得人们具备节制的秉质），他说，训练出最为优秀（aristous）、最为幸福（eudaimonestatous）并最擅于辩驳术（dialegesthai dynatotatous）的人"；卷四，6.1："我也将试着描述苏格拉底是如何用辩驳术训练其听众的"（*ὡς δὲ καὶ διαλεκτικωτέρους ἐποίει τοὺς συνόντας*）。（同样需要指出的是 P. Chambry 的翻译又一次忽略了原文中的副词。）

底对卡尔米德的鼓励,[1] 也说明了在《回忆苏格拉底》的首尾两端,阿尔喀比亚德或欧绪德谟的野心,及他们会见苏格拉底的初衷。[2]

更为确切地,在这一经典的联合中,卷四第5章的关键段落,对言辞的选用,与辩驳术一起被认同,后者被认为在政治统治训练中占有决定性位置。首先矛盾的是,节制使得快感不再私有,而是自由、自觉并能得以维持,但仅前者能获得后者并予之愉悦(卷四,5.9);其次,快感对自制(enkrateia)的依赖,仅是针对学习(*μαθεῖν*)的快感来说的(卷四,5.10),后者指的是组织和权力的领域,[3] 或更为准确地说,它也确保了自制与统领或统治他人之间的过渡。正是这样一种控制才获得了 to dialegesthai[辩驳]的名称(卷四,5.12),同时又暗示了动词 enkrateia 和 ta kratista 之间的关联,将自制[194]与对"什么是最好之物"[4] 的区分,暗中作为介于德性与辩驳术之间的权力标准,因为苏格拉底仅以最具领导性(*ἡγεμονικωτάτους*)和最擅长辩驳术(*διαλεκτικωτάτους*)来描述优秀(*ἀρίστους*)。[5] 节制(或自制)取决于辩驳术,使得权力成为可能。

---

① 卡尔米德接触的政治能力(*δυνατώτερον τῶν τὰ πολιτικὰ τότε πραττόντων*,卷三,7.1)的证据乃在于他对"对话"的娴熟(*ἰδίᾳ διαλέγεσθαι*,卷三,7.4)。

② 阿尔喀比亚德和克里提阿在苏格拉底那里寻找的正是 legein 及 prettein 的才能,然后又试着不依靠后者独自发展这一才能(卷一,2.15);欧绪德谟自以为有能力在无准备的情况下,就能擅长政治言辞和行为(*δυνατῶν γενέσθαι λέγειν τε καὶ πράττειν τὰ πολιτικά*,卷四,2.6)。参 Bandini&Dorion(2000),"总论",页 CCVIII。

③ 卷四,5.10 中的渐变生硬地从身体谈到了城邦:*δι' ὧν ἄν τις καὶ τὸ ἑαυτοῦ σῶμα καλῶς διοικήσειε καὶ τὸν ἑαυτοῦ οἶκον καλῶς οἰκονομήσειε καὶ φίλοις καὶ πόλει ὠφέλιμος γένοιτο καὶ ἐχθρῶν κρατήσειε*。

④ 卷四,5.11:*τοῖς ἐγκρατέσι μόνοις ἔξεστι σκοπεῖν τὰ κράτιστα τῶν πραγμάτων, καὶ λόγῳ καὶ ἔργῳ διαλέγοντας κατὰ γένη τὰ μὲν ἀγαθὰ προαιρεῖσθαι, τῶν δὲ κακῶν ἀπείχεσθαι*;或许需要对 P. Chambry 将 ta kratista[基本的、统配性的、卓然之物]译成"卓越性"持些许保留意见。

⑤ 卷四,5.12("最优秀、最适合统治,最擅于辩驳术",见 P. Chambry 的翻译)。

通过自制这个权力的德性基础，凸显了辩驳术在此类关节中的地位和角色问题（请注意，在《回忆苏格拉底》中，这也是苏格拉底教导的最高级别）。那么，辩驳术（或者说哲学）和政治（明确说权力）之间存在什么关系，我们能够在这一令人惊异甚至全然简略的过渡中，找到什么可确定的东西呢？

文本背景并不能给我们多少帮助，政治作为辩驳术之策略这一描述，具有很大的不确定性，而且好像就是在最为有趣的时刻，似乎又回到了色诺芬"见证"享有盛誉又令人失望的特征之上。还有，不能以外在的或事先—确定的期待来评价后者，而是要去了解它所给出或特别指出的东西，也就是说要去阅读它。

我们读到了什么呢？首先是辩驳术，作为定义的应有之义（或至少对词汇的分类、界定、关联），政治是其遭遇的一系列德性词汇对象之一或最后一个。通过律法的一致以及臣民的一致同意（ἑκόντων τε τῶν ἀνθρώπων；卷四，6.12；后者显然正是大伯利克勒斯想要摆脱阿尔喀比亚德的辩驳时所缺乏的[卷一，2.40－46]），而区别于僭主的王权（basileia）。为了巧妙地忽略过去，这一一致性一点都不明显，甚至无足轻重，好像它并不处于（哲学或政治）问题的核心。[195]顺服在某种意义上显得是自发且自愿的，如同权力的标志一般，我们特别注意到，在苏格拉底与小伯利克勒斯的谈话中，它与苏格拉底的一般教导有关，即将节制作为基本的德性，并以 elenchos[辩驳]——即对导师的尊敬和赞同——为前提条件。

实际上，我们随后也看到，辩驳术训练的方法，与管理民众的政治方式之间不无联系。对苏格拉底与民众关系的描述，指出了两种情形：首先是刚愎或充满敌意的对话者，认为苏格拉底不讲逻辑、不谈“论证”，结果折服于苏格拉底的溯回“假设”① （给出的例子过于迅速，没有经过斟酌）；另一种情形是，以认同对话者或普遍观点作为谈话的出发点和目标（διὰ τῶν μέλιστα ὁμολογουμένων επορεύετο），也即苏格拉底自己与尤里斯相比较的内容，“对演说者（ἀσφαλῆ ῥήτορα）的动机有切实的把握”，“有能力藉由所有人都知道的原则（διὰ τῶν δοκούντων τοῖς ἀνθρώποις）来引导谈话（ἄγειν τοὺς λόγους）”（卷四，6.15）。无可否认，政治问题整体上看则为修辞术。

实际上，除非色诺芬自己指出，我们很难看到这里援用的控制自我，与权威话语的肆心在政治一致性与哲学认同方面的明确联系，于是就需要明确哲学自身或其内涵的地位。由此，我们需要回溯到辩驳术自身大概的不确定性之上，来揭示色诺芬与柏拉图之间诱人而又过于费解的不同之处，离开以便回到对哲学和修辞学所持的坚定的相对立场之上。

色诺芬的苏格拉底对话中三个特别显著的标志词——“类”（γένη）、② “假设”（ὑπόθεσις）（卷四，6.13，如同我们看到的，Chambry 将之译成“原则”）和“同意”（ὁμολογία），或许不能不认为源自柏拉图，是不是因为他对它们的处理不够精到呢？③ [196]那么，它们有什么方法论意义，能够引出什么政治结论？首先，“按类”（κατὰ γένη）而分实际并不存在太多困难，它显然是通过不同类别的区分（作为“忧伤”[λύπη]之特殊类型的“愿望”[φθόνος]，以友人的幸福（卷三，9.8）或美与善的不同为对象[卷四，6.8—9]），以及

---

① 卷四，6.13，P. Chambry 译为：“他将对话引到其原则之上”。

② 卷四，5.12：ἔφη δὲ καὶ τὸ διαλέγεσθαι ὀνομασθῆναι ἐκ τοῦ συνιόντας κοινῇ βουλεύεσθαι διαλέγοντας κατὰ γένη τὰ πράγματα。

③ 卷四，6.15。P. Chambry 这里重新用“原则”来解释文本中的中性复数：“他凭借最为人所知的原则来行事。”

字面上的均衡关系（从智慧[sophia]到认知[episteme]，从美或善到有用，从虔诚或正义到对神圣或人世律法的认识和考察[卷四，6.2—9]）表现出来。我们很容易看到，辩驳术的这一特征，甚至在字句上都与《斐德若》相似，这（除了特定的伦理目标）仅是导向了更为宽泛的语法领域而已（苏格拉底的 ti kaleis 或 ti legeis 标明了这一点，吉安南托尼[Gabriele Giannantoni]将之与柏拉图 ti esti[是什么]所作的比较很有说服力，参 Giannantoni [1995]，v. p.5）。这保证了后者理式（Idées）的基本领地，以便能够保留住政治的管辖领域（善的理式[l'Idée du Bien]将之合法化）。① 但是，辩驳术与伦理和政治之间的过渡，在色诺芬那里并没有被很好维持住。与柏拉图的作品恰好相反，在色诺芬那里，哲学不仅不与修辞术对立，而且还劝导，或如人们想说的，控制着修辞术。

另外，更为晦涩的是，色诺芬作品中苏格拉底辩驳术对假设的参引，也可以认为源自《王制》。然而令人奇怪地是，其与几何（随后会特别强调[卷四，7.2—3]）和理式（《王制》中辩驳术的确然目标）无关。很可能我们再次看到了色诺芬与柏拉图的差异，至少我们不会将该词直接归于《王制》，而是应归于《美诺》（依然除去几何内容部分），以便找到色诺芬作品中辩驳术的最后特征——利用 dia homologoumenon[认同]把对话者引向对话。实际上，《美诺》在提到再忆神话和提出几何的“假设”方法之前，[197]苏格拉底向美诺提供的受到后者质疑的定义范型中，用了与色诺芬所用相同的副词——前者是 dialektikoterous，② 后者为

---

① 关于柏拉图《王制》中伦理—政治的目标和方法论的具体描述（也即介于理解和引申之间的含义）的倒置倾向的讨论，请参考 Vegetti（2003a），页 183—185 及 198—200；Vegetti（2003b），页 432—433。

② 可将柏拉图《美诺》75d4—5（“更为合适的约束对话的方式”，按 Chambry[1937]的译法），与色诺芬的《回忆苏格拉底》卷四 6.1（前揭）相比。

dialektikoteros——来说明苏格拉底对弟子的益处。柏拉图的苏格拉底指出，友情关注的仅是对话者具有的德性，人们也可以将之视作最为真确的（在这种情况下，图形的定义就是“总是有颜色相伴”，“并以固体将之界定的东西”［参柏拉图，《美诺》，75b10－11 及 76a7］）。相反，后面的置反使得 homologia［认同］取决于正确，而不是正确取决于 homologia。吉安南托尼看到了柏拉图和苏格拉底之间完全的不同（发现理式的不同出发点及哲学—政治权力），① 即这样的置反在色诺芬那里并没有出现，在最直截谈论辩驳术问题时（具有“支配”功能的辩驳术），可以认为最忠实于历史上的苏格拉底。但是不能由此就轻易得出结论，认为色诺芬及其苏格拉底没有柏拉图那般有哲学性，因为 homologia 作为从对话者立场出发的支配对话的强力，与君王术（techne basilike）的服从和 homonoia［谐和］并无区别，具有与修辞术（rhetorike）一样的能力。

运用谈话返回到辩驳术（即使目的在于善），难道不是色诺芬作品中对政治的哲学放弃，如同柏拉图作品中那样？但是，二者的不同之处是，柏拉图执著于理式（如果我们可以这么说），色诺芬则以不可忽视的优势抹除了柏拉图作品中这一固执的问题，而这种优势在于，他首先安排了对话者的认可（进入学园内部的对话者，并不是不再有所偏执，比如《王制》中的格老孔），尤其城邦中民人的认可。如果要继续避免僭主制，就必须坚持让他们远离智慧（sophia）和哲学。如果 sophrosyne 在柏拉图那里构成困难，乃是因为他太想区分哲学与修辞、理式与［198］言语，而这在色诺芬那里并不构成问题（苏格拉底那里也是如此）。

我们可以将这一视角，看作色诺芬和《王制》中的柏拉图对德

---

① Giannantoni（1995），页 8；也可见 Giannantoni（1957），页 144－145。

性看法的标志性区别。一方面，与正义一样，色诺芬并没有区分sophrosyne［节制］与 sophia［智慧］，而是与第三卷中学问（γιγνώσκοντα, ἐπισταμένους）与美和善的不可分割（卷三，9.4—5）相等同；另一方面，色诺芬坚持的苏格拉底的基本德性乃是节制和自制，即作为整个德性（ἀρετῆς κρηπῖδα）基础的并不是 sophrosyne，而是 enkrateia。① 通过道德与政治之间的直接联系，我们可以指出，有了自制才能胜任于指挥他人，同样也可以说，导师的不同之处即 autencratique［自制］。无论如何，这两点与《王制》中柏拉图的政治理论（即哲人—王）形成巨大区别，在柏拉图那里，sophia、andreia 及决定正义的 sophrosyne 的等级，本质上是成问题的；灵魂和城邦之间的类比或类似并不完美，② 而且从个体的角度来说近乎不可能。因为，要使 sophrosyne 成为可能（而且使顺从不带有被迫性），就既要排除认知（其应归于统治者的职责），同时又要参与这一认知（至少这样能够保证个体的认同并接受统治）。《王制》中柏拉图的问题，在于将一个抽象领域，或其理论的盲点，作为政治顶峰的基础，尽管他后来又重新赋予观点（l'opinion）和劝说（la persuation）以重要性（参 Vegetti［1998］，页 27—29）。

柏拉图和色诺芬之间的差异，更为重要的或许是二人解决方案之间的区别，而不是问题本身，尤其在政治领域内。在哲学和政治的交叉点上，两位作者都试图重新确定和衡量基本的德性，似乎可以排除无知的天真和蓄意的重新书写，尽管对于后者二人心照不宣，［199］尽管《回忆苏格拉底》仅辩驳了一部分柏拉图作品。二人之间的争执，似乎可以为文本书写的另一个层面（即诗歌）所证实。与《王制》类似，色诺芬很痴迷“护卫者”与“狗”的意

① 卷一，5.4；就对苏格拉底教义和《回忆苏格拉底》结构中 enkrateia 的基本角色的明确讨论，参 Bandini & Dorion（2000），“总论”，页 CCXV—CCXVIII。

② 其具有灵魂的描述性，政治上则具有规范性：见 Vegetti（1998）的介绍，页 41。

象——至少我们可以在《回忆苏格拉底》第一卷中看到，与《王制》第一——四卷大致(grosso modo)相同——虽然不及“柏拉图主义”，但无疑高于“苏格拉底教导”。这就反过来迫使我们最后回到《回忆苏格拉底》中导师的形象。

色诺芬，柏拉图，苏格拉底

色诺芬的苏格拉底否决了格老孔(《王制》中那位格劳孔的父亲)的政治自负，因为他缺乏基本的齐家能力，从事例中可以看到，他甚至以偷盗(κλέπτεσθαι："人们偷走了一切")为借口，而意识不到守卫(φυλάττεσθαι)国邦(卷三，6.11)。在该书的稍前部分，苏格拉底提到了保护(phylaktikos)和“盗取‘敌人秘密’”(kleptes)，这是战略家必备的两种能力(卷三，1.6[原注：单引号内为译者所加内容])。苏格拉底的说法，让人联想到《王制》第一卷的内容，其中珀勒马科斯(Polémarque)赞成将归还债务或寄存物作为正义的定义，并区分了储备钱财和盗取钱财的能力？(参柏拉图，《王制》卷一，333e3—334b6)

这里强调的辩驳职能，即对护卫者职能及其转变的可能性的参引，让我们想到可将《王制》中苏格拉底与珀勒马科斯的谈话，视为对话结构的预词法(proleptique，按：prolepse 的形容词，指修辞学中的预词法式，即把本应在从句中的词提前到主句中)元素的时候，文本的发展本身偏偏却令人极为不解(参 Kahn[1993]，页 132、140)。色诺芬也没有在第一卷之外对这一参引加以发展(在其“苏格拉底教导”的前提下)，而是与《王制》第二到四卷相符。在《王制》第二卷中，护卫者必须接受“哲学”教导，以便他那满怀“血气”(thymoeides)的本性不会反过来背叛城邦，并且狗懂得辨识友人和敌人，[200]也成为其可能的保证(将“哲学”解释为对家人的友爱，参柏拉图，《王制》卷二，375a2－e4[直到 376c6])。在色诺芬那里，我们同样可以找到必须拥有一定的智慧才能驯服并不熟悉的牧羊犬的说法，这是凯莱克拉代斯(Chérécratès)与其兄弟相比所缺乏的(卷二，3.8－10)；或更为明确地说，血气(thymoeides)如同烈马与猎犬一样，需要借助 mathesis[学识]才能最终将它们顺服(卷四，1.2－4[*thymoeides*，见卷四第 3 章])。

给阿里斯塔克(Aristarque)的十分家常化的建议更为接近：要让他家里的妇女劳作——要求她们顺从各种最大程度的任务，更快、更容易地完成它们——只有通过 ergon[劳作]使之得以实现。[1] 阿里斯塔克甚至不愿尽情欣赏一幅田园画作，以及公众场合的一次聚餐(参柏拉图，《王制》卷二，372a5－d3)。他致力于"狗之轶事"，以"保护"和"看护"(*φύλαξ*)(卷二，7，14)主人家中各种不同劳作为职责(卷二，7.13－14；见 13：*τὸν τοῦ κυνὸς λόγον*)，与《王制》第二卷中护卫者的最高职责完全相同(参柏拉图，《王制》卷二，373d7－374e2 谈到看守员的保护"齐家"的职责)，后者保护以需求为基础的城邦利益(我们甚至可以看到章节安排之间的类似：苏格拉底帮助阿里斯塔克摆脱窘境，与所提供的让他摆脱 aporia[贫乏]的资源处于同一情境；《王制》卷二中的城邦，说明了柏拉图的苏格拉底反对正面回答和摆脱辩驳的方式)。

而且，在第四卷中(《王制》第二卷中的问题，参《王制》卷四，443c4－444a2；431e4－432b1[及 434a3－c10])，利用劳作摆脱聊闲(*ἀρχεῖν*)，同时以 sophrosyne 和见证了[201]ergon 的正义为基础(卷二，7.8)。明确说来，柏拉图将 sophrosyne 作为正义自身的延伸，而特别属于第三等级的生产者，他们仅需自愿地服从。关

---

① 卷二，7.10：*πάντες δὲ ἃ ἐπίστανται ῥᾷστά τε καὶ τάχιστα καὶ κάλλιστα καὶ ἥδιστα ἐργάζονται*，与柏拉图《王制》卷二，370c3－5 相仿：*Ἐκ δὲ τούτων πλείω τε ἕκαστα γίγνεται καὶ κάλλιον καὶ ῥᾷον, ὅταν εἷς ἓν κατὰ φύσιν καὶ ἐν καιρῷ, σχολὴν τῶν ἄλλων ἄγων, πράττη*。

于这一点的政治及哲学问题，色诺芬似乎将之解决了。

如果色诺芬因此而令人失望，则可能因为他借助修辞术的混淆而获胜，抹去了哲学的魅力。但是，这一抹煞并没有简化成庸俗的思想，人们或许会因为修辞术（简单说来，即对交换言语的控制，这还不算是一门"技艺"），而将 autencratie[自制]这个政治词汇作为《回忆苏格拉底》中苏格拉底教导的目的。我们就此找到的最后一个证据，依然是对导师形象的"诗歌性"暗示，即使其中依然存在爱欲和权力。苏格拉底教导的最后内涵是要自我消逝（至少不为外在所占据，即自制的一种方式），这一秘密的教导不可能，因为文本重现的是惯用的反讽。

《回忆苏格拉底》中，苏格拉底三次扮演了诱惑者的角色，称自己是"媚药"的使用者，姿态极为浪漫。人们可以将之简化为无关紧要的趣闻，也可以将之看成是重要的"教导"，在任何情况下它都明晰可见。苏格拉底宣告的"魅力"仅是一个陷阱，或者更为确切地说，如果人们不假思索地认为是一种魅力、一种诱惑力或迷惑力——它们在阅读中比较明显，仅是因为缺少真正的魔力或某种技艺。显得神秘、朦胧的，并不是这些萦绕着苏格拉底的"媚药"，而是对话者眼中看到的东西，后者没有能力在辩驳的过程中或之上（在其正面的延伸中）认清这一点。而必须的学问乃在于其自身，仅通过自我审查彰显出来。

苏格拉底与女妓狄奥多德（Théodote）交换角色，正是前者教会后者诱惑的要领，实际上是苏格拉底诱惑了狄奥多德，而且不能完全满足后者的需要，因为他还要照顾到其他"情人"。他的弟子就好像是被"媚药"迷惑而依附于他一样，这种媚药不是他物，而[202]是明显的对求知爱欲的刺激（这里首先是由狄奥多德挑起的刺激，卷三，9.15—18[16 和 17 提到了"媚药"]）。

这也是凯莱克拉代斯向苏格拉底请教的"媚药"，可用于其兄弟并拉拢他（卷二，3.10—14[11 和 14 提到了“媚药”]）。“媚药”与训练构成有趣的关系：一方面，它们传达了凯莱克拉代斯对自己缺乏的 sophia 学问，以及对教导的寻求，① 它们代表的从而是期待从苏格拉底那里获得自己所缺乏的学问；但是，另一方面，它们的魅力很快就消失了，因为凯莱克拉代斯自己早就知道了这些，并以发现苏格拉底提问之线索为终②（在这种情况下，要想获得服务，最好的方式是首先付出服务。更为广泛地，要想自己被人爱，就先要去爱他人）。又是一次不成功的媚药。

最后是苏格拉底与克里托布勒（Critobule）关于友情的对话（卷二，6.10—14），关于如何交朋友，好像不用力气和技巧就不能懂得一样。苏格拉底参考荷马和伯利克勒斯认为，需要有对“称赞”（卷二，6.11，6.12）和“媚药”（卷二，6.10）的认识，但是克里托布勒在“媚药”中看到的，仅是要自我成为善的。苏格拉底鼓励克里托布勒“学习”和“训练”（*μαθήσει τε και μελέτῃ*）德性的教导，需要我们重新加以阅读（卷二，6.39）。就获得友人来说，苏格拉底建议克里托布勒要以爱吸引爱，③ 克里托布勒将之视作一种需要学习掌握的“学问”（卷二，6.30：mathema，然后是卷二，6.30 及 31：episteme）。苏格拉底为克里托布勒的教育设置了两个不明言的条件，它们有着如此之多的限定，从而要求后者自己吸纳或控制，并且首先作为爱欲的阻碍出现：节制（放弃生理接触，卷二，6.31—33）和真实性（通过苏格拉底的周旋，阿斯帕西娅[Aspasie][203]表达了对克里托布勒的友爱，这一表达不应是一场虚假的称颂，

---

① 卷二，3.11：“他说，立刻教会我，如果你看到我在没有意识到的情况下还认识一种媚药的话。”

② 卷二，3.10：“用你所知的（*ἐπίστασαι*）”；卷二，3.14：“你早就了解（*ἐπιστάμενος*）可对他人使用的所有媚药。”

③ 卷二，6.28：“我尽全力用爱的力量使得自己被爱（*ἀντιφιλεῖσθαι*）。”

因为从政治角度来说，这样的谎言足以毁灭城邦。卷二，6.33—38)。同样，克里托布勒如同第四卷中的欧绪德谟一样，在对友情的爱欲中体现了政治的天性，首先要有德性，而不是错觉和魔力。

狄奥多德、凯莱克拉代斯和克里托布勒，苏格拉底“媚药”的三次介入，显示了同样的魔力。如果苏格拉底的“称赞”是要激起人们对所缺乏的学问的爱欲，那么，这一学问则完全等同于这里所宣告的(哲学)爱欲。同样，三次都是情感、“爱欲”领域。我们记得，在柏拉图的《会饮》中，爱若斯(Éros，爱欲)是“哲人”，确切说是因为它总是在知与不—知之间徘徊(参柏拉图，《会饮》204b4：Erota philosophon)，即介于柏拉图和色诺芬之间的苏格拉底，尤其色诺芬作品中介于导师和弟子之间的苏格拉底，好比从弟子到导师相互更替的循环。

媚药使得《回忆苏格拉底》中几个单独的对话彼此相联，毫无疑问可以被认为是一种装饰或点缀的手法。其引人深思之处和彼此相关的重复，阐明了一般意义上的政治技艺，和苏格拉底教育的公开教化。君王术不仅是纯粹以权力为核心，同样能够获得服从。它类似于劝说的能力，其中辨别、排除、规划等级的能力，本身就是政治性的。一旦它要从内部面对导师的问题，它就分成三段向我们展示并作出结论，也连接了例子的出现顺序：从小伯利克勒斯，到好弟子欧绪德谟，再到卡尔米德。在寻求导师方面，先以苏格拉底为导师，最后通过对自我的重新认识，自我成为导师，即从执著于苏格拉底的形象到后者的消失。

苏格拉底的这一形象，以超脱的姿态同时处于权力之内及之上。单单这一点便足以让人们认真重读色诺芬，它不仅保留了柏拉图赋予苏格拉底的东西，并以另一种方式说出了关于导师的现时代之道理：即导师的消失。

参考文献

BANDINI M. & L.-A. DORION 2000: Xénophon, *Mémorables*, tome 1: *Introduction générale*, *Livre I*, texte établi par M. Bandini et traduit par L.-A. Dorion, Paris, 2000 (Collection des Universités de France).

CHAMBRY, É. 1937: Platon, *Œuvres complètes*. 2, *Protagoras; Euthydème; Gorgias: Ménéxène; Ménon; Cratyle*. Traduction nouvelle avec des notices et des notes par —. Paris, 1937 (Classiques Garnier). Réimpr.: 1967 (GF, 146).

CHAMBRY, P. 1935: Xénophon, *Œuvres complètes*. 3, *Les Helléniques*; *Apologie de Socrate*; *Les Mémorables*. Traduction, notices et notes, Paris, 1935 (Classiques Garnier). Réimpr.: 1967 (GF, 152).

DIXSAUT, M. 2001: *Métamorphoses de la dialectique dans les dialogues de Platon*, Paris, 2001 (Bibliothèque d'histoire de la philosophie).

GIANNANTONI, G. 1957: «Il primo libro della *Repubblica* di Platone», *Rivista critica di storia della filosofia*, 12 (1957), p. 123—145.

— 1995: «Il dialogare socratico e la genesi della dialettica platonica», dans P. Di Giovanni (éd.), *Platone e la dialettica*, Rome-Bari, 1995 («Biblioteca di cultura moderna», 1079), p. 3—27.

KAHN, Ch.H. 1993 : «Proleptic Composition in the *Republic* or Why Book I was never a Separate Dialogue», *Classical Quarterly*, 43 (1993), p. 131—142.

PHILONENKO, A. 1965: Emmanuel Kant, *Critique de la faculté de juger*. Traduction par —, Paris, 1965 (Bibliothèque des textes philosophiques).

VEGETTI, M. 1998: *Platone*, *La Repubblica*, traduzione e commento a cura di —, Vol. III, *Libro 4*, Naples, 1998 (Elenchos, 28.3).

— 2003a: *Quindici lezioni su Platone*, Turin, 2003 (Piccola Biblioteca Einaudi. Filosofia. N. S., 238).

— 2003b: «Dialettica», dans M. Vegetti (éd.), *Platone*, *La Reppublica*, traduzione e commento a cura di —, Vol. V, *Libri VI-VII*, Naples, 2003 (Elenchos, 28.5), p. 405—433.

权力与服从

——与色诺芬君主理想相对应的理想导师

克里阿尼都（Vana Nicolaïdou-Kyrianidou）撰

（希腊泰萨利大学）

[205]——跟我讲讲你的苏格拉底，我会告诉你，你是怎么看待政治的。

换句话说，色诺芬是如何把一段悠长传统中的领导者，最终描绘成所有人的导师的呢？

一

据《回忆苏格拉底》中的苏格拉底（参《回忆苏格拉底》卷三，9.14—15），eupraxia[善行]构成人的基本职责，与财富上的成就截然不同。这一区分以以下差异为基础，即借由不可控因素获得一件希冀之物，不同于借由活跃主体的准则而获得的成功。由此，eupraxia 就是指存在方式，或善存在于欣悦于它的人那里。

人们认为人最得神的宠爱，能够借助于自身的学问和优先的训练有所成就。[①] 由此,善被定义为对某物有用(参《回忆苏格拉底》卷三,8.2—3;卷四,6.8),与学问(la science)和训练(l'exercice)相关。

[206]如若认同苏格拉底对不劳而获的大雄蜂的蔑视(参《齐家》17,15),eupraxia 好比就是运用特定技艺的结果,这方面的例子是农耕、医学和政治。

伊斯科马柯斯的教导,不仅说明苏格拉底正在化用《美诺》中有名的"平庸"实践,[②] 同样也涉及《高尔吉亚》中的定义——技艺是一种"关注客体最好状态"(参柏拉图,《高尔吉亚》464d1)的理性行为。在这个含义上,作为 eupraxia 的条件,技艺与苏格拉底在《王制》中提到的特征遥相呼应,因为它符合"对具体客体来说具有特定功能"的取舍标准(参柏拉图,《王制》卷一,346d6)。《回忆苏格拉底》中,苏格拉底用来反对三十僭主制的隐喻也证实了这一点(参《回忆苏格拉底》卷一,2.32),其中谈到不称职的牧羊人的形象,由于牧羊人的无能,致使羊群散失和堕落。[③] 对技艺的这一定义,被《王制》中的苏格拉底用来评价知名哲人对从政的抗拒,这一点源于外邦人因所得报酬的外在好处而呈现出来的幸福(参柏拉图,《王制》卷一,346e—347d;卷七,521b1—2)。

在《欧绪德谟》中,苏格拉底(参柏拉图,《欧绪德谟》[*Euthyd.*]279d—280a)认为智慧与成功(eutychia)紧密相关,因为智

---

① 参《居鲁士的教育》(*Cyropédie*)卷一,6.5—6。精灵只满足那些与之相配的人的祈祷,使他们获得幸福。同样,根据伊斯科马柯斯(Ischomaque),"诸神不允许人获得成功,如果后者不晓得什么是他们必须做的,且不尽力完成它们的话"(《齐家》11.8)。《回忆苏格拉底》卷一,1.9 也提到。

② 就此,可参 Guthrie(1971),页 17—18;Morrison(1994),页 206;Natali(2001),页 286。Luccioni(1953)的页 117 和注释 2,重新看到《泰阿泰德》中的助产术;参 Chantraine(1949),页 16。

③ 就牧羊人的政治隐喻,亦可参《回忆苏格拉底》卷三,2.1;柏拉图,《王制》卷一,345b—e。

慧"从来不会走错路,必然如其所是地行事并直达终点"(参柏拉图,《欧绪德谟》,280a7—8)。就此看来,仅智慧是幸运的,因为明确说来,它没有任何需求(参柏拉图,《欧绪德谟》,280b2—3)。如果幸运在成功中不扮演任何角色,那么,它就不可能是任何成功的原因。好运并不存在,亦不会增多。对无法预见的要素的排除,就实现所需达到的目标来说,要求运用学者的方法。换句话说,寻求的结果确定了寻求的方式。以对偶然性的排除为基础,幻想崭新的成功,[207]使得我们在《欧绪德谟》对完美技艺的定义上栽了跟头(参柏拉图,《欧绪德谟》291e—292e),它重申了技艺之间的不同。如此一来,学问因对象而划分成不同的等级,或据自立的批评需要面对一个服从于偶然性的未来。

总之,仅存在一种真正的学问,它等同于惟一的德性,仅以自身为产物——主体与其沉思对象的统一。技艺构成了灵魂中的完美秩序,eupraxia 从而就是 eudaimonia[幸福]的同义词(参柏拉图,《王制》卷六,500b8—d2)。

相对于柏拉图苏格拉底的内倾态度,色诺芬的苏格拉底似乎更为安逸,勇于行事(eu prattein),与其周遭(eu poiein)的现实保持着活跃而有益的联系。这里,德性被定义为使人既对他人又对自己有用的技艺(参《回忆苏格拉底》卷四,2.11)。换句话说,人们怀着惠及他人幸福的心理,根据自身的兴趣行事。

《回忆苏格拉底》中,区分 eupraxia 和 eutychia[财富]时,并没有排除偶然性,也没有否定好运和成功的存在。简而言之,它试着证明,仅经由自愿努力而获得的成功,才是神称赞和恩惠的标志,因为它与之相称。成功并不改变内涵,没有自炫的幸福。改变一切的,乃是获得善好而舒适之物的方式,并与获益于其用处的态度相关。这些物件的可疑特征,在这里并不导致对"想获得一切的爱欲"的痛苦断绝(参 Dixsaut[2001],页 153 谈到哲学欲望[eros])。实际上,它仅要求技艺能有用,并使其特征中好的方面彰显出来(参见《齐家》1.8—15)。无论如何,这个世界为人类而造(参《回忆苏格拉底》卷四,3.3—10),并为人类所有。

对人类处境固有的不确定性的认识,是苏格拉底不提 eudaimonia[幸福]的原因。考虑到与 eupraxia 相联的行为,学问的益处就不难理解。就所涉及的领域来说,它并不就是全部。缺乏勤勉的努力和特定的学问,人类就永远不能预见到抵消预想结果的事故(《齐家》5.18—6,1;11.8)。[208]因为一切在时间中产生,仅诸神能预见到人类行为的结果并将之昭示出来,此即神性。eupraxia 与 eudaimonia 相联,是神相助的方式。①

让欧绪德谟惊讶的是(参《回忆苏格拉底》卷四,2.33),苏格拉底认为即使智慧也可疑,苏格拉底援引了帕拉迈德(Palamède)嫉妒尤利西斯的智慧而丧生的故事。在《苏格拉底的申辩》中(参《苏格拉底的申辩》26;色诺芬的个人观点,见《回忆苏格拉底》卷四,2.32),苏格拉底认为帕拉迈德的死乃是其应得的报应。至少,考虑到年龄和缠绕已久的那些麻烦,苏格拉底之死也是自己的选择。借建议不要为自身辩护的精灵的声音,苏格拉底避免把自己抛入到虽然成功反而妨碍了所期待的幸福的处境之中。② 不

① 《回忆苏格拉底》卷一,1.4—9;卷四,3.12;参 Dorion(2003b),页 170—180 及 186—188 中的令人信服的讨论,其谈到色诺芬介绍的苏格拉底的精灵标志,与对神谕的传统实践相关。参《居鲁士的教育》卷一,6.23;《希琵阿斯》9.9;《回归》(*Revenus*;*Vect.*)6.2—3。这里需要指出的是,如同 Strauss(1992a),页 154 所指出的,是否需要明确一下,色诺芬——在此一情境下,并没有忽略对诸神的请教(特别见《远征记》卷六,1.19—31)——颂赞小居鲁士时,只字未提虔敬(《远征记》卷一,9)。我们是否可以认为,与老居鲁士相对,后者自己作为神性技艺的掌握者(《居鲁士的教育》卷一,6.2;O'Connor[1998],页 49—50),总是不停地表现自己是虔诚的(参,同上卷一,5.14,6.3;还有卷四,1.2 及卷八,7.22)。仅后者在一定程度上被确认:*χρή, ὅταν τελευτήσω, ὡς περὶ εὐδαίμονος ἐμοῦ λέγειν καὶ ποιεῖν πάντα*(同上,卷八,7.6)。

② 《苏格拉底的申辩》6—9;及 27。参《回忆苏格拉底》卷四,8.1,8.5—8。

再知道该向诸神请求什么的欧绪德谟，其困窘说明对人世学问的过度信任，挖倒了他的根基，使其手足无措（参《回忆苏格拉底》卷四，2.36；卷一，3.2；《居鲁士的教育》卷一，6.44—45）。期冀是一回事（无论如何，人们爱欲的所有东西仅能在这个世界中找到），要所期待的东西对自身 ipso facto[确实]有益，则又是另一回事。总之，色诺芬迫使他说出“只要我们是人，就必须期待一切”。[1] 也说明，处于喧杂的诸欲横流的尘世之中，要知道何为所需。

与虔诚的本质相关联（参《回忆苏格拉底》卷四，8.11），构成 eudaimonia 的智慧知晓自己的限定。通过考察对他者有用、同时使自身有价值的权能，对自我的认识[2] 从而锻造了行动主体[209]与世界的关联。但是，经由突出一切与之无关之物，这一关联仅在对自我的认识、对无所不知的神的依恋中才显出有益的一面（参《回忆苏格拉底》卷一，1.19，4.18 和卷四，6.7）。因此，它才能排除构成 eupraxia 和 eudaimonia 之间帷幕的偶发事故。

自信于自身之力的苏格拉底是幸福的，因为他有德性，也即他有智慧（参《回忆苏格拉底》卷四，8.11）。被爱和好运之间的区别在于，仅有前者在任何情况下都不会反叛自身境况的主人。[3] 在这个意义上，仅配得上神恩的人，一生之中有好运，因为实际上

---

① 《远征记》卷七，6.11）。参《阿格西劳斯》（*Agésilas*；*Ages.*）11.8；《居鲁士的教育》卷八，7.27。

② 《回忆苏格拉底》卷四，2.25—29。见 Dorion（2004），页 239 及以下就“对自我的认识，也即对自身 dynamis[强力]的重新认识”这一主题的精彩分析（同上，251）。亦见《居鲁士的教育》卷七，2.20—24。

③ 参《回忆苏格拉底》卷四，2.34—35。就这一问题的讨论，可见 Strauss（1992b），页 145，“在人的运气和为诸神所爱之间，是否存在某种关联呢?”，答案需要时间来给出！

他并不需要它。为了补救人类事物的脆弱性，智慧并不是要满足爱欲的要求，而是要去控制它。与柏拉图的苏格拉底相对，色诺芬的苏格拉底在他的申辩中，没有一处说到“所有人，只要我们是人，当我们想象死亡是不好之物的时候，我们都弄错了”（参柏拉图，《申辩》40b8－c1）。

二

《回忆苏格拉底》中称赞的德性，使所有其他必需的技艺，有益于成功的生活。如此一来，智慧就是将有用之物从无用之物中辨别出来的德性（参《回忆苏格拉底》卷三，9.4－5。及卷四，6.10－11），好比行动主体从来不会在选择要达到的目标时犯错。在对有用加以评价之后，后者总是与个体在社会中扮演的角色相关（参《回忆苏格拉底》卷一，2.59。见 Luccioni[1953]，页 68）。据苏格拉底（参《回忆苏格拉底》卷二，6.21），人类因为自身天性的缺乏，自然地对相似的人有好感。他们之间存在的关联，使得种族得以延存，使彼此的合作和相助成为可能，并宣称了对需要的满足。这一内在依赖，锻造了[210]政治团体的关联网，如多数 oikoi [家]的组构一般（参《回忆苏格拉底》卷三，6.14）。公众秩序具有与先其存在的自然秩序的一致性（参《回忆苏格拉底》卷一，4.7，及卷四，3.11－12。《齐家》7.30。）。

出于尊重习俗的谐和原则（参《回忆苏格拉底》卷四，4.16），政治与暴力不可混同，后者需要律法的约束。那么，在战争情形下是否也是如此呢？同样诞生于对好而舒适之物的爱欲，战争并不以作为社团精神基础的分享为中介。因此，公众财物要求相应的分配原则，而战争忽视尺度。因而，对敌人的举止就既无权力亦

无律法。[1] 据色诺芬的苏格拉底,人类世界似乎可按以下类型划分:

——友(不同等级可于城邦内部找到,参《回忆苏格拉底》卷二,3.2—4 及卷一,2.48;《居鲁士的教育》卷八,7.14);

——敌;

——同盟。[2]

为和平与战争而生,人类以施行与之相称的善,或制造不幸的权力,来显示自身的效能。其得意的杰出之处,存在于对友人的恩惠和对敌人的暴力之中(参《回忆苏格拉底》卷二,6.35;卷二,3.14)。没有概念能够用来指称无一共同特征(a-topiques)的存在,它介于尘世和超天际之间,超越民人生活,既无憧憬亦无效力。据苏格拉底(参《回忆苏格拉底》卷二,1.14—15),没有一类生活能够无需 polis[城邦]的保护而与自由人相称。依此来看,人们不会因违反既有律法而显得正义,[3] 同样,也不能仅供养诸神而无视习俗(参《回忆苏格拉底》卷一,3.1;参卷四,3.16 及卷四,6.2—4)。如果个体中没有善,那么仅有以社会化个体为载体的灵魂存在。社会生活被认为是对兽性状态的摒弃,它对事物加以估价并分成不同的类别,[211]从而招致智者的批评(参《回忆苏格拉底》卷四,5.11—12)。

从这一角度来看,“自制”竭力要拥有行善的禀赋,从而以训

---

① 参《回忆苏格拉底》卷四,2.15,同样卷三,1.6 及卷二,6.9;以及《居鲁士的教育》卷一,6.27,《阿格西劳斯》1.17,及《论骑术》(*Commandant de cavalerie*, *Hipparch.*) 5.9—11。

② 苏格拉底根据人类由律法达成的信任而建立的关系链条:《回忆苏格拉底》卷四,4.17。

③ 《回忆苏格拉底》卷四,4.12 及卷四,6.5—6。就此可见 Morrison(2001)的有趣评论。

练为前提,[①] 构成了德性的根基(参《回忆苏格拉底》卷一,5.4—5及卷四,5.11)。控制自己的激情,在这里并不代表智者在寻求真理的过程中一定会遭遇孤独(参柏拉图,《王制》卷七,519a—b),而是要使之作为获胜世界的一员,同时也是政治社会中独立的活跃成员(参《回忆苏格拉底》卷二,1.1—13)。基于公众利益的彼此之间的服务交换,为友人规定的作为政治团体的社会,[②] 预设了先天的区分,即区分了获益于德性而自主的自由人和为缺陷所奴役的人(参《回忆苏格拉底》卷四,2.22),也即统治者和慑服于残酷主人之威力的人之间的区别(《回忆苏格拉底》卷四,5.3—5;参《齐家》1.18—22)。不能控制不合理的爱欲,昭示的乃是一个无知并且绝对不活泼的存在。他一无所用,缺乏使得自身有用的所有禀赋。他的生活中注定没有友情,也不是任何人的朋友(参《回忆苏格拉底》卷一,5.1—4 及卷二,6.1)。注定为强力或计谋所羁束,其命运仅取决于所侍奉主人的品质:(参《回忆苏格拉底》卷一,5.5;《齐家》1.23 及 13.9)享乐的暴政造成了僭主的存在,[③] 或征服者懂得任何通过获取物获益的方法,以强迫被诱惑者为其所用。

色诺芬说,就苏格拉底的自主来看,"他不仅控制了肉体,还控制了那些赚钱的快感"。[④] 缺乏对分享的认识,以无止计算的名

---

① 关于色诺芬作品中的自制问题的讨论,请见 Dorion(2003a)中的精彩讨论(页数同前)。

② 关于友人的概念,见《回忆苏格拉底》卷二,4.5—7 及《齐家》1.14。参 Fraisse(1974),页 115 以下,及 Luccioni(1953),页 69。

③ 关于色诺芬作品中对僭主灵魂的描述,见 Nicolaïdou-Kyrianidou(1998),页 82—88。

④ 《回忆苏格拉底》。参《苏格拉底的申辩》16。见 O'Connor(1994),页 93 以下对此的有趣评论,他在苏格拉底的欲望性格和其禁欲之间搭上内在的关联,也即哲人的自足与选择弟子的自由之间的联系。

义，偏爱利润而忽视规范着社会[212]生活的法则（参《回忆苏格拉底》卷二，6.4），这类人永远与“人们觉得自身最优秀，并结交最好朋友”的快感无缘（参《回忆苏格拉底》卷一，6.9）。需要满足的不断增多的需求（参见 Bandini & Dorion[2000]，页 41，注释 282)，造成了强烈的匮乏感，对财富贪得无厌的爱欲，构成了强力统治阶层的另一特征，并从中诞生了可憎的僭政（参《会饮》4.35－37 及《回忆苏格拉底》卷四，2.38－29）。

如果希耶罗（Hiéron）抱怨僭主生活苦恼多于快乐的话（参《希耶罗》1.8－38），苏格拉底则认为胜任于领导的人，才拥有最为惬意的生活。不为诱惑所困，能够忍受阻碍其所有努力的痛苦，那些作为自己激情的主人的人，使得他们的肉体在实施从来不会带来伤害的恩惠行为中（参《回忆苏格拉底》卷二，1.10－33；参《论狩猎》12.9－16），成为驯服而忠实的工具。① 具备 aner[人]的禀质，与沉遁于肉体内部生活的消极存在相反，② 德性总是通过为他人考虑来训练自己。在这个意义上，它构成了美好行为的指导准则，也即令人敬仰的标志（参《回忆苏格拉底》卷三，9.5；参卷二，1.33；卷三，6.2。亦可见《会饮》8.37－38）。这再次说明，我们不能背离他人而获得最好的生活（参柏拉图，《王制》卷九，580b8－c7）。另外，一般罪行的根源，并不在于有待认识的永恒例证的不变特性之中，而是内含于需要模仿的个体生活。苏格拉底的弟子从他的好行为中受益更多（参《回忆苏格拉底》卷一，2.3；Bandini & Dorion[2000]，页 9，注释 68)，而不是他确然的

---

① 《回忆苏格拉底》卷三，12.5：*πρὸς πάντα γὰρ ὅσα πράττουσιν ἄνθρωποι χρήσιμον τὸ σῶμά ἐστιν.* 参该书卷二，1.2－7 及卷一，6.9。

② 《齐家》10.1，伊斯科马柯斯之妻对于经营其财产并积极参与管理家务的热情，让苏格拉底认为这是一位有着“真正男性灵魂”的女子。另一方面，可见《居鲁士的教育》卷七，2.27－28。

教导。

或者,根据苏格拉底限制对几何学兴趣的建议(参《回忆苏格拉底》卷四,7.2—3;Gourinat[2001],页153及注释10),kalon[美]并不属于“最为出色的部分”(参柏拉图,《王制》卷七,518c9),而是属于以重复方式实现的优越的事实(参《阿格西劳斯》10.2—4)。[213]另外,德性因训练而获得,因活跃主体的持续训练而能穿透时间(参《回忆苏格拉底》卷一,2.19—23;卷二,6.39;《居鲁士的教育》卷七,5.75)。从此之后,存在所表现的忠诚,仅通过从形象获得的品质来衡量,或作为一个人,一生之中仅因灵魂的自展而为他人所识(参《回忆苏格拉底》卷四,3.13—14;《阿格西劳斯》11.7)。它最终仅会由公共生活中的公正之士和那些名垂青史者来评判。①

与努力做好所能选择去做的一切相连,德性保证了美好的生活,从来不会逃避所应担当的责任。相反,假装拥有一项才能,以欺诈获得优秀的表面报酬,最终只是愚弄自己,难逃伴随挫败而来的耻辱。② 因而,应首先考虑到个人的担忧,向往获得德性,并与对荣誉的热爱紧密相连。也就是说,根据是否有用,评判在他人看来所具有的卓然性。

我们从而不会惊讶对出色辩驳的希望,和作为苏格拉底优点的基本原因的对蔑视的恐惧,③ 后者与城邦一起,同样具有对男童的挚爱(参《会饮》8.41),而忽视末世论的神话。

根据色诺芬(《回忆苏格拉底》卷四,1.2),苏格拉底对于生理

---

① 参《居鲁士的教育》卷八,7.23。就以诸神之存在为利益的说法,见《会饮》4.47;《回忆苏格拉底》卷一,4.16及Bandini & Dorion(2000),页39注释262。

② 《回忆苏格拉底》卷一,7.1—5;卷二,6.38—39;参《会饮》8.43;《居鲁士的教育》卷七,5.84。

③ 参《回忆苏格拉底》卷三,6.2—3,16—18;卷二,6.38—39:*καταγέλαστος φαίνοιο*;卷四,2.29。

之美完全无动于衷(亦参《回忆苏格拉底》卷一,3.14;《齐家》6.14—16),却经常会对那些能迅速而轻易地掌握和记住所学内容的善好禀赋情有独钟。这些富有才能的年青人,不向往存在的学问(参柏拉图,《王制》卷六,485a10—487a5 及 490a8—b7),仅热衷于掌握有益于自身及公共领域事务的认识。这里,政治并不是早已达到人世臻美程度的沉思精神的偶然事务,从而并不因与自身幸福的关系而被担当。相反,而是表现为处于[214]苏格拉底式等级区分顶峰的禀赋所特有的权利。说到柏拉图的《会饮》,我们会认为,爱上苏格拉底(参《回忆苏格拉底》卷二,6.28)的男童,不会不与这位被大多数人认为无用的年青男子有所不同(参柏拉图,《王制》卷六,499b4),因为前者准备付出一切来沉思自我之美(参柏拉图,《会饮》210e)。完全相反的是,毫无私心依恋这位超乎寻常的教导者的,恰是少年居鲁士。正是这位居鲁士,在其有生之年"给友人和故土带来无限幸福"(参《居鲁士的教育》卷八,7.8),并且"天生具有十分友善的灵魂,热爱学习和荣耀,能忍受所有的劳累,能克服所有的危难,从而实至名归"。①

eudaimonia[幸福]同样与灵魂的品质相连(亦可见《齐家》11.4—5),通过个体对人世现实的超越而实现。从这一角度来看,最惬意的生活属于那些"满足于被敬仰和被爱"并与之相称的人。②幸福存在于 inter homines[人的内在]之中,这就是为什么它要经由公共领域的原因。重新回到有名的政治首领与牧羊人的比较,我们可以说,这位苏格拉底在《居鲁士的教育》中完全认同人们对居鲁士的评价——"如同牧羊者必须通过保证羊群的幸福才能从中获益,同样,君主也必须通过保证幸福生活,而赢得城邦与臣民

① 《居鲁士的教育》卷一,2.1;卷八,7.9。《回忆苏格拉底》卷二,1.18—19。

② 亚里士多德,《优台谟伦理学》(*Éthique à Eudème*)1239a29—30。

的信任(chresthai)”(参《回忆苏格拉底》卷四,2.26 及 Dorion [2004],页 247—248)。[①]

与其说哲人赞颂的是不朽的爱,不如说其激发的乃是对不朽的爱欲。苏格拉底有风度地接受了对他的审判(参《回忆苏格拉底》卷四,8.1;《苏格拉底的申辩》27 及 33),在《苏格拉底的审判》中,在与帕拉迈德感人的对话中,并不幻想这一审判在其死后会有所动摇(参柏拉图,《申辩》41b)。相反,他希冀在尘世获得称誉,并希望能骄傲地宣称“未来和过去会见证”他行为的德性(参《苏格拉底的申辩》26;《回忆苏格拉底》卷四,8.10)。

[215]苏格拉底尊重这个世界的记忆,一点都不愿将之与智性现实的模糊回忆交换。另外,构成历史之未来的神圣学问成为了他的选择对象。[②]

如果没有比称赞更能让人满意的言语(参《回忆苏格拉底》卷二,1.31;参《希耶罗》1.14),人们就不会认为需求是“行为唯一可能的标准”(参 Fraisse[1974],页 114),就像伊斯科马柯斯所说,“如同其他人渴望饮食一般,某些人渴望恭维话”(参《齐家》13.9)。由于出色的表现,这些天生拥有最好生活的人,注定会享有不掺杂的快乐,因为这些快乐与肉体的满足无关。[③] 与私有及预测到舒适的不可靠而产生的痛苦无关,灵魂本应获得的乃是可与诸神分享的喜乐。据苏格拉底,诸神向值得敬重的存在展现此

---

① 《居鲁士的教育》卷八,2.14。参《回忆苏格拉底》卷三,2.2—4。也可见 Carlier (1978),页 134—135 及注释 4;这一分析受柏拉图魅力影响,十分出色。

② 参《回忆苏格拉底》卷一,4.17—19;《会饮》4.47—48。亦可见 Luccioni(1947),页 184 以下,讨论了色诺芬的历史哲学。

③ 《王制》(卷九,583a8—9)中的苏格拉底甚至认为,“仇恨以及挚友的快感,比之于生意人的快感,要更与他[即哲人]接近”。

种喜乐。① 在这个意义上,这些会死之物是唯一能通过与这一喜乐的特殊关联而摆脱人性的造物(参《希耶罗》7.3—4)。

品质的这一区分,也可被描绘成需要模仿的典型和思考之间的等级关系,其他所有人与他相似,归顺于他。如同霍布斯(Hobbes)所说的:“模仿即崇敬”(参 Hobbes,《利维坦》,10[43])。通过 mimesis praxeos[行为之模仿],浸润于幸福之人的德性,追随者会于生活中获得成功,只要他们的眼睛一直盯着引路人。而对于其他人来说,仅存在野蛮的奴性生活。

三

[216]根据苏格拉底,在所有事物之中,神乃是“热爱生物的有智慧的手艺人”(参《回忆苏格拉底》卷一,4.7),而且特别宠爱人类(参《回忆苏格拉底》卷一,4.11—14)。实际上,诸神将行为生活置于沉思生活之上,好像除了为人类服务之外没有其他职责(参《回忆苏格拉底》卷四,3.9—10)。为人类做贡献,从而就是与神性最为接近的生活方式(参《回忆苏格拉底》卷一,1.4;Bandini & Dorion[2000],页 3,注释 13)。对公众益处的多少,决定了对各种生活的不同评判,同时组成了与之相应的各种技艺。② 在这个意

① 参《回忆苏格拉底》卷四,3.17 及卷一,3.3,其中,苏格拉底认为,“诸神通常欢喜那些证明自己是最为虔诚的人”。这一观点也构成了对僭主的恭维奉承(《希耶罗》1.15—16),及节制之人对有伟大德性之人的崇仰之间的不同。这就是为什么一般估价总是与时间相连的原因,后者决定了崇仰的不朽,及评判的正义。

② 这里需要指出,如同 Gray(2000)页 148 所看到的,希耶罗对于能让自己快乐的方式的忽视,与其对领导、及使得他人幸福的能力的忽视完全一致。据西蒙尼德斯(Simonide,《希耶罗》8.1—7),成功的政治首领能使自己的生活比他人更为惬意,乃是因为其所处的位置给他带来了更大的荣耀,他欢喜于所有人对他的热爱和敬仰。

义上，既然伴随最好生活的快感来自他者的估价，德性之友则通过既得的权能来展现自己并达到目标。换句话说，只要认为存在不那么抽象的一面，那么，所有德性之人的行为都有目共睹。（参《阿格西劳斯》5.6；《居鲁士的教育》卷五，2.8—11）

针对欧绪德谟，苏格拉底要让这位年青的求知者（bibliophile，参《回忆苏格拉底》卷四，2.1）明白，其全心所求的善，在于掌握最为高贵的德性和最为重要的学问，也即属于君王的高贵技艺（参《回忆苏格拉底》卷四，2.11）。阿里斯提普认为，苏格拉底将这一技艺作为 eudaimonia 的标志（《参回忆苏格拉底》卷二，1.17）。哲人认为"没有需求的是神，有最少需求的最接近神；因为神是完美的（kratiston），与之最为接近的则臻于完美（tou kratistou）"（参《回忆苏格拉底》卷一，6.10）。

[217]因为要尽可能完全去除自己的需求，才可与决定完美的神性相似，但却不能超越神的品质。同样，区分了自足论（l'autarcie）的两个方面，我们会认为，纯粹的俭朴要求具有友人所缺乏的更多的善。对神的完美模仿，仅能通过完全独立于需求和无保留地行善的权能而实现。在这个意义上，完美的人（kratistos）以此超越了所有其他人，并以行善所决定的等级规则，与他者保持不等的关系。

就"值得被爱"（参《居鲁士的教育》卷一，1.6）而且自身也热衷于荣耀的居鲁士来说，色诺芬认为，"没有什么比不能第一个体贴友人而更能让人脸红的了"（参《居鲁士的教育》卷八，2.13；卷一，3.4—7）。

同样，苏格拉底的所有对话，总是考虑到对话者的兴趣，并明确声明乃是为了这一点，而不是均等的互惠关系，最终彰显了他与所献出的服务相称的卓然性（参《苏格拉底的申辩》17；Strauss [1992b]，页 178）。他能成功地让他者认识到自己的无知、迷惘及错误的倾向，最终认识到自己的不足。作为什么都不缺、什么也不忽视的苏格拉底的伙伴，他们与之亲近，以便他能填补他们不完美生活之中的缺陷，苏格拉底的 eupraxia[善行]由此具有成功征服的含义。也即通过其思想，在所选择听众自身的兴趣之内，引领他们的精神世界，并使之发现无私哲人的卓然德性(参 Rossetti[2001]的精彩分析，尤其页 170 及以下)。

苏格拉底一生中所寻求的(参《回忆苏格拉底》卷一，2.60—61；《会饮》4.3；Dorion[2004]，页 237—239)，乃是德性秩序和规则，他的善行仅为那些有禀赋而接受其教化的人所认同。如果人们仅渴望的是具有先天德性禀赋的有德性之人(《回忆苏格拉底》卷四，8.11；卷二，6.14；《苏格拉底的申辩》17 及 34)，行善者的圈子则会悲剧性地缩减，对这位 aristos[卓越]且 eudaimonestatos[幸福]之人(即苏格拉底)的审判就是证据(《回忆苏格拉底》卷四，8.11；卷一，6.14，及 Bandini & Dorion[2000]，页 46，注释 320)。相反，《回忆苏格拉底》的作者确信，苏格拉底"对城邦持有最大的敬意"，对他的指控毫无根据(《回忆苏格拉底》卷一，2.64；《苏格拉底的申辩》21)。

[218]总之，这位作为居鲁士榜样的苏格拉底，激发其同伴"追求齐家治国的最优美、最宽厚的德性"(《回忆苏格拉底》卷一，2.64；Bandini & Dorion[2000]，页 27，注释 181)。在色诺芬眼里，他是不是一位没有权杖的君王呢？不过，哲人自己认为，君王的品质既不取决于律法地位，又不取决于使其职位合法化的形式程序。实际上，他仅以实际能力来衡量权力的潜在承袭者(《回忆苏格拉底》卷三，1.4—5，9.10—11)。

统治他人能力最明显的标志，乃是获得臣民的自愿顺从(参《齐家》4.19，14.1；及《回忆苏格拉底》卷三，4.7—8)。据色诺芬，仅居鲁士有能力做到这一点(参《居鲁士的教育》卷一，1.1—5)。

苏格拉底指出，通过暴力，我们既不能逮住也不能吸引一个朋友（《回忆苏格拉底》卷三，11.11；卷二，6.9；卷一，2.10），人们仅自愿顺从于他们认为最优秀的人。他给出医生、航手及农耕者的例子，说明他们对技艺的运用十分出色（《回忆苏格拉底》卷三，3.9；《居鲁士的教育》卷一，6.21及卷八，1.37）。对未来善的希望（苏格拉底关于臣民对诸神供养的思考，参《回忆苏格拉底》卷四，3.17），见证了臣民的这一认同表现为对学者的信任。由此，公共领域上下层之间不可逆转的关系，就表现为行家与门外汉之间的关系。这一思想预设了社会的金字塔式结构（就居鲁士的王国组织，参Wood[1964]，页55及以下；Carlier[1978]，页150），显示了对权威政体的偏爱。在要求德性之完美的同时，好比每一个行动都是自由之人的选择，权力实践要求对职业的特殊认识。这就是说，如同所有行业一样，要想最终出色地调配自己的工作，就必须具有特殊的技艺（参《回忆苏格拉底》卷三，6；Bertrand[2001]，页938及以下）。

苏格拉底认为，政治学问被证明与齐家术相一致（参《回忆苏格拉底》卷三，6.14及卷二，8.3－4；《齐家》13.4－5），后者指很好地管理自己的事务并使之满足需求。以[219]合理的一致性和主人翁角色为规约，这些需求能够根据人们各自的生活而改变（参《齐家》2.2－4；《苏格拉底的申辩》16）。这样一来，在与公共领域的关联中，这一行为—智慧（savoir-faire）使得人们能够从其所有物中提取最大利益，并使之不断增大（参《齐家》6.4）。从这个角度来看，这一智慧的掌握者，将物性财富转换成了实现德性作品的有用工具：妥善维持其家业（oikos），满足友人的需求，并给城邦分配所需（参《齐家》11.10及2.5－6）。既保证了自足者的独立，同时有能力供给不足的他者。其行善能力虽然愈益增强，但是胜任的统领者增大自己财富的爱欲，并不与其德性品质相违（参《居鲁士的教育》卷八，2.19—23，4.31，4.36）。

同样，管理公众事务的人，在增多自身资产的同时，也必须给城邦带来财富（参《回忆苏格拉底》卷四，6.14；卷三，6.2—4，7.2）。根据苏格拉底，政治上的能力同样也包含了使所统治的财富增值的才能。这让我们再次联想到波斯国王。与雅典哲人作为榜样的神圣典范一致，[①] 居鲁士以一位好父亲为榜样，有让其臣民无所或缺的能力（参《居鲁士的教育》卷八，1.1）。有了伦理榜样以及民众的善好举止，杰出的首领必须"通过谨慎和热情的工作"（参《居鲁士的教育》卷一，6.8），管理好自身的物质财富。与居鲁士意见一致，色诺芬的苏格拉底认为，幸福的君主能让自己统领的臣民善好并富有（参《回忆苏格拉底》卷三，2.1—5）。总之，这位波斯国王十分关注土地的生产（参《齐家》4.8—9），还认为"不要设想忠贞于他人是天生的，不，每个人都必须争取自己的忠贞者；这些人不能靠通过强力谋得，而是由自己的善行获得"（参《居鲁士的教育》卷八，7.13）。[220]同样，"所有人天生都喜欢那些他们认为能由之获益的东西"（参《齐家》20.29），难道不是吗？

保护并增大自身财产的原则，使得齐家的学问与军事技艺彼此相联。[②] 有政治能力的人也适于统领军队，成为征服的常胜将军。如同苏格拉底所说，对于那些在管理财产方面表现卓越的人，什么都没有比征服敌人所取得的胜利更为有用和有益。[③] 然而，克里托布勒（Critobule）很高兴了解到，波斯国王"把农耕和战争技艺列入最为优美和必需的事务之中，以同等的热情加以对

---

① 参《回忆苏格拉底》卷一，4.11；Bandini & Dorion（2000）页37，注释253；《回忆苏格拉底》卷四，3.5—11。

② 参《回忆苏格拉底》卷三，4.7—11；《居鲁士的教育》卷八，1.13—15；Wood（1964），尤其页48及以下。

③ 参《回忆苏格拉底》卷三，4.11；《齐家》1.15；《居鲁士的教育》卷四，2.26及《远征记》卷三，2.39。

待”(参《齐家》4.4)。军事技艺被视为“自由和物质财产的工具”(参《居鲁士的教育》卷七,5.79),是君王的德性之一。

苏格拉底认为,杰出的军事首领区分敌友乃是一种伪善,因为他给一方带来好处,对于另一方则是伤害(参《回忆苏格拉底》卷三,1.6)。有学者指出(参 Souilhé[1962],页 176—177;Luccioni[1953],页 57),与色诺芬的苏格拉底不同,柏拉图的苏格拉底通常坚持认为,正义的人从来不会给同胞带来伤害(参柏拉图,《王制》卷一,335d11—c5)。总之,作为理想城邦的建立者,苏格拉底并不迟疑于施行这一决定了特殊团体与外界的相异性(参 Strauss[1991],页 97—98)的爱国正义(参柏拉图,《王制》卷二,375c1—376b6)。

另一方面,虽然总是捍卫封闭的政治团体的行为,色诺芬的苏格拉底却从来没有指涉具体的某个人。① 尽管苏格拉底总是在进行劝说,色诺芬[221]依然毫无意外地观察到了哲人非政治性的正义。② 与此同时,与真正首领的品质相关,③ 恰当行使扬善惩恶这一对权力,一致于典型的神圣正义(参《回忆苏格拉底》卷一,4.16)。而且,构成苏格拉底之社会等级,和决定整个共同体良好运转的政体(参《回忆苏格拉底》卷一,2.59),必须有能施行“王

① 参《回忆苏格拉底》卷四,8.11;Strauss(1992a),页 171。如同 Strauss(1992b)页 183 指出的,我们可以认为,色诺芬的苏格拉底唯一一次针对敌人的伪善(aner)行为作据,乃是当他实现了对阿尼托斯(Anytos)之子可耻命运的预言而对后者加以报复的时候(《苏格拉底的申辩》30)。但是,这难道不是色诺芬自己的复仇?总之,仅色诺芬自己才欣喜于见证这一预言的实现(同上,31)。

② Higgins(1977),页 38 对色诺芬的苏格拉底肖像的看法很有意思。他认为,苏格拉底好像是“一个安静而友善的人”,一生之中期待着一个没有敌人的社会,仅他自己是合法的君王。

③ 《居鲁士的教育》卷一,6.24—30;卷八,7.28;《远征记》卷一,9.11—13;《阿格西劳斯》4.6;6.4—6;9.7。

法”的权能（参《齐家》14.7），即“惩恶扬善”。[①] 不应挑起不诚实之人的恐慌，对道德品质的偏爱并不能免除反叛的威胁。为了使慈良父亲的教导有最大的功效，政权就必须让每个人都感觉到自己的义务并捍卫共同利益。[②] 就此，《远征记》（参《远征记》卷二，6.16—20）中裴蒂的普罗珂赛纳（Proxène de Béotie）的例子，有着足够的说服力。

在敌人面前放下武器，以此证明自身的敬意，苏格拉底流露出对政权的无动于衷。另外，如同我们看到的，对政治的放弃，或许引发了人们对《泰阿泰德》称赞的那位边缘者苏格拉底的误解（参柏拉图，《泰阿泰德》173c—176a）。

然而，这位并未表现为一个好士兵（参 Strauss[1992b]，页 7；Bandini & Dorion[2000]，页 9，注释 63），却极为精通齐家术[③] 的苏格拉底，却并不致力于获得财富，以确保能给窘困中的友人以物质帮助，并将之奉献到城邦财产中（参《齐家》11.9）。也就是说，他并不希望获得比自身最少的需求更多的钱财，他放弃去管理他者。因此，据 eupraxia 的定义，他并不炫耀自己对这一职务具有特殊的学问。[222]以依恋贫穷为借口（参《回忆苏格拉底》卷一，2.1；Bandini & Dorion[2000]，页 9，注释 65），他拒绝向克里托布勒传授齐家术（参《齐家》2.11—16），哲人为了服务于城邦而承担起教育者的角色（《回忆苏格拉底》卷一，2.61）。以伊斯科马柯斯为典型（参《回忆苏格拉底》卷一，6.14；卷四，7.1；Natali[2001]，页

---

① 《回忆苏格拉底》卷三，4.8；《齐家》5.15；《远征记》卷一，9.15—16；《阿格西劳斯》11.3。

② 《居鲁士的教育》卷一，6.10；卷二，1.13，2.23—27；卷三，1.22—23；《论骑兵首领》（*Hipparch.*）1.24。

③ 我赞同 L.-A.Dorion 对苏格拉底与齐家学关系的看法；Dorion 于本次讨论会的出席帮助我更好地理解了该点。

283)，他使那些有望在公众事务中表现出色的人重上轨道。就此看来，我们与纳塔里（Carlo Natali）的观点相差不远（参 Natali [2001]，页 284），他认为“色诺芬根本的原创性”，在于苏格拉底与克里托布勒的对话，苏格拉底并不将年轻人导向“远离人类事物的空虚哲人”的生活方式，而是“与人们期待的完全相反”，以伊斯科马柯斯作为典型。

同样是这位苏格拉底，也不否认金钱的用途，其行动所昭示的强力，远比言语要有说服力（参《回忆苏格拉底》卷四，4.10；Dorion[2001]，页 97－101）。因为没有能确证的考察，尽管言谈在非暴力政权的训练中有其重要性（参《回忆苏格拉底》卷三，3.10－11；《齐家》13.9），但是并不能保证会信任首领的能力。心甘情愿地服从政令，并不是一个纯粹的修辞问题。

那么，就苏格拉底关于律法正义的定义，我们可以总结说，体制并不认同君主制的观点，因为它并不能作为新的政治现实的根基。它处于现行合法秩序之先，并构成自身合法性的源泉。由此，de iure[合法]君王就是所向无敌的征服者，他早已证明了自己统领军队的能力，也有能力管理臣民。真正的君王由战争中的荣耀而确立。①

拥有王杖并不等于 ipso facto[实际地]实施统治（参《居鲁士的教育》卷八，7.13，8.2－27）。但是，另一方面，如果获得它有困难的话，人们也不应认为拥有这一能力。

[223]技艺能力需要实践，并要求有德性，在所有情况下，非暴力权能的实践都不损耗其精力。

---

① 参《居鲁士的教育》卷七，5.72－73；Luccioni(1953)，页 154 及以下。如同 Carlier (1978)页 149 所指出的，色诺芬乃是因为居鲁士对巴比伦的征服，才赋予他 basileus[王权](《居鲁士的教育》卷七，5.37)的称号。亦参《远征记》卷二，1.5：*τῶν γὰρ μάχην νικώντων καὶ τὸ ἄρχειν ἐστί* 。

苏格拉底认为，除了特殊的教育和好的秉性之外，雅典贵族（参《居鲁士的教育》卷一，1.6－2；《阿格西劳斯》1.5；Luccioni［1947］，页 215－216）统治他人的倾向还与君王禀赋直接相关。就此，色诺芬并无任何犹疑地通过苏格拉底之口，指向赫拉克勒斯的德性（《回忆苏格拉底》卷二，1.27），如同《会饮》中苏格拉底鼓励卡利阿斯（Callias）从事公众事务一样（参《会饮》8.40）。好比克莱苏斯（Crésus）所相信的，[①] 出生问题并非与首领的卓越性无关，本性中的社会政治等级扎根于他们的行事方式之中。

需要注意的是，与自愿服从的问题有关，色诺芬在呈现苏格拉底满足于自己拉皮条的行当（参 Morrison［1994］，页 198）时，所持的是巧妙的反讽（参《会饮》3.10）。

然而，将被雅典民人审判的哲人，却自豪于“使人们对于整个城邦有益”的能力（参《会饮》4.60）。与对此有意识的居鲁士不同，他并不把克里托布勒的以下说法放在心上：“拥有美貌的人能够不费力气得到一切”（参《会饮》4.13）。在一场指向自身的选美比赛中，苏并不恼火（参《会饮》5.1－10）。通过自身的辩才和合理性，他却获得了欧绪德谟的认同和归附（参《回忆苏格拉底》卷四，6.9）。

可疑的抵御肉体之美的强力，与贵族［224］和奴隶秉性的区

① 《居鲁士的教育》卷七，2.24；卷四，1.24。这里需要指出，希耶罗能变成好君主（通过特殊的教育）的可能性，使得 basileus［王］的天生品质的重要性减到最低（参 Luccioni［1947］，页 267）。然而，我们首先需要指出的是，如同 Gera（1993）页 45 所指出的那样，智者（并非苏格拉底）和僭主之间的对话，通常不会得到后者的回复。希耶罗，并没有改变自身的地位，对西蒙尼德斯的政体不表达一丝看法。需要补充的是，色诺芬尽管忠诚于历史真实性，然而就居鲁士的出生，却没有追随克莱斯亚斯（Crésias）的传统，而是于他处获得资源。参 Mueller-Goldingen（1995）页 24 及 6（谈到居鲁士的奴隶出生）；及 Carlier（1978）页 141，及注释 25。

分同样重要。[①] 另外,首领的德性通过民众的忠诚显示出来。没有吸引他者并使之服从自身命令的能力,统治者就不能实现最大的职能——维持既有的国家(参《居鲁士的教育》卷七,5.76)。与职位相称的君王,能获得其统治的臣民的爱戴。[②] 根据苏格拉底,就像给友人带来的快乐一样,人们通过施予恩惠,吸引和维持着友情(参《回忆苏格拉底》卷三,11.11)。成功统治他人,也即能满足大多数人。就此来说,善行显然具有重要性,但美貌也并不是没有用处。[③] 服务于公众利益,需藉由善用之学的帮助(参 Dixsaut[2001],页 153),而美貌亦可构成管理民众的有益方式,尤其是"美貌之人不愁没人来爱慕"(参《居鲁士的教育》卷五,1.14)。

既然所涉及的乃是在大地上生存并逗留的存在,造就忠诚之民的技艺,就要求使之顾及所有物的利益,以至可以称之为善良的存在。构成区别的不是蔑视的态度,或可疑的性格,而是切断含糊性而避免陷阱的能力。回到故土的阿尔美尼人(les Arméniens)为居鲁士所吸引,他们欣赏的不仅是他的道德品质,还有其他方面(参《居鲁士的教育》卷三,1.41)。

如果美貌与财富一样,可作为统治的有效手段(参见《会饮》4.15—16;《居鲁士的教育》卷一,4.27—28 及卷四,1.22—24),那是因为政治总是与多数人相关。

据苏格拉底,管理私有之物与管理公众事务,仅在数量上有所区别,它们的主要共同点在于都不能离开人而施行(参《回忆苏

---

① 参《回忆苏格拉底》卷一,3.8—13;《居鲁士的教育》卷五,1.7—16;《阿格西劳斯》5.4—5。

② 相反(a contrario),需要提出《远征记》(卷二,6.8—14)中克莱亚克(Cléarque)的例子,他极为友善,但是却不具获得士兵爱戴的能力。在危险中盲目服从,他自足于下属绝对的信任,可每一次都为士兵所背弃,后者却由此而获得安全感。

③ 参《居鲁士的教育》卷一,2.1:居鲁士具有特殊的并注定会统治他人的相貌特征。

格拉底》卷三,4.12)。[225]如同所有于或不于完全的孤独中实现的人类事业一样,统治技艺也以自制为条件,仅在他人在场的情况下才有存在的理由。它要求一定数量的相似又相异之人的存在,否则,它本身毫无意义。与《王制》中的苏格拉底相反(参柏拉图,《王制》卷五,462a2—d5),这里的这位苏格拉底强调了城邦统治者所保证的一致性,并不要求感觉和品味的一致(参《回忆苏格拉底》卷四,4.16)。有学者指出(参 Dorion[2001],页 91),城邦和个体之间的相似性,不会认同这样的观点,即在有序的政治社团中,民众等于完美之人的联合。任何一致性的假设,都必须认识到表象的力量。对于大多数人来说的现实组构,对于所有人来说的可见现实,使得柏拉图的苏格拉底看到,多数人的领域乃是doxa[观念]的王国。

无法接触哲人教育的民众,自行放纵——如同希耶罗指出的那样(参《希耶罗》2.3—5)——并不关心藏于表象背后的真相,尤其当他们还处于一切危险之外的时候,就像色诺芬补充的关于自身的认识。只有造成恐惧的境况,能让人变得谨慎顺从,同时也磨炼他们对首领能力的判断力。相反,没有困难情况下的信任,显示出的忠诚只是一种草率,或根本就缺乏忠诚,而[危难情况下]对拯救者的信任却是实实在在(参《回忆苏格拉底》卷三,5.5—6)。杰出首领的辛勤劳作和巨大努力所带来的和平安乐,通常会威胁到人们对他们的服从。能让所有人敬服,主权者的职能特别表现为对国家的维护,外部优越性的这些标志,将会赢得开明人士的尊敬。如果智慧被 oligiston genos[少数一类人]所赏识的话,那么,面对出现的突发现象,统治者的卓越性将保证 polloi[民众]对既定秩序的依附。为了能够赢得人们的尊敬,他们之中的最优秀者,即有能力统治的首领,维持了集体生活,并控制着非—专业人士[民众]观点的散播。

根据善与有用的公式,[226]统治者借助其技艺,从民众那里获得顺从。致力于公众利益的齐家之道,必须知道如何蒙骗被统治者,以便最终能够保证统治者以民众的利益为出发点来行事。这一问题混淆了和平与战争、君主与僭主的界限,让欧绪德谟万分着迷(参《回忆苏格拉底》卷四,2.16—19;《居鲁士的教育》卷一,6.31),错误认为居鲁士是在公众面前利用其权力(参《居鲁士的教育》卷八,1.40—42)。

如果在安提斯忒涅(Anthisthène)看来苏格拉底"是[其]自身魅力的贩卖者"(《会饮》8.5),那么,居鲁士这样做乃是为了民众全体。

苏格拉底选择了十分有限的同伴数目(参 Morrison[1994],页 189;Bandini & Dorion[2000],页 CLXXVII 及以下),对构成民众议会的成员持有异议(参《回忆苏格拉底》卷三,7.4—7)。除了所选对话者之外,其所关心的乃是彰显由距离隐藏的本性的亲密关系,他不需象伊斯科马柯斯的匿名妻子那样,① 运用高贵的谎言(nobles mensonges)。与大多数人对他善于评判能力的看法保持距离,他把自己封闭在友人圈子里,并不试图改变多数人因对导师的错误认识而对他产生的误解(参《居鲁士的教育》卷一,1.2),结果,被后者处以死刑。

《居鲁士的教育》坚持认为,"要想在所有方面表现杰出,就必须放弃同时要做几件事的愿望,而仅仅去做一件事"(参《居鲁士的教育》卷二,1.21;卷八,2.5—6)。同样,如同我们看到的,好行为拥有对自我的学问,因而,人们在确保自己对他人用处的同时,也使得自己变得更为优秀。这就是说,对自身价值的认识,能够

① 《齐家》10.2—8。见 Foucault(1984),页 179 及以下;Luccioni(1947),页 85;Wood(1964),页 64—65。

提高自身的能力。色诺芬极为敬慕苏格拉底的德行，他并不认为后者是失败的居鲁士。远非仅与伙伴们在口头上建立一个理想城邦(参柏拉图，《王制》卷九，592a10－b5)，哲人实则鼓励那些他认为最有能力管理公众事务的人在必要时刻挺身而出(参《回忆苏格拉底》卷三，7.1－2；柏拉图，《王制》卷六，496a11－e2)。另外，就其自身来说，他仅强调自己作为教导者的能力(《苏格拉底的申辩》20－21)。借助完成这一项事务的唯一秉赋，他使得自己能对他人有用，尤其对未来的[227]政治首领有用(参《回忆苏格拉底》卷一，6.15；卷三，7.9；及卷一，2.17；卷四，2)，使他们事先有充分的准备。作为自身完全的主人，他则具备首领(archikos aner)之禀赋，理论上可成为君王(参《回忆苏格拉底》卷四，7.2－6；O'Connor[1994]，页 168 及以下)。根据经验丰富的雅典首领，他不是为理论上能成为臣民的君王而生，相反，在弟子眼中乃是为了赢得与其自身相称的卓越性。

同样，除了已证实的相似之处外(参 Luccioni[1953]，页 146 及以下)，居鲁士也不是掌权的苏格拉底，尽管依据理想主义的目标(参 Luccioni[1953]，页 212 及以下)，他所代表的乃是实际存在的"最有盛誉之王"(参《齐家》4.16，注 2 页 49))。完全投入于行动，我们看到他在其改变的历史现实之中熠熠生辉，而没有被认为平庸(参柏拉图，《王制》卷四，501a2－7)。尽管人们对其青年时代有着过多的闲话(参《居鲁士的教育》卷一，4.3)，但在其随后的生涯中，确实没有被人们认为是"一架口头风车，一位云朵丈量者"(参《齐家》11.3)。

四

政治与齐家术的一致，预设了城邦与扩大了的家务类似，它见证了苏格拉底对在公共领域实行一家之主的先政治权能(pouvoir prépolitique,就此,我引用了 Arendt[1988],页 61 及以下的定义)的偏爱,仅后者有着行动的自由。对这一扩大了的家庭的成功管理,需要民众通过遵行秩序来致力于公众利益。这就说明,国家的繁荣要求民众认同现有首领的价值。服务于统治的劝说技艺,与贵族社会的平等秩序不同,是唯一能改变对立观点的手段。基于首领和民众之间不同的预设价值,首领的修辞具有教导的形式。由此,言说能力的拥有者和听众之间的等级关系,似乎不可颠覆。

[228]国—家(l'État-*oikos*)的生计,存在于各类层级的角色之中:作为教导者的父亲,恭敬的子女及诚惶诚恐的奴隶(参《居鲁士的教育》卷七,5.36,72—73 及 78—79;及卷八,8.1)。

根据苏格拉底,还必须根据用途来重新评价亲缘关系。① 因此,哲人的权威僭越传统,为颠覆有德性的建基者提供了可能。仅以神圣智性为榜样的建基者,能使"所有物随他的意"(参《回忆苏格拉底》卷一,4.17),并构建出正义的秩序(参《居鲁士的教育》卷八,8.1)。

苏格拉底对君主政体的定义(参《回忆苏格拉底》卷四,6.12)并不违背"冷漠君王"(参《居鲁士的教育》卷八,4.22)居鲁士的绝对主义,后者通过其胜利和杰出才能,成了制宪权力的保护者。他作为"蜂王",② 以王家织布工为榜样(参柏拉图,《政治篇》308d),使里外井然的男女职能,成为他所统领地域中的结构。作为城邦的一员,居鲁士(参《居鲁士的教育》卷一,3.16—18;卷八,

---

① 《回忆苏格拉底》卷一,2.51—55。Bandini & Dorion(2000),注释 164 页 24。参《苏格拉底的申辩》20。

② 《居鲁士的教育》卷五,1.24;《齐家》7.32—38。就色诺芬作品中蜜蜂政治的隐喻,参 Vasilaros(1998),前揭。

5.24—27)与苏格拉底一样尊重既有律法。两者之中,仅居鲁士有权利改善体制,并确立更能满足平等预设的可以接受的社会—政治秩序(参《居鲁士的教育》卷八,1.22;见卷七,5.35及卷二,3,4,16。参《齐家》卷四,15—16)。

无需作为立法—君王来获得相对于他者的巨大价值;如果他真是君王,没有任何人能够在有用这一方面优于他(参《苏格拉底的申辩》15)。可见典型的教导角色,使得导师对弟子的未来举止不具有任何责任,德性 de facto[着实]要求首领持续地照看其臣民。[229]这在叛国的阿尔喀比亚德们(参《回忆苏格拉底》卷一,2.24—26)看来,苏格拉底的天真,要求居鲁士无处不在。① 这也说明,扮演教导者角色的苏格拉底,作为超然的哲人,从其结局来看,还是为君王高度警惕的无所不在所胜过。

如果苏格拉底说过自己 philanthropos[热爱人类]的话(参《回忆苏格拉底》卷一,2.60),那么居鲁士则是 philanthropotatos[最热爱人类的](参《居鲁士的教育》卷一,2.1)。

当然,前者从未妨碍过任何人,后者则自认为给别人带来了幸福。

在称赞苏格拉底的同时,色诺芬还让人们看到这位没有政治热情的哲人(参《回忆苏格拉底》卷一,6.15),并不如人们想象的那样敌视公共生活。他拥护管理政治团体的能力,总是对人类事务充满兴趣,② 总是准备解释那些他认为对生存—整体的美好生活重要的东西。由于对自我的认识,他的智慧封闭了他通往公共领

① 见《居鲁士的教育》卷八,1.21—33;2.10—12;8.5;Dorion(2001),页90及以下,特别是 Dorion(2002),前揭。

② 《回忆苏格拉底》卷一,1.12;Bandini & Dorion(2000),注释33页6;《回忆苏格拉底》卷一,1.16:就对色诺芬作品中苏格拉底的一系列定义的考察,参 Kahn(2001),页209及以下。

域的道路。与此同时，这一封闭并没有阻止他"总是毫不掩饰"（《回忆苏格拉底》卷一，1.10；《阿格西劳斯》9.1）地讲述已有的秩序，批评人们对严格平等的推崇，而后者能够在权力实践中增进认识（参《回忆苏格拉底》卷一，2.9；Bandini & Dorion[2000]，页11，注释80）。虽然他对获得物质财富表现冷淡，并与构成管理他人的能力之基本的技艺学问存在外在的关联，但这并不妨碍伙伴们对他生活方式的尊重。

色诺芬作品中，极度秩序化的社会要求大量的成员，并且不同的生活方式与不同性格相对应。这就是为什么居鲁士从来没有造访过某位苏格拉底的原因。接受过健康城邦的传统教育，这位十分聪慧的男子，有能力在没有哲人教导的情况下，独自掌握君王术。由此看来，推广德性的苏格拉底的最大用处，正是为了满足城邦的这一需求。遗忘了过往的德性（参《回忆苏格拉底》卷三，5.7—17），城邦显得难以确保有[230]德性之人和有宜于公众利益的体制的存在。接受了这一角色（参《回忆苏格拉底》卷一，2.48），色诺芬的苏格拉底就填补了这一空缺。

《居鲁士的教育》并不是要显示绝对体制和短命政治的死路，[1] 而是《回忆苏格拉底》在为苏格拉底辩护，并指责雅典的民主政体。然而，这一指责并不以沉思生活的卓越性为前提。所以，向往的并非某个政治体制，鉴于哲人对人类的热爱，本应能够允许苏格拉底在余生中更有作为。

参考文献

ARENDT, H. 1988: *Condition de l'homme moderne*, traduit de l'anglais par

---

① 比如参 Carlier(1978)，页 162—163；Bruell(1994)，页 109 以下；Gera(1993)，页 298 以下；Pangle(1994)，页 149—150；Nadon(2001)，页 178 以下。

G. Frazier, Paris, 1988 (Agora, 24).

BANDINI M. & L.-A. DORION 2000: Xénophon, *Mémorables*, tome 1, *Introduction générale*, *Livre I*, texte établi par M. Bandini et traduit par L.-A. Dorion, Paris, 2000 (Collection des Universités de France).

BERTRAND, J.-M. 2001: «Réflexions sur l'expertise politique Jen Grèce ancienne», *Revue historique*, 125 (2001), p. 929—964.

BIZOS, M. 1971, 1973: Xénophon, *Cyropédie*. 1, *Livres I et II*; 2, *Livres III-V*; texte établi et traduit par —, Paris, 1971, 1973 (Collection des Universités de France).

BRISSON, L. 1997: Platon, *Apologie de Socrate*, *Criton*, traductions inédites, introduction et notes, Paris, 1997 (GF, 848).

BRUELL, C. 1994: «Xénophon entre 430 et 354 av. J.-C.», dans L. Strauss & J. Cropsey (éd.), *Histoire de la philosophie politiqua*, traduit de l'américain par O. Sedeyn, Paris, 1994 (Léviathan), p. 97—127 [*History of political philosophy*, Chicago-Londres, [3]1987, p. 90—117.]

CANTO-SPERBER, M. 1987: Platon, *Gorgias*, traduction inédite, introduction et notes, Paris, 1987 (GF, 465).

CARLIER, P. 1978: «L'idée de monarchie impériale dans la *Cyropédie* de Xénophon», *Ktema*, 3 (1978), p. 133—163.

CHAMBRY, É. 1932: Platon, *Œuvres complètes*. Tome 6, *La République*, *Livres I-III*; Tome 7, 1ère partie, *Livres IV-VII*; Tome 7, 2e partie, *Livres VIII—X*: texte établi et traduit par —, Paris, 1932, 1933, 1934 (Collection des Universités de France).

CHAMBRY, P. 1933: Xénophon, *Œuvres complètes*. Tome 2, *L'Anabase*, *Le Banquet*, *L'Économique*, *De la Chasse*, *La République des Lacédémoniens*, *La République des Athéniens*, traduction, notices et notes, Paris, 1933 (Classiques Garnier).

CHANTRAINE, P. 1949: Xénophon, *Économique*, texte établi et tfaduit par —, Paris, 1949 (Collection des Universités de France).

DÉCARIE, V. & R. HOUDE-SAUVÉ 1978: Aristote, *Éthique à Eudème*, introduction, traduction, notes et indices par Vianney Décarie, avec la collaboration de Renée Houde-Sauvé, Paris-Montréal, 1978 (Bibliothèque des textes philosophiques).

DELEBECQUE, É. 1978: Xénophon, *Cyropédie*. Tome 3, *Livres VI-VIII*, texte établi et traduit par —, Paris, 1978 (Collection des Universités de

France).

DIXSAUT, M. 2001: *Le naturel philosophe: essai sur les dialogues de Platon*, Paris, [3]2001, édition revue et corrigée (Tradition de la pensée classique). [[1]1985 (Collection d'études anciennes, Bibliothèque d'histoire de la philosophie), [2]1994 (Collection d'études anciennes, Tradition de la pensée classique).]

DORION, L.-A. 2001: «L'exégèse straussienne de Xénophon: le cas paradigmatique de *Mémorables* IV 4», *Philosophie anticque*, 1 (2001), p. 87—118.

— 2002: «La responsabilité de Cyrus dans le déclin de l'empire perse selon *Platon et Xénophon*», *Revue française d'histoire des idées politiques*, 16(2002), p. 369—386.

— 2003a: «*Akrasia* et *enkrateia* dans les *Mémorables* de Xénophon», *Dialogue*, 42 (2003), p. 645—672.

— 2003b: «Socrate, le *daimonion* et la divination», dans J. Laurent (éd.), *Les dieux de Platon: actes du colloque organisé à l'Université de Caen Basse-Normandie, les 24, 25 et 26 janvier 2002*, Caen, 2003, p. 169—192.

— 2004: «Qu'est-ce que vivre en accord avec sa *dunamis*? Les deux réponses de Socrate dans les *Mémorables*», *Les Études philosophiques*, 2004/2, p. 235—252.

FOUCAULT, M. 1984: *Histoire de la sexualité*. Tome 2, *L'Usage des plaisirs*, Paris, 1984 (Bibliothèque des histoires).

FRAISSE, J.-C. 1974: Philia: *la notion d'amitié dans la philosophie antique: essai sur un problème perdu et retrouvé*, Paris, 1974 (Bibliothèque d'histoire de la philosophie).

GERA, D. L. 1993: *Xenophon's* Cyropaedia: *Style, Genre and Literary tech nique*, Oxford (Oxford Classical Monographs).

GOURINAT, J.-B. 2001: «Socrate, dialecticien ou moraliste?», dans Romeyer Dherbey & Gourinat 2001, p. 143—159.

GRAY, V.J. 2000: «Xenophon and Isocrates», dans C.J. Rowe & M. Schofield (éd.), *The Cambridge History of Greek and Roman Political Thought*, Cambridge, 2000, p. 142—154.

GUTHRIE, W. K. C. 1971: Socrates, Cambridge, 1971 [= A *History of Greek Philosophy*, Vol. III, *The Fifth Century Enlightenment*. Part 2, *Socrates*, Cambridge, 1969].

HIGGINS, W.E. 1977: *Xenophon the Athenian: the Problem of the Individual and the Society of the Polis*, Albany, NY, 1977.

KAHN, Ch.H. 2001: «La philosophie de Socrate selon Platon et Aristote», dans Romeyer Dherbey & Gourinat 2001, p. 207—220.

LUCCIONI, J. 1947: *Les idées politiques et sociales de Xénophon*, Paris, 1947

— 1953: *Xénophon et le socratisme*, Paris, 1953 (Publications de la Faculté des Lettres d'Alger [2. sér.], 25).

MCPHBRRAN, M.L. 1996: *The Religion of Socrates*, University Park, Pa., 1996.

MÉRIDIER, L. 1931: Platon, *Œuvres complètes*. Tome 5, l[ère] partie, *Ion*, *Ménéxène*, *Euthydème*, texte établi et traduit par —, Paris, 1931 (Collection des Universités de France).

MORRISON, D. R. 1994: «Xenophon's Socrates as Teacher», dans Vander Waerdt 1994, p. 181—208.

— 2001: «Justice et légalité selon le Socrate de Xénophon», dans Romeyer Dherbey & Gourinat 2001, p. 45—70.

MUELLER-GOLDINGEN, C. 1995: *Untersuchungen zu Xenophons Kyrupädie*, Stuttgart-Leipzig, 1995 (Beiträge zur Altertumskunde, 42).

NADON, C. 2001: *Xenophon's Prince: Republic and Empire in the* Cyropaedia, Berkeley-Los Angeles, 2001 (The Joan Palevsky imprint in classical literature).

NATALI, C. 2001: «Socrate dans l'*Économique* de Xénophop», dans Romeyer Dherbey & Gourinat 2001, p. 263—288.

NICOLAÏDOU-KYRIANIDOU, V. 1998: «Prodicos et Xénophon ou le choix d'Héraclès entre la tyrannie et la loyauté», dans L.G. Mendoni & A.I. Mazarakis Ainian (éd.), *Kea-Kythnos: History and Archaeology: Proceedings of an International Symposium, 22 - 25 June 1994*, Athènes-Paris, 1998 (Kentron Ellinikis kai Romaïkis Archaiotitos, Ethnikon Idryma Erevnon. Meletimata, 27), p. 81 - 98.

O'CONNOR, D.K. 1994: «The Erotic Seif-Sufficiency of Spcrates: a Reading of Xenophon's *Memorabilia*», dans Vander Waerdt 1994, p. 151 - 180.

— 1998: «Socrates and Political Ambition: the Dangerous Game», *Proceedings of the Boston Area Colloquium in Ancient Philosophy*, 14 (1998), p. 31 - 52.

OLLIER, F. 1972: Xénophon, *Banquet*, *Apologie de Socrate*, texte établi et traduit par —, Paris, 1972, deuxième tirage revu et corrigé [[1]1961] (Collection des Universités de France).

PANGLE, Th.L. 1994: «Socrates in the Context of Xenophon's Political Writings», dans Vander Waerdt 1994, p. 127 – 150.

ROBIN, L. 1950: Platon, *Œuvres complètes*, Paris, 1950 (Bibliothèque de la Pléiade).

ROMEYER DHERBEY, G. & J.-B. GOURINAT 2001: *Socrate et les socratiques*. Études sous la direction de G. Romeyer Dherbey, réunies et éditées par J.-B. Gourinat, Paris, 2001 (Bibliothèque d'histoire [de la philosophie. Nouvelle série).

ROSSETTI, L. 2001: «La rhétorique de Socrate», dans Romeyer Dherbey & Gourinat 2001, p. 161 – 185.

SOUILHÉ, J. 1962: Platon, *Œuvres complètes*. Tome 13, 2e partie, *Dialogues suspects: Second Alcibiade*, *Hipparque*, *Minos*, *Les Rivaux*, *Théagès*, *Clitophon*, texte établi et traduit par —, Paris, 1930 (Collection des Universités de France).

STRAUSS. L. 1991: *La Cité et l'homme* [*The City and Man*, Chicago, 1964] traduction et présentation par O. Berrichon-Sedeyn, Ppris, 1985 (Presses Pocket, 9) [réimpr.: 1991, Agora, 16], [2]2005 (Biblio-essais).

— 1992a: *Études de philosophie politique platonicienne* [*Studies in Platonic Political Philosophy*, Chicago, 1983], traduction par O. Sedeyn, Paris, 1992 (Littérature et politique).

— 1992b: *Le discours socratique de Xénophon* [1970] suivi de *Le Socrate de Xénophon* [1972]; en appendice, *L'esprit de Sparte et le goût de Xénophon*. Traduction par O. Sedeyn, Combas, 1992 (Polemos).

VANDER WAERDT, P.A. 1994: *The Socratic Movement*, edited by —, Ithaca, N.Y., 1994.

VASILAROS, G. 1998, «**Ὥσπερ ἡγεμὼν ἐν μελίτταις. Η μέλισσα ως σύμβολο της βασιλικής ἐξουσίας στην Κύρου Παιδεία**», dans I. Vassis, G.S. Henrich & D.R. Reinsch, *Lesarten: Festschrift für Athanasios Kambylis zum 70. Geburtstag dargebracht von Schülers*, *Kollegen und Freunden*, Berlin-New York, p. 12—32.

WOOD, N. 1964: «Xenophon's Theory of Leadership», *Classica et Mediaevalia*, 25 (1964), p. 33—66.

《齐家》中苏格拉底的真实性

帕拉茨多(Domingo Plácido) 撰

(西班牙马德里大学)

[235]《齐家》以苏格拉底对话的形式写成,书中的苏格拉底尤其对体现在 oikos[家庭]和 polis[城邦]生活中的 kalokagathia[贤人禀赋]感兴趣,这种禀赋是齐家的基础。苏格拉底把德性和财产的用途联系起来,认为需要知道如何消费,不要把钱财花在情妇身上(章一,13),避免成为陋习的奴隶(章一,19—20)。德性从而与学问相联,成为关系用途的苏格拉底教导的内在组成部分。就此而言,苏格拉底在本质上表现为其自身。另一方面,他从一开始就寻求 oikonomia[齐家]的定义,像《回忆苏格拉底》和柏拉图的对话中那样(参 Pomeroy[1994],*ad* I,1)。苏格拉底教导的两个基本层面在《齐家》中都存在,但是,《齐家》还加入了其他苏格拉底作品中并不总是存在的历史层面。

苏格拉底之学诞生在雅典,那时正处于伯罗奔半岛战争的困扰之中,苏格拉底作品则形成于战争末期,或三十僭主和苏格拉底本人过世之后的政权重建初期。当时的斗争围绕重建民主政体还是重新发现一种新政体而展开,柏拉图的理想城邦探讨的就是后一个问题。众所周知,大家都要避免重蹈僭主制覆辙,这也是柏拉图思考的出发点;[236]但是,至少对于苏格拉底的弟子们来说，同样也不能再完全回到民主政体。如果苏格拉底的友人们在他死后决定离开雅典，如同拉尔修（Diogène Laërce）（《名哲言行录》卷二，章十，106）叙述的那样，那是因为在重建的民主政体中，景况变得更为艰难（参 Montuori[1988]，页 14）。如同人们可以根据其弟子们的书写所推断的那样，苏格拉底试着重新确立士兵的优势地位，回到与君主制类似的贵族和骑士体制。君主政体从而就是骑士的典型（参 Pomeroy[1994]，*ad* IV，5）。苏格拉底以特定的方式，维护荷马式贵族制观念（l'idéal aristocratique homérique）（参 Pomeroy[1994]，*ad* IV，2—3），而他自己则是士兵，如同我们在柏拉图的《会饮》（221a）及《齐家》（章二，2—4）中所看到的，是作为一个穷人出场的（参 Pomeroy[1994]，页 28）。实际上，当苏格拉底自认为是穷人的时候，他想表达的是自己不属于承担公共费用的富人阶层，不需要增殖自己的财富，以满足民主城邦中富人阶层专属的消费。

在色诺芬的苏格拉底作品中，君主形式被认为与政治德性一致，比如在《回忆苏格拉底》卷四 2.11 中，欧绪德谟所寻求的君王术（basilike），就是一种能造就优秀的政治人和好的齐家者（politikoi kai ... oikonomikoi）的德性，在《齐家》章四 8 及章十三 3 中也是如此。政治人从而必须如同君主，政治人的德性与君主的一致，政治德性即君主式的（basilike）德性。如果这与柏拉图主义十分相似，乃说明在导师苏格拉底的思想中，君主形式曾在决定政治关联的时刻扮演了一定的角色，即使确切说来它并不是一种君主制。或许，它只是一个理论图象，体现在有产者的形象上，后者同样必须有能力在城邦中扮演政治角色。农耕显然是能有足够闲暇来为友人和城邦服务的一项职业（章四，9），它也能造就最优秀并最能为团体献身的民人（章四，10）。伊斯科马柯斯的富有（章十一，9），如同克里托布勒一样（章二，5—8），最终乃是为了献给友人和诸神,好比 kaloskagathos[贤良方正]所做的(参 Pomeroy[1994],*ad* XI,9)。伊斯科马柯斯最大的职责就是能最好地[237]为团体服务,以便能训练连接齐家和道德的政治德性,即 basilike[君王]德性。

有产者从而必须学会统领自己的劳作者(参 Plácido[1991a],页 51),如同君王统领臣民那样。君王是 oikonomos[齐家]的典型,因而拥有对生产的控制。同理,波斯国王也是一个典型(章四,5),他能指挥勇敢的战士,同时又能指挥那些在田野劳作的人(章四,15)。因此,农耕和统领的技艺(章五,12),表现为 oikos(家庭)和 polis(城邦)两副面孔。同样,在《回忆苏格拉底》(卷三,4.12)中,色诺芬的苏格拉底表明城邦集体生活和私人生活相似(参 Higgins [1977],页 30)。正为此,《居鲁士的教育》才描绘了一位尊敬城邦传统的君王形象。农耕是波斯王的基本事务,正是它构成了后者实践其权能的政治架构。在希腊,王权必须限制在城邦之内——如斯巴达王权(参 Plácido[1988],页 37—53),《阿格西劳斯》(1.4)描绘说,它能确保城邦的持存;同样,城邦也是农耕有产者公共生活的范围。由此,如同居鲁士,有产者同样必须知晓如何指挥城邦的军队。

正因如此,《齐家》的主题与《居鲁士的教育》和《希耶罗》一样,即指挥技艺。在《希耶罗》中,主要的问题乃是君主制和僭主制之间的区别,其中的僭主制被等同于三十僭主体制。好的君王必须与品达传统(la tradition pindarique)中的君王一致,以城邦利益为行事标准。

我们知道,色诺芬的那位苏格拉底,被牵扯进伯罗奔半岛战争之后的一系列政治事件中。但色诺芬本人与三十僭主及斯巴达的关联,他对波斯尤其居鲁士个人的支持,使他的作品由此成为对自我的捍卫,而不只是在为苏格拉底辩护。对苏格拉底的审判,是极为严峻的政治局势的征兆。作为一项政治主张,王制被认为具有颠覆性。《居鲁士的教育》中,色诺芬试图寻求适合于城邦—国家的王制,他所持的立场如同苏格拉底思想的派生,其中个人权力体现为城邦政治生活的智性优越。《远征记》(卷三,1.4—7)中,苏格拉底想要寻找色诺芬参与万里远征(l'expédition des Dix Mille)的合理性,阿波罗(Apollon)对此表示赞同。远征,[238]对于泡赛尼阿斯(Pausanias)来说(卷五,6.5),正是色诺芬背叛流亡的原因。王制的问题,必须与城邦的政治条件相结合才能彰显出来。这里,最与之接近的乃是骑士首领的形象。答案乃是波斯王、斯巴达王及苏格拉底之王的综合,对于后者来说,即《齐家》中的好有产者。

在《齐家》中,君主与好有产者相通。君主制如果是 polis[城邦]传统中固有的,则可以接受。苏格拉底的教导,被色诺芬解读成对君主制的社会和齐家基础的寻求。色诺芬并没有误解苏格拉底思想,而是看到了柏拉图作品中隐晦的层面,尽管有时也可能辨认出来。实际上,柏拉图的苏格拉底所关心的,乃是公元前 5 世纪时使士兵堕落的变革(参 Plácido[1985])。在柏拉图对话中,政治关系必须由具有贵族特征的实践、尤其作为修辞术之代替的会饮而建立,后者乃是教授年轻人的理想地点或方式。苏格拉底的形象,显示了两方面的担忧,他自己就是一个士兵,有能力在为民主政体和王国的发展所创造的新形势中,向年青人提供新的理想范型(参 Plácido[2002])。苏格拉底的思想允许弟子们拥有双重倾向——骑士贵族制和士兵社会,要知道最后结果是两者的混合。伯罗奔半岛战争之后,关于颓废城邦的拯救问题,不难于苏格拉底的论述中找到,他相信仅有那些专门人士才能参与统治。贵族圈子的新思想,透过苏格拉底极端耀眼的个性,吸收了士兵的概念,后者寻求一个新的城邦,其中或士兵处于重要地位,或政治的最高权力仅属于贵族，同时，统治者与战士结盟。

作为贵族的君主或作为君主的贵族，在社会生活中，能够成为士兵重新找到自身角色的一个解决办法。相反，民主政体则与僭主制类似，因为得到民众支持。改制必须远离个体或民众的僭政，这与泰拉美纳（Théramène）在三十僭主广受诟病时所持的立场一致——与克里提阿的立场对立，根据色诺芬[239]在《希腊志》（卷二，3.48）中的叙述，泰拉美纳实际上反对民主政体——奴隶为了一个德拉克马（[译按]drachme，古希腊重量单位及银币名）就愿意出卖祖国，但他也反对寡头政治，将城邦交付在极少数的僭主手中。在《回忆苏格拉底》（卷四，6.12）中，君主制因服从律法而区别于僭主制。但是好的统治者同时又是活着的律法（《居鲁士的教育》，卷八，1.22）。君主政体乃是管理城邦的政治方式，无论是在公共领域还是私人领域中（《回忆苏格拉底》，卷三，4.12），参与政治跟议会的民主实践毫无必然联系。

苏格拉底给出的理论解决方式有专业化的倾向，也就是说，政治行为仅属于专业人士，而不能交到民众手上。苏格拉底认为，应避免变得像热爱民众的阿尔喀比亚德（柏拉图，《阿尔喀比亚德前篇》132a）那样（参 Plácido[1985]，页 55），使“美与善”（beaux et bons）成为民众的友人。相反，能够成功的乃是那些在与民众的友情方面保守的人。专业化的政治，落到了接受过苏格拉底教导的贵族青年头上。polis[城邦]和 oikos[家庭]，便是通过这一方式显示出的城邦生活现实的两副面孔。能管理 oikos 的人也有能力管理城邦生活。但是苏格拉底的角色，乃是外在于政治生活的导师，他可以是 sophos[智术师]——统治者的参谋。色诺芬自认为是苏格拉底的弟子，因为真实的苏格拉底提出了对于公共生活来说重要的问题，而这一点为色诺芬所从属的贵族和骑士阶层所察觉。正是为此，色诺芬的苏格拉底向欧绪德谟呈现了替代民主政体实践的专业化，后者表现为一种君王制。最终，这种介于贵族制和君主制之间的体制，被认为是对 aristoi[贤人]和 basileis[君王]传统的回归。

《齐家》接受了作为士兵的苏格拉底的思想，该思想针对士兵和贵族之间的历史阻滞，提出了对城邦的建构，意在将贵族制城邦的领导者重新定义为一家之主。在这个方式上，他们接受城邦政府作为一家之主的职能，同时也接受其作为王权的继承者。在柏拉图的思想中，贵族制的形象变成了哲人王，在色诺芬的作品中则变成了骑士统领。但是，这一统领同样必须重新掌握[240]农耕，它是在城邦中行使权力和能力的基础。最终，这一类型的人能够作为专业人士承担起政治角色，如果他能够消化吸收苏格拉底在相同的社会环境或阶层困境中磨炼出的教导。新颖之处在于获得人们为专业化所积累的经验，这一经验属于能够就政治关系给出不同看法的阶层，这一点来自后一贵族制城邦的训练。

同样，在齐家层面，士兵在整个历史发展过程中，认识到了城邦世界中农耕生产和政治兼容的必要性。新贵族必须知晓齐家生活，同时又参与城邦的政治生活。

苏格拉底有能力救助富人，却不受后者生活方式的影响，如同阿尔喀比亚德在 432 中建议军事统帅们奖赏苏格拉底的 aristeia[(在战场上的)卓越表现](参 Plácido [1991]，页 25—26)。在柏拉图的《会饮》(219e)中，阿尔喀比亚德讲述了发生在珀提岱(Potidée)战役中的故事，苏格拉底表现得比所有其他战士都更出色，其中包括阿尔喀比亚德。在岱里昂(Délion)战役中也是如此，如斯特拉波(Strabon，卷九，2.7)所叙述的，苏格拉底把色诺芬及其随身物品背在肩上走了很久，直到摆脱敌人的追击。这一说法很难让人接受，因为色诺芬那时已经年老。但是，它至少象征了苏格拉底在士兵和贵族关系中所扮演的角色。斯特拉波具体说道，色诺芬曾从马上摔下，而苏格拉底在战役中是步兵。据拉尔修（卷二，23），因为条件的限制，出征珀提岱选择了海路。我们可以认为，作为士兵的苏格拉底应该更加倾向于陆路。

苏格拉底使 oikos[家庭]融入 polis[城邦]的程序个人化了。在伯罗奔半岛战争中，因为最低阶层民人（thètes，[译按]据梭伦的社会等级区分，指处于第四阶层即最低阶层的民人）的主宰角色，融合近乎不可能，苏格拉底就寻求新的方式来重新确定构建原初 polis 的角色，这种方式即联盟法（synoecisme）。贵族通过 oikoi 的联盟，以与农民结盟的方式与社团相联，后者也希望能保护土地，并由此与士兵军队合作。正是为此，一方面，苏格拉底作为可能成为主导倾向的代言人，将成为[241]军士思想的典型；另一方面，他又是民主政体的边缘人物，直到战争结束，他都与之保持着距离。但在其过世后的社会重建中，他却成为融合典型，以及试图在城邦中立住脚并管理 kaloskagathos[贤良方正]财产的富人参谋的对象。富人需要智者作为参谋，仅有财富还不够。有些人拥有不可计量的财富，但是却不知道如何根据自己的需求来使用它们（章三，2）。正是为此，《齐家》中 oikos[家庭]的重建，就成为苏格拉底的主要事务，色诺芬使之成为主角而又不抹煞其个性。

苏格拉底的角色在章十一 3－6 中十分明确，当他编造了诸神准许穷马成为一匹良马的故事之后（参 Higgins [1977]，页 34），完全保留自己的边缘地位。苏格拉底也可以是 agathos[贤人]，去模仿伊斯科马柯斯，践履德性。我们在这里看到，苏格拉底和伊斯科马柯斯在社会中的互补，两人相互建议。伊斯科马柯斯的策略与苏格拉底的相同，他说（章十九，15）：

> 难道不是吗，我会补充说，伊斯科马柯斯，提问就是教导？我现在明白你是如何使自己的提问成功的。你通过那

些我自己知道的事物来引领我，向我指引那些我以为自己不知道的东西时也是一样。结果，你把我说服了，其实那些东西，我自己也知道。（除非特别标注，《齐家》均引用的是Chantraine[1949]译本）

苏格拉底无需像伊斯科马柯斯那样，拥有明晰的齐家知识，但是他知道，对于自由人来说农耕必不可少（章五，1），这就是他需要他人的原因之一（参 Higgins[1977]，页 38）。对于最富有的人来说，农耕不可或缺，它锻炼了那些用双手在土地（autourgous）上劳作的人，使得他们更为有力。对于那些保卫领土的人来说（tei epimeleiai georgountas），农耕使他们保持高度的警惕，他们要每天早起，并以艰难步行来强制锻炼（章五，4）。从而，农耕就是联合拥有土地的有产者和在其土地上劳作的农民的一个元素。

由此，苏格拉底融进了统治阶层，并在他们中间发挥自己的作用。正是在这个阶层的[242]年青人圈子中，苏格拉底寻找着潜在的弟子，以塑造他们胜任未来领导者的角色。他进入贵族的空间——健身房和会饮，这些地方不是民主人士喜欢的交谈场所（参 Plácido [2002]，页 199）。苏格拉底的教导，并不以参与民主政体为目标。他意在劝告贵族青年，不要像阿尔喀比亚德那样，成为民众的友人；劝告他们不要接受伯利克勒斯的影响。因为，如果教导他人就是使他人更为优秀的话，伯利克勒斯却是不知道如何教导青年。城邦中，贵族必须成为自身的主人，以便有能力控制民众，如同他在其 oikos[家庭]中控制劳作者一样。友人团（l'hétairie）是贵族青年的行动基地，也是苏格拉底选来传播思想的场所（参 Rossetti[1976]）。《卡尔米德》（153a－d）一开始，苏格拉底会见的友人凯瑞丰（Chéréphon）、克里提阿和卡尔米德，都是贵族成员，是颠覆民主政体的寡头政治运动的未来参与者。友人团接待了从战场归来的士兵苏格拉底,后者表现得如同一位贤人(aristos)。

色诺芬改造了苏格拉底的教导,但仅是为了在导师的思想和他自身的社会经济基础之间建立新的联系。为了拯救城邦,他把在士兵和贵族之间的联盟视为苏格拉底教导的基础,而且苏格拉底自己就是一个例子。士兵城邦的稳固,让人们重新认识到骑士对于政府的卓越性,这就使得城邦政府成为家政的投射。历史上真实的苏格拉底关心的也正是城邦政体的构建。因为 oikos 本身被视为政治人士训练的基本工具,及其齐家能力的保证,因而成为他们政治行动的基点。

《齐家》从而就是讨论城邦政治基础——齐家——的政治作品,其中,kaloikagathoi[贤良方正]的统治必须有士兵的支持。苏格拉底通过贵族传统体制来教导这一阶层的年青人,以便他们能够维持贵族和士兵之间的良好关系,这些在柏拉图版本的苏格拉底教导中表现为君主和战士的关系。如同苏格拉底自己,士兵必须理解政治乃是 kaloikagathoi[贤良方正]的事务,[243]从而把城邦的未来托付给贤良方正。而苏格拉底从政的方式,则是献身于对他人的免费教导(《回忆苏格拉底》,卷一,6.5)。这就说明,他批评的对象不是政治,而是民主政体的腐化(参 Higgins[1977],页 37)。

苏格拉底政治立场的基础,建立在士兵和贤良方正之间的关系上。士兵运用贵族的威望,贵族则成为士兵集体的典范。苏格拉底和克里托布勒的对话,构成了《齐家》一书的框架,其中有产者作为马匹拥有者,面临金钱财产衍生的问题,为了避免成为陋习的奴隶,就需要具备某些德性(章一,16－17)。色诺芬的《会饮》和《回忆苏格拉底》中克里托布勒的在场,说明他是苏格拉底圈子中受教导的成员之一。

从而,目标就是培养有产者的德性,以便他能够在 oikos 和 polis 中成为好的 kaloskagathos。富人需要扩大自己的财富(章二,2),以便参与城邦生活,因为重新分配的体制使得他们具有这方面的义务(章二,6)。《齐家》好比是克里托布勒那样的 oikoi[家庭]主人的使用手册,他本人也是承担公共费用的富人阶层的一员。他们必须重新找回农耕的习惯,它可以在士兵中找到,后者则不需要扩大自己的财富。主顾关系在章二 8 中得到了定义。伊斯科马柯斯这一形象,需要支付战船或者训练合唱队的费用(des chorégies),在被要求尽公共义务(des triérarchies)的境况下,他可以按要求交纳钱财(章七,3),他自己也宣称从来没有让城邦建设缺乏必需的物资(章十一,9)。

苏格拉底知道理论,但他需要伊斯科马柯斯来向 oikos[家庭]组织层传达必需的实践学问。苏格拉底对实践的重视,在《回忆苏格拉底》中也有显示,比如在与阿里斯塔克(Aristarque)的谈话中,把家庭成员的工作解释成 oikonomi*a*[齐家](章二,7)。在柏拉图的作品(《吕西斯》,209d)中,苏格拉底把房屋交托给最精明的人管理,与雅典人交托政治事务相对比(参 Pomeroy[1994],ad I,1)。普鲁塔克(De curiositate,2=516C)将伊斯科马柯斯描绘成贵族的一员,善于狩猎,拥有马匹。相反,苏格拉底[244]作为士兵,并不需要扩大自己的财富,以便拥有必要的从事理论学问的闲暇(参 Plácido[2001],页 12),他被描绘成一个与城邦富人保持距离的人物。章二第 9 章,当苏格拉底指出克里托布勒举止的古怪时,后者要求苏格拉底监护自己不要落到困窘之中,这让人暗自惊奇。苏格拉底并不富有,但他知道给富人何种建议。

色诺芬在 polis[城邦]基础处于危机的时刻,显示了身为骑士应有的关切,但是我们在苏格拉底的形象中,看到他与其他人物享有相同的特征(参 Luccioni[1953],页 116 及以下)。柏拉图的苏格拉底也知道不同的行为需要不同的专业人士，如同他在《普罗塔戈拉》中说的那样，正是为此，有产者需要对齐家有所认知。有产者必须了解农耕生活，以便其财产对他来说的确是善物（章一，13）。苏格拉底以一个悖论来回答克里托布勒：

> 对于不知道如何使用的人来说，马匹不是财物，土地、羊群或金钱也是如此。总之，如果人们不知道正确使用的话，什么都不是财物；然而你又为何想象我知道很好使用这些财产，而我自己却是几乎什么都不拥有？（章二，11）

或许苏格拉底要补充的是，如果他向克里托布勒传授齐家的学问，会不会给后者的 oikos 带来麻烦（章二，13）。在克里托布勒的坚持下，苏格拉底"怀以善意"（du meilleur cœur）展示了他掌握的所有学问（章二，14）。他仅能把克里托布勒带到他所寻找的学问面前：如何集中精力行事，不浪费时间和辛劳，并能有更多的收获（章二，18）。苏格拉底所知道的，乃是学问的普遍基础，即态度和目标之间的关联。苏格拉底虽然对于农耕一无所知，但是他知晓学问的源头，知道如何寻找真相。苏格拉底之所以知道这些，乃是因为他知道自问，在城邦中谁是某一行中最有智慧的人（章二，16）。总之，他清楚那些如其所是地从事自身行业的人（章二，18）。苏格拉底的认知，使辨认各个领域中劳作最为出色的人成为可能，他自身则超越于各种具体的学问。他周围环绕着整个世界，甚至富有的土地所有者和贵族。[245]针对齐家（oikonomia），苏格拉底提出的问题乃是它与秩序的关联（每一种事物都各归其位）（章三，3），伊斯科马柯斯则将之与军队秩序相比："一个秩序整严的军队，对于同盟来说是最壮观的景象，对于敌人来说则是最不惬意的"（章八，6）。同样，齐家也注意到如何对待奴隶，对德性秩序的重视使贵族获益，当他们选择拥有带链奴隶还是不带链的奴隶时（章三，4）。在相似的领域同样如此，有些人会陷于困境，而另一些人则“从这一他们需要的学问中大大获益”（章三，5）。富人必须有所付出才会知道如何农耕、如何驯马（章三，6、8），学问是技艺的入门之道，不是如同人们在肃剧或谐剧中看到的，仅是为了取乐（章三，9）。齐家的学问必需嵌入到骑士生活中去，以便他们改善自己在农耕和驯马方面的实践，变得富裕而有声望。

苏格拉底寻求每一行业的专业人士，同样，在《普罗塔戈拉》中，柏拉图的苏格拉底认为，政治乃是专业人士特有的一项行为。持相反观点的是那些智术师，他们认为，所有人都可以参与政治，智术师恰好就是民人参与议会使无力论证变得有力的修辞术教师，而这正是伊斯科马柯斯自认为无法做到的（章十一，25）。苏格拉底解释说，他们所做的仅是使谎言成为真理。对于雅典民主政体的定义，伊斯科马柯斯和苏格拉底持相反立场。伊斯科马柯斯的观点，与西西里（Sicile）远征中尼西阿斯（Nicias）的辩护一样，他们在城邦政治的参与策略方面不认同智术师。

第二阵营的主角显然是伊斯科马柯斯，但是他又说他的观点与苏格拉底的一致，后者是确保贵族和士兵联盟的城邦生活必需的角色。达缅（Damien）所研究的岱里昂战役，似乎就是苏格拉底作为君主谋士的一个标志（参 Damien[2002]，页 206）。

《齐家》中，从第一章始，苏格拉底的使命就是确定贤良方正政治和齐家行为的道德框架，其中德性体现在对自由和奴役的描绘。这一道德框架[246]，与有产者在管理 oikos[家庭]、奴隶和妇女生活方面有好的举止一致。但是有产者有被奴隶拿去比较的危险，如果他不按照 kaloikagathoi 的规则来管理财产的话。有产者的参照系乃是奴隶制度，好比《斐多》中的苏格拉底比较属神之人与属主之奴的时候所认为的。通过妇女重建 oikos[家庭]的理论，也被作为苏格拉底齐家思想的一部分（章三，10），因为色诺芬把苏格拉底关于人际关系的理论用于财产的经济效能之上。同样也是他把区分男女劳作的理论归于苏格拉底，男子的任务是往家中输入财富，后者的任务是管理消费（章三，15）。另一方面，对阿斯帕西娅的暗示说明，色诺芬的苏格拉底保留了柏拉图在《墨涅克赛努斯》（*Ménexène*）中提到的某些特征，这些特征标志着苏格拉底弟子与伯利克勒斯圈子的对立。柏拉图把阿斯帕西娅作为苏格拉底和他的圈子指责的政治修辞典型，而色诺芬则与此相反，指出了苏格拉底赋予阿斯帕西娅的妇女角色，她作为从事公共生活的妇女，代表了与家庭妇女对立的形象。妇女可以不是 oikos 的有产者而认识家庭，同样，她也可以不是男子却能通晓演说技艺。

同时，苏格拉底认为（章四，1—4），手艺人是对城邦的一大威胁，因为手工劳作对民人无益，并会毁坏他们的身体。手艺人也没有闲暇来照管城邦，苏格拉底证明说，在某些城邦中，人们近乎要禁止民人从事手工行业。城邦必需依靠农耕者和骑士，手艺人是排除在外的。oikos 是城邦世界的延伸，从柏拉图的《普罗塔戈拉》，尤其色诺芬的《回忆苏格拉底》描绘的苏格拉底圈子中，我们得知当涉及年青贵族参与民主制政体的可能性时，手艺人在苏格拉底思想中所处的地位。《齐家》中的苏格拉底的这些特征，与真实的苏格拉底相一致。所有对城邦有用的学问，也就是说所有能给[247]城邦带来利益的学问，对 oikos 同样有益，其中手艺人的认知被排除在外。面对敌人，捍卫城邦土地的乃是农耕者。柏拉图持同样的观点，在《法义》中，苏格拉底说成功护卫城邦的仅是士兵，这也是他批评忒米斯托克勒（Thémistocle）以来的雅典海洋政治和赞同马拉松（Marathon）战役的原因：萨拉米（Salamine）海战之后，活跃的新民人不再是作为重装步兵的民人—士兵，而是被视为水手。对于农耕者来说，战争实践与友情一样，是贵族社会和政治结构的基础，决定了士兵和贵族之间的主顾关系。

苏格拉底承认波斯王所代表的等级理想，乃是因为后者重视农耕和战争。克里托布勒致力的正是这一行为。君主对于农耕和战争同等关心，两者的效果互补（章四，12）。君主“同样自豪于耕种自己的土地和成为战争者”（章四，17）。以君主为例，“耕作土地毫无用处，如果没有用来捍卫土地的人的话”，并且“最英勇的人不能生存，如果没有人来耕作土地的话”（章四，15）。战争和农耕的互补性质再明显不过。贵族不仅应该是捍卫城邦的好骑士，同样也要知道维持和扩大其财富的方法。君主要能宣称自己“既擅长耕种土地，又擅长保护作物”（章四，16）。苏格拉底在稍后补充说，“土地也激发农耕者用武器来捍卫自己的国家”（章五，7），对城邦的捍卫取决于农耕者。“在我看来”，苏格拉底说，“那就奇怪了，如果一个自由人能找到一项比这（按：指农耕）更快乐、更能获益的事务，能拥有比这更大的财富”（章五，11）。从而，君主是农耕者效仿的贵族典范。由此，农耕对于服务城邦的骑兵和步兵来说同样有用（章五，5）。农耕是与手艺人和水手这两个阶层联盟相对的标志。农耕可用于统领，它和战争实践又一次相提并论，“农耕者与指挥士兵的将领一样，对其雇工加以鼓励”。但是之后的文本也显示出它们的区别，因为苏格拉底就农耕指出，奴隶“并不如自由人一样需要拥有希望”（章五，16）。[248]在战争中，指挥和服从的人都是自由的，农耕中服从的则是奴隶。

农耕是城邦生活的基础，其中同样也包括了奴隶制城邦，贵族和士兵所形成的联盟，与那些以双手劳作的奴隶和手艺人整体相冲突。但是农耕衍生出战争，实际上，农耕者“能够为了国家而追随那些让他们放弃劳作的人”，因为“战争期间，需要用武器去寻找食物,而不是运用农耕器具得到”(章五,13)。战争的基础表现为城邦与骑士的联盟,因为“农耕教会我们如何互相帮助”(章五,14)。显然,指挥的是骑士,对于两者来说,战场如同田地一样,基础都是指挥的技艺。但是,该书[《齐家》]的结论却与神性品质有关(章二十一,12):“实际上,真正说来,我相信不是人,而是神,造就了这种自愿服从的秉性,这显然是那些真正致力于智慧生活的人的天资”。

城邦的组构从而与柏拉图王制拥有同样的基础,其中,劳作者为君主和护卫者所统治;随后,亚里士多德发展了这一理论,民人权属于那些拥有土地而自己却不劳作的人。苏格拉底强调了需要“排除人们称作手艺人的行业,因为它们似乎毁坏了身体、使灵魂紧张”这样的观点(章六,5)。在危险的境况下,手艺人决定“不争斗而保持冷静,没有痛苦和危险,仿佛他们的教育使得他们一向如此”(章六,7),而农耕生活“可以造就最优秀、最能为城邦献身的民人”(章六,10)。在柏拉图和色诺芬的书写中,民人权的内涵都从苏格拉底角度得到定义。如同对于柏拉图的作品,苏格拉底的政治经验也启发了色诺芬的思考。正是由此,从一开头当他必须集中讨论“显得最为优美的技艺”的时候,他就认为“人们称作手艺人的行业是需诋毁的”,而且“人们将它视为对城邦的巨大威胁”(章四,1—2)。

伊斯科马柯斯一出场,就表现得与苏格拉底不同:伊斯科马柯斯从来不会习惯在 agora[市场]上闲着(章七,1)。同样,伊斯科马柯斯[249]教育他的仆人的方式是慷慨施予(l'évergétisme),这让他着迷,苏格拉底则认为教导必不可少(章十二,6—10)。这也显明了富人因为施予而具备的协调角色,和处于贵族制之外的苏格拉底用于作为城邦共同生活方式的新体制之间的区别。农耕世界自身的关联,对于伊斯科马柯斯来说是容易的,在他看来人们能够造就指挥的技艺，而且除了惩罚和奖赏之外没有其他的方式（章八，4—6）。社会机体的构建，建立在权力和忠诚的关系之上（章十四，3）。所有这些都内在于农耕世界的高贵性之中（章十五，4）。秩序是城邦和家庭构建的中心（章八，18—22）。

色诺芬选择将苏格拉底作为对话者，这一角色与他自身是对立的，但是两者在相当程度上又互补。一个是不熟悉财产管理的参谋，另一个则是对城邦和政治相当献身的理想的 oikos[家庭]有产者。伯罗奔半岛战争之后，因为手艺人的入侵而在民主政体中不再活跃的年青贵族，重新献身于农耕和政治生活。同样是这位色诺芬，描绘了怀疑派年青人的肖像，他们参与了缩小的贵族圈子间的争端。历史上的苏格拉底被用来捍卫对城邦新境况的参与行为，其中，人们看到了将手艺人排除出政治生活的可能。这些才是家庭的有产者所应做的。教导能力列于伊斯科马柯斯的德性之列（章七，7），这也是优秀之人的公共和私人行为的基本内容，如同我们在指责伯利克勒斯不曾有能力教导阿尔喀比亚德一样。

《齐家》中的苏格拉底对历史上的苏格拉底的体现，特别表现在其所熟悉的介于齐家和社会现实关系方面最具代表性的观点，及其献身于智性生活和贵族教育的角色。色诺芬所作的改造，仅能做如下理解：在伊斯科马柯斯为了成为克里托布勒的个人参谋而起草必要的理论时，让苏格拉底成为伊斯科马柯斯最为重要的对话者更容易让人接受。由此，人们可以总结说，[250]色诺芬撰写《齐家》时的特殊意旨，保证他能够昭示真实苏格拉底的某些观点，后者正处于城邦政治和社会充满张力的时代。

参考文献

CHANTRAINE, P. 1949: Xénophon, *Économique*. Texte établi et traduit par —, Paris, 1949 (Collection des universités de France).

DAMIEN, R. 2002: «Conseil et autorité ou Socrate combattant à Délion», dans S. Ratti (éd.), *Antiquité et citoyenneté*, Besançon, 2002 (Institut des sciences et techniques de l'Antiquité. Série «Littératures et civilisations antiques»), p. 205—218.

HIGGINS, W.E. 1977: *Xenophon the Athenian: the problem of the individual and the society of the polis*, Albany, NY, 1977.

LUCCIONI, J. 1953: *Xénophon et le socratisme*, Paris, 1953 (Publications de la Faculté des lettres d'Alger, [2. sér.], 25).

MONTUORI, M. 1988: *Socrates: an approach*, Amsterdam, 1988 (Philosophica, 2).

PLÁCIDO, D. 1985: «Platón y la guerra del Peloponeso», *Gerión*, 3 (1985), p. 43—62.

— 1988: «La teoría de la realeza y las realidades históricas del siglo IV a. C.», dans J. M. Candau Morón, F. Gascó & A. Ramírez De Verger (éd.), *La imagen de la realeza en la Antigüedad. Conferencias de Sevilla, 6—10 nov. 1987*, Madrid, 1988, p. 37—53.

— 1991a: «Senofonte socratico», dans L. Rossetti & O. Bellini (éd.), *Logos e logoi*, Naples, 1991 (Quaderni dell'Istituto di Filosofia dell'Università degli studi di Perugia, Facoltà di Magistero, 9), p. 41—53.

— 1991b: «La ciudad de Sócrates y los sofistas: integraeión y rechazo», dans F. Gascó & J. Alvar, *Heterodoxos, reformadores* y *marginados en la antigüedad clásica*, Séville, 1991, p. 13—27.

— 2001: *La dépendance dans* l'Économique *de Xénophon* (*Index thématique des références à l'esclavage et à la dépendance*, 8), Besançon, 2001 (Institut des sciences et techniques de l'Antiquité. Série «Esclavage et dépendance»).

— 2002: «La *politeía* de Socrate et celle de Protagoras», dans S. Ratti (éd.), *Antiquité et citoyenneté*, Besançon, 2002 (Institut des sciences et techniques de l'Antiquité. Série «Littératures et civilisations antiques»),

p. 197—203.

POMEROY，S.B. 1994：Xenophon，*Oeconomicus: a social and historical commentary*. With a new English translation by —，New York，Oxford，1994.

ROSSETTI，L. 1976：«Il momento conviviale del l'eteria socratica e il suo significato pedagogico»，*Ancient Society*，7 (1976)，p. 29—77.

齐家者苏格拉底

多里安(Louis-André Dorion) 撰
(加拿大蒙特利尔大学)

[253]不少学者认为,《齐家》处于色诺芬的苏格拉底作品(logos sokratikos)的中心,另有一些学者则拒绝将之看成是苏格拉底作品,[①] 主要原因如下:(1)苏格拉底从来都没有对齐家及《齐家》中所讨论的大部分主题感兴趣;[②] (2)苏格拉底这个人物被伊斯科马柯斯的形象遮蔽了,甚至仅成为他的一个简单陪衬。人们甚至将《齐家》中苏格拉底的消隐,与柏拉图后期对话中苏格拉底的逐渐消隐相对比,尤其《治邦者》、《智术师》和《蒂迈欧》——却是没有提到《法义》!——这些对话的主要角色,是苏

---

① Caster(1937)页 49 认为,《齐家》的"伪—苏格拉底形式"不应让人产生错觉,这一作品更接近于《居鲁士的教育》而不是《回忆苏格拉底》。更为新近的观点,参 Wolff(1985)页 106,和 Cooper(1998)页 8、10 及 19,都不将《齐家》视为色诺芬的 logoi sokratikoi 之列。Brickhouse & Smith(2000)页 39,在《齐家》中也看不到任何苏格拉底自身,他们认为《云》中的苏格拉底比《齐家》中的更接近真人。那些试图确认《齐家》中苏格拉底存在的学者,也毫不掩饰他们的尴尬:"色诺芬本应不牵扯苏格拉底而构思一部齐家作品"(Luccioni[1953],页 114)。亦参 Marchant(1923),页 xxiv;Riedinger(1995),页 11;Bourriot(1995),页 294、299、305、316、317。

② 《斐多》(230d)中,苏格拉底说,乡野和林木对他来说毫无影响,由此他偏爱城市中人们的相伴。

格拉底之外的其他人物。伊斯科马柯斯与[柏拉图笔下]埃利亚(Élée)的异乡人或蒂迈欧的角色相似,要知道他乃是色诺芬此后想[254]以之取代苏格拉底的代言人。① 与那些拒绝将《齐家》视为 logos sokratikos[苏格拉底言辞]的学者不同——尤其德吕贝克(Édouard Delebecque),② 普罗旺斯大学先前有位教授却将大部分时间致力于色诺芬作品的研究。我要指出的是,色诺芬的苏格拉底(后文为苏格拉底色)非常重视 oikonomia[齐家],《齐家》中苏格拉底倡导的齐家理想,在色诺芬看来与伊斯科马柯斯的一样合理。

一、苏格拉底和《回忆苏格拉底》中的齐家术

苏格拉底对齐家术毫无兴趣的说法,似乎可以在柏拉图的《苏格拉底的申辩》中得以验证。其中,苏格拉底完全知道自己的贫穷(参柏拉图,《申辩》23b－c,31c,36d),忽视自身事务及对家庭的管理。③ 就这两点,苏格拉底色明确把自己与柏拉图虚伪

---

① 参 Bourriot(1995),页 324:

> 《齐家》,在色诺芬的职业生涯中,可能是一部过渡作品。同样,苏格拉底在柏拉图的作品中也逐渐消失,色诺芬也能超越《回忆苏格拉底》、苏格拉底教导,而进入到具有色诺芬特征的技术写作上来[*sic*];《齐家》的第二部分是一部私人作品。

页 338:"色诺芬追随了柏拉图指出的相似路线,后者逐渐脱离了苏格拉底并最终离开了他。《齐家》显示了色诺芬与苏格拉底教导的断裂。"

② 参 Delebecque(1951),页 37。在其著作《论色诺芬的生活》(1957)的参考文献中,Delebecque 将《齐家》归于分离于一旁的"技术书写"(页 516),而不是如同我们通常看到的,属于"色诺芬的苏格拉底作品"之列(页 512)。

③ 苏格拉底完全知道,不少年来他忽略了私人事务的料理(*τὸ ἐμὲ τῶν μὲν ἐμαυτοῦ πάντων ἠμεληκέναι καὶ ἀνέχεσθαι τῶνοἰκείων ἀμελουμένων τοσαῦτα ἤδη ἔτη*, 31b)和对自家的管理(*ἀλλ" ἀμελήσας* [...] *χρηματισμοῦ τε καὶ οἰκονομίας*, 36b)以便能够拥有全部必要的时间来关心城邦的确实利益。

的双胞兄弟（按：指格劳孔。参《回忆苏格拉底》卷三第6章）区分开来：他不仅不贫穷，而且不承认自己曾忽略 oikonomia（参 Rudberg[1939]，页48）。关于贫富问题，色诺芬有许多解释，苏格拉底不穷，因为他有比自身需求更多的东西。在《齐家》（章十一，3）中，苏格拉底十分有力地回复了那些认为他穷的人，他说这一指责是对他最缺乏理智的批评（*τὸ πάντων δὴ ἀνοητότατον δοκοῦν εἶναι ἔγκλημα, πένης καλοῦμαι*）。既然财富仅是就需求来说多出来的那部分所有物，所以，什么都不能阻止[255]一个人富有，尽管他仅拥有极少的东西，如果这些东西能满足他的需求。财富和贫穷从而并不取决于人们拥有的金钱数目，而是依赖需求的大小。穷人乃是那些需求超过拥有的人，① 有些需求甚至远超过实际，相反，富人则即使拥有并不多，却能大大满足其需求。色诺芬在很多地方解释了贫穷和富有的这一相关概念，一会儿借安提斯忒涅之口（参《会饮》卷四，34—36），一会儿借希耶罗之口（参《希耶罗》章四，8—11），一会儿又借苏格拉底之口（参《齐家》章二，2—10；《回忆苏格拉底》卷四，2.37—39）。色诺芬赋予苏格拉底的财富观念，或许是廊下派仅智者富有这一悖论的遥远根源（参西塞罗，《论善和恶的极限》[*De finibus*]，卷三，75—76）。

与柏拉图一样，色诺芬不能宣称苏格拉底忽视对自身事务的管理；如果他这么做，就等于在怀疑苏格拉底培养未来政治人士的能力。实际上，苏格拉底认为，在很好地管理 oikos[家庭]和很好地治理 polis[城邦]的能力之间并无断裂，前者是后者的前提条件（参《回忆苏格拉底》卷一，1.7；卷三，4.6—12；卷三，6.13—15；卷四，1.2；卷四，2.11；卷四，5.10），并且自认为能够造就未来的政

① 这就是克里托布勒的情形，参《齐家》章二，3—4。

治人士(参《回忆苏格拉底》卷一,2.17－18,6.15;卷二,1;卷四,2;卷四,3.1),因而原则上,他就必须逐渐培养年青伙伴们齐家的能力。色诺芬从来没有说过"齐家者"(oikonomikos)或"齐家的"(oikonomos)苏格拉底,值得思考的是,他不同于柏拉图,毫不迟疑地逐渐赋予苏格拉底这一品质和德性。① 我们是否应该总结说,色诺芬从来不曾把齐家能力强加在苏格拉底身上,后者本身就具备这样的才能,而他自己在《齐家》(章二,11－13)中就已经认识到这一点,当他假定说自己对齐家无知以便回绝克里托布勒的请求——[256]提供齐家的建议。如果柏拉图的苏格拉底(后文即苏格拉底[柏])认识到自己的贫穷以及对 oikonomia[齐家术]的疏忽,而苏格拉底[色]则后悔自己在齐家方面的无能,是不是就简单地有了定论了呢?我则坚持认为,我们面对的乃是一个现实的问题:如果苏格拉底[色]要逐渐造就政治人士,而齐家能力乃是政治统治者的基本才能,那么,如果他自己不是一个好的齐家者,又如何成为一个政治导师呢?

下面我们将通过解读《回忆苏格拉底》中几段文字,来进一步了解苏格拉底的齐家能力。

(1) 据卷一 2.48,苏格拉底的伙伴们造访他,乃是为了成为优秀的人,学会如何"合理使用"他们的家产、仆人、亲友及他物(*ἵνα καλοί τε κἀγαθοὶ γενόμενοι καὶ οἴκῳ καὶ οἰκέταις καὶ οἰκείοις ... δύναιντο καλῶς χρῆσθαι*)。因此看来,可以肯定苏格拉底曾探讨过

---

① 我们可以指出苏格拉底在《苏格拉底的申辩》中自己道出的四项基本品质(正义、自由、谦逊和教导的能力),就正义,参《回忆苏格拉底》卷一,2.62－63;卷四,4.1－4;卷四,8.11;就谦逊,参卷一,2.1;卷一,2.14,3.5－15,5.6;卷四,8.11;就自由,参卷一,2.5－6,2.60,5.6;就教导的秉赋,参卷一,2.17－18,2.31;卷二,7.1;卷四,2.40;卷四,7.1。亦参《回忆苏格拉底》卷一,2.1,2.14,3.5－14,5.1,6.8;卷三,14;卷四,5.9 及卷四,8.11。《书简七》(324e)中,柏拉图确认苏格拉底是"其所处时代最正义的人"的文字乃是特例。

oikonomia[齐家术]。苏格拉底拥有的造就伙伴们的才能，实际上与伊斯科马柯斯具有的才能一致，后者既 kalos kagathos[洵美且善]，又是家产的很好治理者。而且，“合理使用”(καλῶς χρῆσθαι)这个说法必须参照《齐家》开篇(章一，8—15)来理解，其中，苏格拉底花很长时间来解释一件东西将会是有益的，如果我们知道如何正确地使用(χρῆσθαι)它。《回忆苏格拉底》卷一2.8，从而含有一个重要的倾向，因为它认识到苏格拉底向伙伴教导如何“合理使用”他们的家产、仆人及他物，以使他们成为有益之人。

(2) 卷一 2.64 中说，借助“最美好的德性”(τῆς καλλίστης ...ἀρετῆς)，家和城邦才能得以妥善管理(ᾗ πόλεις τε καὶ οἶκοι εὖ οἰκοῦσι)。虽然对这一德性并没有明确的定义，但是，它仅能是 basilike techne(君王术)，而在卷四 2.11 中则被说成是“最美好的德性”(τῆς καλλίστης ἀρετῆς)，“借助于它，人们成为好的政治人士，好的齐家者(οἰκονομικοί)，胜任于统领，对他人和自己都有用”。既然苏格拉底有教导政治技艺的倾向，那么他必然就能教导这一“美好的德性”，这个 basilike techne，后者则含有不可忽视的经济维度。在卷一 2.64，色诺芬试图说明苏格拉底鼓励弟子们对德性的爱欲(προτρέπων ἐπιθυμεῖν)，好像我们不能确认他自己就教导这些一样。不过，色诺芬很快就在卷一4.1 中对如下观点做了辩驳，即认为苏格拉底[257]虽然鼓励他人向往德性，却不能使他们在这些方面有所进步。另外，鉴于苏格拉底赞赏欧绪德谟希望拥有最为美好的德性(τῆς καλλίστης ἀρετῆς... ἐφίεσαι，卷四，2.11)，我们不能认为苏格拉底不善于教导，因为后面的章节就以展示苏格拉底对其最钟爱的弟子们的政治教导内容为主。

(3) 第三段文字(卷四，2.36—39)无疑最难解读，但或许也是唯一一次并不直接与苏格拉底相关的 oikonomikos 情况。

> 既然你准备统治一个处于民主政体之下的城邦，很显然，你知道什么是民主政体。——那自然，他回答说。(37)——在你看来，能够不了解民众而了解民主政体吗？——以宙斯的名义，这不是我的看法。——那么，你知道什么是民众吗？——是的，我认为。——那么你所认为的民众是什么？——是些贫穷的民人(*τοὺς πένητας τῶν πολιτῶν*)。——贫穷的民人，你知道他们是什么吗？——我又如何不知道？——既然如此，你也了解富人了(*τοὺς πλουσίους*)？——了解得不比穷人少。——你所称作的“穷人”或“富人”都是谁？——我认为，那些没有足够的收入购买必需品的人是穷人(*τοὺς μέν, οἶμαι, μὴ ἱκανὰ ἔχοντας εἰς ἃ δεῖ τελεῖν πένητας*)，那些收入足够的人是富人(*τοὺς δὲ πλείω τῶν ἱκανῶν πλουσίους*)。(38)——那你是否注意到有些人拥有极少东西却已足够(*πάνυ ὀλίγα ἔχουσιν οὐ μόνον ἀρκεῖ ταῦτα*)，而且还能节省出一部分(*ἀλλὰ καὶ περιποιοῦνται ἀπ' αὐτῶν*)，而对于另外一些人来说极多的财富却不足够用(*πάνυ πολλὰ οὐχ ἱκανά ἐστι*)？——以宙斯的名义，欧绪德谟回答说，你真好，能向我提醒这点。实际上我看到不少僭主，为缺乏所驱使，如同一贫如洗的人一样，被迫施行不义。(39)——在这种情况下，苏格拉底回答说，如果僭主是如此的话，我们就把他归到民众行列中去，如果那些拥有极少之物的人是好的齐家者，我们就把他们置于富人之列(*τοὺς δὲ ὀλίγα κεκτημένους, ἐὰν οἰκονομικοὶ ὦσιν, εἰς τοὺς πλουσίους*)。

节 37 中，苏格拉底无疑接受了欧绪德谟关于贫穷和富有的定义，因为他对此并无异议。欧绪德谟的失误在于把“民众”等同于“贫穷”;实际上,从他对贫穷和富有的定义来看,我们可以在民众中找到一些并不贫穷的人(比如苏格拉底),以及某些并不富有的领导者(比如僭主)。节 39 中,[258]苏格拉底从荒诞的外表中抽出两个后果,似乎动摇了欧绪德谟的立场。然而对这段文字稍加注意,就会发现仅是第一个后果动摇了欧绪德谟的观点,也仅有它是荒诞的:如果欧绪德谟坚持把民众看成是贫穷的民人,他就必须把僭主也归于民众。第二个后果并不荒诞,因为这甚至也是苏格拉底对贫穷和富有的看法,什么都不能阻止一个拥有极少财物的人,借助齐家的秉赋变得富有。然而这也说明,好的管理并不一定就是兴旺的同义词。第二个后果并不影响欧绪德谟关于民众的内在观点,因为他又重新说道,如果我们认同所有的后果,那么一个贫穷的领导者就属于民众,或相反,民众中富有的人就属于领导者阶层。第二个后果更多地动摇了欧绪德谟给出的关于贫穷和富有的定义,然而这一定义与苏格拉底的看法一致,其后果既不荒诞也没有被苏格拉底抛弃。提到那些拥有极少财物(*ἐνίοις μὲν πάνυ ὀλίγα ἔχουσιν*,节 38;亦见节 39:*τοὺς δὲ ὀλίγα κεκτημένους*)却不仅能满足(*οὐ μόνον ἀρκεῖ ταῦτα*,节 38),而且还能有所节省(*ἀλλὰ καὶ περιποιοῦνται ἀπ' αὐτῶν*,同上)的人的情况,① 苏格拉底实际上给出了自己的肖像。色诺芬在第一卷中证实说,苏格拉底“习惯于拥有极少的需求,即使他拥有极少的财物(*πάνυ μικρὰ κεκτημένος*),也足够满足他的需求(*πάνυ ῥᾳδίως ἔχειν ⟨τ⟩ἀρκοῦντα*)”(参《回忆苏格拉底》卷一,2.1;《回忆苏格拉底》卷一,2.3 及《齐家》章二,8)。鉴于这些情况,我

① 参《齐家》章二 10,其中克里托布勒认识到苏格拉底是“齐家者”,即他知道管理家务。见本文页 264—265。

们可以把第四卷的这段文字，看成是对苏格拉底既富有[1] 又是齐家者(*oikonomikos*)的见证。

(4)卷二 7 中，苏格拉底向陷于经济困境的阿里斯塔克(Aristarque)提供建议。得益于他的合理建议，阿里斯塔克的家业(oikos)获得前所未有的[259]兴旺(参 Von Arnim[1923]，页193，指出章二 7 中所显示的苏格拉底的齐家能力和齐家对他的重要性)。苏格拉底毫不犹豫与阿里斯塔克分享他对齐家的看法，这与《齐家》有所不同，在后者中，苏格拉底假装他对齐家一无所知，拒绝向同样处于物质困境的克里托布勒提供建议。《回忆苏格拉底》卷二 7 中展示的苏格拉底的齐家学问，与伊斯科马柯斯的一致——在男女分工劳作方面，他也建议妇女在屋内纺线(参《回忆苏格拉底》卷二，7.10 及《齐家》章七，16；亦参《回忆苏格拉底》卷三，9.10)——我们甚至有苏格拉底记起了伊斯科马柯斯教导的(错误)印象。实际上，色诺芬成功地利用伊索科马柯斯和苏格拉底，表达了他自己关于家业和妇女所专心的劳作性质的看法。

(5)在卷三 6 中，当他试着让格老孔明白其并不具备从政的必要才能时，苏格拉底向后者抛出了一系列几乎都与齐家有关的重大问题(公共开销、军队现状、银矿开采、城市所有的粮食)。这些问题显示出，苏格拉底不仅认为齐家才能是统治者的基本能力，而且他自己也认真钻研过兴盛城邦(*αὔξειν τὴν πατρίδα*，节 2)和扩大收入的各种方法。同样，在卷三 7 中，他鼓励卡尔米德从政的根本原因，乃是他在后者身上察觉到了使城邦兴旺的能力(*τήν πόλιν αὔξειν*，节 2)。同样如此，在卷四 6.14 中，苏格拉底指出好民人

---

① 参《齐家》章二 2，其中苏格拉底对克里托布勒说，他不认为自己需要增长自己的财富(*οὐδέν μοι δοκῶ προσδεῖσθαι χρημάτων*)，他发现自己足够富有(*ἱκανῶς πλουτεῖν*)。另外，既然安提斯忒涅乃是从苏格拉底那里学到他所自豪的富有形式(《会饮》卷四，34—35)，我们可以把这一富有的形式赋予苏格拉底。

(ἔργον ἀγαθοῦ πολίτου)在财务管理方面(ἐν χρημάτων διοικήσει)的任务,乃是扩大城邦的财富(χρήμασιν εὐπορωτέραν τὴν πόλιν)。① 因为《回忆苏格拉底》十分明显地表现了苏格拉底对家庭和公共财务的兴趣,因而我们不能认同德吕贝克(Delebecque, 1951,页37)为了否认《齐家》中苏格拉底的特征而持有的看法,即"不可能看到作为自愿贫穷的蔑视财富的哲人,会对家庭和增长财产的手段感兴趣"。苏格拉底不仅不穷、[260]不蔑视财富,② 而且还确实对齐家和扩展财产的方式感兴趣——如果不是他自身的财富,那至少是其他个体或城邦的财富。

(6)苏格拉底和尼科马基德斯(Nikomachidès,卷三,4)的谈话,以最清晰的方式确认了苏格拉底赋予政治统治者齐家能力的重要性。尼科马基德斯抱怨雅典人没有选他为将领,而是选择了安提斯忒涅,后者则从未当过兵,而且除了挣钱外什么都不会(ἐπιστάμενόν τε ἄλλο οὐδέν ἤ χρήματα δυλλέγειν,卷三,4.1)。苏格拉底语重心长地肯定了安提斯忒涅的当选,并向尼科马基德斯指出,好的管理者和好的将领具有相同的能力,劝他不应误会好的管理者(Μὴ καταφλόνει, ἔφη, ὦ Νικομαχίδη, τῶν οἰκονομικῶν ἀνδρῶν,卷三,4.12)。说管理者和从政人士享有同一种能力,指的是他们

① 这段文字与《高尔吉亚》,517b—c截然相反,其中,苏格拉底认为好公民的唯一职责(μόνον ἔργον... ἀγαθοῦ πολίτου)并不是如城邦所希望的那样完善其各种设备(港口、军舰、城墙等),而是成为优秀的公民。

② 参《回忆苏格拉底》卷二,1.28:

> 如果你想通过牲口赚钱(πλουτίζεσθαι)的话,那你就需要去照料牲口;如果你想通过战争兴旺(αὔξεσθαι),而且后者要求你懂得解放同盟和征服敌人的手段的话,你就必须从那些了解这些的人那里去学习战争的技艺,并在实践中来运用它们的规则。

这段引文将美德从处于十字路口的赫拉克勒斯的谈话中抽取出来,但毫无疑问,显然苏格拉底是这一轶事的讲述者,并认同其中的观点。

都知道如何指挥他人(参《回忆苏格拉底》卷四,2.11;《齐家》章五,14),即便各自的产业可能不同,指挥的技艺则是一致的(参《齐家》章十三,5;章二十一,2)。而且,既然管理私人职责和料理公众事务的根本上是相同的人,那么知道在其家产范围内指挥他人的人,自然知道在城邦中如何指挥。正是因为好的齐家者证明了其在 oikos[家庭]中管理他人的能力,所以他能胜任管理城邦中的他人。反之,那些已经显示出自己政治才能的人,同样能够胜任某一产业的重要职务,如同阿尔克德莫斯(Archédémos)的例子说明的那样(卷二,9.4)。这就是说,好的齐家者的政治能力,并不影响他作为领导者的秉赋,因为这一能力也内涵了他正确有效地治邦齐家的诸多层面的能力(参卷三,6.14)。

最后,《回忆苏格拉底》和《会饮》(按:指色诺芬的《会饮》,下同)构成苏格拉底齐家的中心矛盾,从而我认为,分析《齐家》对于我们的理解来说必不可少。这一矛盾可以如此概述:虽然苏格拉底认为统治者的任务和职责[261]与城邦直接相关,还多次(参《回忆苏格拉底》卷三,2;卷三,6;卷三,7;卷四,6.14)强调了扩大物质财富的重要性,不过,当他谈到自己的时候,他所指的自身财富却不是物质财富及"兴旺家产"(*αὔξειν τὸν οἶκον*),而是限制需求、俭朴(*εὐτέλεια*,参《回忆苏格拉底》卷一,3.5;卷三,13.2;《苏格拉底的申辩》18 及 24)和物质自足。与此相关的最重要的一段文字,乃是《回忆苏格拉底》卷一 6.10,其中苏格拉底反驳安提丰将幸福等同于懒惰和享受,甚至将神性存在的卓然快乐在于满足各种需求:

> 你似乎相信,安提丰,幸福在于懒惰和享受(*τὴν εὐδαιμονίαν... τρυφὴν καὶ πολυτέλειαν εἶναι*)。在我看来,没有需求才是属神的(*τὸ μὲν μηδενὸς δέεσθαι θεῖον εἶναι*),拥有的需求越少,则与神越最接近(*τὸ δ' ὡς ἐλαχίστων ἐγγυτάτω τοῦ θείου*);

而既然神是完美的，那么最接近神的人就臻于完美。

安提斯忒涅在《会饮》的一长段发言（章四，34－35），也表达了同样的看法，而且他感谢苏格拉底教给他关于什么是真正的需要这一富有形式。在分析《会饮》的这段文字时，德吕贝克认为，这一以 enkrateia（自制）和限制需求为基础的富有概念，与《齐家》中色诺芬给出的富有类型并不一致：

> 《会饮》（34 以下）第四章谈到了关于财产的理论：真正的财富乃是控制欲望，它更处于灵魂而不是 oikos 中。《齐家》最感兴趣的乃是财富问题，但是色诺芬似乎修改了他在《会饮》中的看法，无疑与他对雅典需求的确实关切有关，这里的看法不甚具有道德性，却更为实际。虽然苏格拉底向雅典人指引过变富的方法，但当时要想自救，仅控制欲望是不够的，雅典需要钱币来重振其经济，建造战船，需要个人来交税。（Delebecque[1957]，页 377）

德吕贝克的历史视角在我看来是错误的，这两种对立的财富类型，在两部作品中都没有继续发展，实际上却都内在于《齐家》之中，因为以限制欲望为基础的财富观，体现在对话第一部分（章1－6）的苏格拉底身上。[262]所以我们应关注的，不该是不同时段中的两种财富概念，而应是当时两种不同的齐家典型，它们不仅和谐存在于《齐家》中，也存在于色诺芬的其他许多作品中，尤其《回忆苏格拉底》和《居鲁士的教育》（参见本文页 275－276）。认为这一矛盾对立且不相协调是不妥的，如果这样，我们就不能看到《齐家》中苏格拉底和伊斯科马柯斯关于齐家的互补关系。这将是本文第二部分要讨论的问题。

二、两种互补的齐家术：苏格拉底和伊斯科马柯斯

1. 苏格拉底在齐家方面的所谓无能

在本文的第一部分，我力图说明《回忆苏格拉底》中的苏格拉底具备一种齐家能力，对他来说，有必要具备这一能力，因为他希望造就政治人才。然而，如果苏格拉底真的是 oikonomikos 的话，他为何在克里托布勒请求他就确保家中财富而给出建议时，又否认这一能力呢？如果我们对这一否认① 钻牛角尖的话，就不可取了。如果我们仔细阅读《齐家》，就会发现，不少暗示恰与此相反，苏格拉底并不真的如他所说对这一领域无知。首先，如果他确实对齐家无能，他就应该立即推出伊斯科马柯斯。然而，在假装无能（章二，11—13）和最终呈现伊斯科马柯斯（章六，12）之间，苏格拉底与克里托布勒长久谈论与齐家明确相关的问题。苏格拉底这方面的谈话中肯、有用，克里托布勒深有感触：

> 如此，我们将要认同你的看法；但是，你谈到你置于一旁的齐家（*περὶ τῆς οἰκονομίας*）问题的看法，我希望你继续谈下去。因为，听了你的解释之后，从现在开始，我相信就该做什么来确保我的生计的问题，我比以前明朗多了。（章 6，1）

[263]第二，在宣称自己无能之前，苏格拉底向克里托布勒阐释了所有财富和致富的基本（sine qua non）条件，即自制（en-

---

① 我不隐瞒以下矛盾：《齐家》中 oikonomia 和 oikonomikos 共出现过 16 次，其中 15 次出现于第一部分（章 1—6），也就是当苏格拉底与克里托布勒对话的时候。

krateia)。如果我们不能控制自己的欲望并限制自己的需求,尤其对肉体享乐的需求,那么金钱自然会因满足欲望而消失;而且,对快感的寻求妨碍一个不是自身主人的人(l'akrates)从事赚钱活动,他就会总是缺少足够的收入来满足不给他任何余地的欲望。然而,克里托布勒之所以疏忽自身事务,是因为相比于兴旺其家业来说,他更对那些年青男子感兴趣,苏格拉底这样指责他:

> 由此,我看到你自认为富有(*ὁρῶ σε οἰόμενον πλουτεῖν*),对赚钱没有兴趣(*ἀμελῶς μὲν ἔχοντα πρὸς τὸ μηχανᾶσθαι χρήματα*),而仅着迷于追求青年男子的乐子(*παιδικοῖς δὲ πράγμασι προσέχοντα τὸν νοῦν*),好像你有很多闲暇一样。(章 2,7;Chantraine(1949)译本,稍有改动)

可唯一近乎作为背景的是——苏格拉底发现克里托布勒曾亲吻过克里尼亚斯(Crinias)的儿子——在《回忆苏格拉底》第一卷中,苏格拉底向色诺芬解释,paidika[宠爱男童]之类的事需要巨大的开销:

> 不幸的是,苏格拉底回答说,你可曾想想在拥抱了一位美貌男童之后会怎样?你难道不知道,你会失去自由变成奴隶,你将把财产花在有害的享受之上(*πολλὰ δὲ δαπανᾶν εἰς βλαβερὰς ἡδονάς*),对于那些善美之物,你将没有空闲,却是全身心投入于即使疯子也不会感兴趣的事物之上?①

---

① 《回忆苏格拉底》卷一,3.11。参《回忆苏格拉底》卷一,2.22:

> 我也看到那些酗酒或被卷入爱情漩涡的人,不再做该做的事,却做不应做的事。实际上,在坠入爱河之先,很多人都能管理财产(*χρημάτων δυνάμενοι φείδεσθαι*),但是之后却无能为力。一旦他们花光了他们的财富(*τὰ χρήματα καταναλώσαντες*),他们不会再回到先前的享受(*κερδῶν*),因为他们认识到那是羞耻的。

正是由于akrasia[不自制],僭主才贫穷,因为他们拥有永不知足、无法控制的欲望,总是缺乏足够的钱财来满足他们无底的欲望(参《回忆苏格拉底》卷四,2.38;《会饮》卷四,35—36)。后面我们将看到,自制不仅是苏格拉底齐家的基础,同样也是伊斯科马柯斯齐家的基础。

第三,既然苏格拉底宣称自己无能,而实际上又曾追随过伊斯科马柯斯,好像他本应能够满足克里托布勒的要求。实际上,伊斯科马柯斯不仅[264]多次指出掌握农耕并非难事(参章15,4、10;章16,1;章18,10),而且也曾指出苏格拉底早就在教导他人了(参章18,9;章20,24)。从没有人认为这里的论断是"巧妙的","显示了色诺芬的逻辑合理性"(参Natali[2001],页283,注释36)。除非认为色诺芬确实不具备巧妙性和逻辑合理性——这是我难以相信的,问题是什么原因使苏格拉底拒绝教导克里托布勒。要知道,苏格拉底拥有极少的财富,伊斯科马柯斯更适合担任齐家和兴盛家产方面的老师。但是,在我看来,这并不是苏格拉底选择在伊斯科马柯斯的优点面前自我消隐的根本原因。我的解释如下:因为苏格拉底放弃财富,而克里托布勒显然不会如此做,苏格拉底无疑更有可能预见后者的结局,即把克里托布勒带到节制和财富的正确道路上,通过向后者呈现一个与之更为相似的榜样,也即一个成功兴盛家产的富有的有产者。而且因为伊斯科马柯斯齐家的基础,与不具"财产"的苏格拉底一致,苏格拉底就抛砖引玉向自己的这位年青伙伴推出了伊斯科马柯斯这个典型。他不仅向后者提供了一个不甚俭朴却更有魅力从而更具说服力的财富典型,而且通过伊斯科马柯斯的中介,他得以继续阐述对他来说财富的伦理基础,即自制。①

[265]第四,苏格拉底在《齐家》起始处(章一,1—7),阐述了对其 oikonomia 定义来说必不可少的补充物,即关于财富的定义。如果我们可以将那些我们知道如何有益使用(χρῆσθαι)的东西称为"财富"(χρήματα)的话,那么钱财本身并不是财富,因为它有可能被不恰当地使用(参《齐家》章一,12—14)。这一理论有巨大的经济反响,因为齐家的基本目标,即壮大家产,乃取决于有见识且合理的使用。能给出这样一种理论,苏格拉底显然不是对齐家领域无知的人。

第五,他向克里托布勒说,他将向后者推荐一位熟知齐家事务的人(章二,16—18)——他习惯于自认为对某一领域无知(参《回忆苏格拉底》卷一,6.14;卷四,7.1)——苏格拉底很满意与伊斯科马柯斯一起讲述这场对话。很有可能产生对对话的误读。对《齐家》的阅读印象,似乎认为伊斯科马柯斯作为一个完整的角色,参与了苏格拉底和克里托布勒的对话。但是,这其实只是苏格拉底谈话的一个效果,因为这是苏格拉底讲述的一场对话。实际上,苏格拉底逐个扮演了他自己、伊斯科马柯斯及伊斯科马柯斯之妻的角色,克里托布勒所听的乃是苏格拉底的谈话。

---

① 这一解释仅在表面上看来与 Natali 的相似。根据后者,苏格拉底和伊斯科马柯斯所代表的典型彼此对立,对于年青人比如克里托布勒来说,色诺芬自己更倾向于伊斯科马柯斯的优越性:"我们认为,色诺芬最后承认,伊斯科马柯斯乃是苏格拉底需要提到的一个想成为好公民的富有的地主的形象"(Natali[2001],页 270)。"所以我们可以认为,对于一个富有的年青贵族来说,生活典型乃是伊斯科马柯斯,而不是苏格拉底。色诺芬把贵族生活置于哲学生活之旁,甚至其上"(Natali[2001],页 284)。与 Natali 相反,我不认为伊斯科马柯斯的生活优越于苏格拉底的,而且,苏格拉底向克里托布勒介绍伊斯科马柯斯的例子,并不是因为后者例子的优越而自我放弃。Natali(2001)页 284,认为克里托布勒背离了苏格拉底所代表的典型,而接受了伊斯科马柯斯。我认为,恰恰相反,他之所以接受了伊斯科马柯斯,乃是因为他认同苏格拉底伦理的本质。

我们可以找到的苏格拉底齐家能力的唯一瑕疵，是对其妻的教导（参 Danzig[2003]，页 57—58，62）和缺乏一份大产业的齐家者所必需的特殊技艺。我们知道妇女是妥善经营 oikos[家产]的首要的参与者，好的齐家者必须使他妻子成为助手（参《齐家》章 7）。由于其失败的婚姻，苏格拉底在这方面似乎没什么可以教给可怜的克里托布勒！苏格拉底似乎认识到自己这方面的无能，当后者问他有好妻子的男子是不是自己教导她们（章三，14）；他没有直接回答这个问题，却保证要向克里托布勒呈现阿斯帕西娅，在他看来后者在这个问题上比他更有智慧。对一份产业的妥善经营，要求人们具备大量的专业技艺，尤其农艺、果树的培植、养马、牧羊等。[266]然而，因为苏格拉底从来不曾拥有过一份 oikos[家产]能使他对此有所经历，也不曾在一大块田地上劳作过——因为并不需要自己拥有一块田地而成为 oikonomikos（参《齐家》章 1，3—4）——对于这些他显然一无所知，至少他自己也这样认为（章二，11—13）。施特劳斯就曾指出，“齐家技艺包含了许多不同的部分，一个人成为所有部分的行家几乎是不可能的”（参 Strauss[1992]，页 19＝[1979]，页 107）。oikonomia[齐家学]就如同 kalokgathia，不需要自己是 kalos kagathos 才能拥有 kalos kagathos 的所有学问（参《回忆苏格拉底》卷四，7.1）；同样，我们可以成为 oikonomikos[齐家者]，即使我们不熟悉 oikonomia 的每一个分支，我们难道会因为一个医生不熟悉医学的所有分支而拒绝称他是“医生”？

或许存在一个更为严肃的理由，可以用来质疑苏格拉底具备齐家能力。如果齐家是扩大家产的一门技艺（*αὔξειν τὸν οἶκον*），①

---

① 参《齐家》章 6，4：“那好，苏格拉底说，齐家（*ἡ οἰκονομία*）似乎是一门技艺的名称，这一技艺在我们看来能够保证人们扩大家业（*ᾗ οἴκους σύνανται αὔξειν ἄνθρωποι*）”。参章 3，15 及章 15，3。

也就是说使之兴旺，我们完全可以怀疑，似乎放弃了对兴盛家业的所有热情的苏格拉底，能否胜任 oikonomikos 的称号。[①] 但是，对 oikonomia 的定义似乎存在着某些不确定之处：如果人们通常把它定义成很好地管理其领域的技艺（*εὖ οἰκεῖν τὸν ἑαυτοῦ οἶκον*，章一，2），这一点毫无妨碍苏格拉底是 oikonomikos；如果定义为增大财富的技艺（章四，4），这就与苏格拉底的齐家热情有些不相对应了。章四 4 中的定义，似乎是对苏格拉底和克里托布勒先前已经达成一致的立场的简单提醒，该立场认为好的齐家者的职责，乃是很好地管理产业，不管是他自己的还是别人的（章一，2—4）。如果这样定义 oikonomia，那么，苏格拉底可以被称为是“好的齐家者”（*οἰκονόμος ἀγαθός*，章一，2），因为他能通过避免过度而成功满足自己的需求。而且，当克里托布勒请他成为自己的齐家参谋时，[267]他所强调的不是苏格拉底创造新财富的才能，乃是其避免过度而储蓄的能力，这一点是引人注意的。

> 我看到，苏格拉底，你知道一个特殊的保持财富的方法，那就是节省（*περιουσίαν ποιεῖν*）：那拥有极少东西能成功齐家的人，我相信，如果拥有很多东西，一定很容易做出许多节省（*πολλὴν περιουσίαν ποιῆσαι*）。（章 2，10；Chantraine[1949]译本，稍有改动）

这一段文字描述了苏格拉底的齐家禀赋——至少是克里托布勒所知道的储蓄的才能，它以限制需求为基础，这在我们已经提到的《回忆苏格拉底》卷四 2.38 中也出现过，其中苏格拉底将那

① 正是由于这一点，Natali(2001)页 280—282 拒绝将苏格拉底看成是一位好的齐家者以及齐家专家。

些 oikonomikoi 描绘成拥有极少财物(πάνυ ὀλίγα ἔχουσιν)却由此满足并能实现储蓄的人(περιποιοῦνται ἀπ᾽ αὐτῶν)。如果色诺芬认识到,合理存在着的富有形式并不以财物和金钱来衡量,而是存在于与开支相关的拥有盈余方面,我则看不到有任何理由拒绝赋予苏格拉底一项齐家能力。①

2. 两种齐家"典型":苏格拉底与伊斯科马柯斯

人们无疑会反驳说,《齐家》中伊斯科马柯斯才是 oikonomikos[齐家者]的代表。这一反驳显示了一个吸引人的难题,即苏格拉底和伊斯科马柯斯之间的关系。大多数学者在这一问题上持截然对立的两种观点:(a)伊斯科马柯斯代表的齐家类型,完全与色诺芬的价值、兴趣和理想一致,以至他由此消隐了苏格拉底的形象,变成了顺从的弟子。持该看法的学者,对将《齐家》视为苏格拉底言辞持相当保留的意见。(b)据施特劳斯(1970)和其后继者的解读,除却其外表,[268]《齐家》乃是苏格拉底生活方式的一篇激烈辩护。如果(错误)认为伊斯科马柯斯抹杀了苏格拉底,那是因为没有认识到这一安排背后隐藏并支配谈话的深层反语。对《齐家》的这两种截然相反的解读,都认识到在苏格拉底和伊斯科马柯斯之间,存在显然的对立。对于那些认为色诺芬更倾向于伊斯科马柯斯而不是苏格拉底的学者来说,我们可以称之为"传统"解读,他们对视《齐家》为苏格拉底言辞持保留意见,而施特劳

① 在本文即将完成之前,我看到一篇新近的文章,Danzig (2003)完全认识到苏格拉底的齐家能力,但是在一个很明确的含义内:"齐家不仅是管理自己家产的技艺,也是管理个人生活各个方面的技艺。在这一点上,苏格拉底是一个齐家天才"(页65—66)。与 Danzig 看法一致(参页 59),我认为苏格拉底赋予齐家能力更大的重要性不是在于扩大财富。

斯学派则与此相反，认为《齐家》是出色的苏格拉底言辞（参 Strauss[1992]，页 6[=1970，页 86]）。

我认为，我们不应简单评判对《齐家》的这两种解读谁是谁非，因为在伊斯科马柯斯和苏格拉底之间并不存在教义上的不一致，在色诺芬的其他书写中，第一种观点持有者捍卫的多数看法，与第二种观点持有者的看法基本一致。下面，我将证明尽管苏格拉底和伊斯科马柯斯代表的齐家类型彼此不同，但是，在色诺芬看来，却又是互补和合理的。我的观点表面上与纳塔里（Natali）的以下观点相同：

> 《齐家》中许多表面矛盾将在理论角度得以解决，如果我们认识到《齐家》中存在两种而不是一种智慧类型：苏格拉底和伊斯科马柯斯。我们可以看到，色诺芬在齐家问题上想把这两种内涵并列，彼此不同却相互补充，并将之对应于两类人——哲人与普通人。（Natali[2001]，页 269—270）

纳塔里与我的看法的根本不同如下：(a)与纳塔里（2001）页 282 不同，我认为苏格拉底不仅是 oikonomikos，还是 kalos kagathos；[①] (b)苏格拉底和伊斯科马柯斯代表的类型并不[269]真正“并列”，而是彼此独立，因为两者有着一个共同的基础；(c)在我看来，认为伊斯科马柯斯的类型“与苏格拉底代表的生活类型完

① 确实，《齐家》章 6 让人觉得苏格拉底不是 kalos kagathos，他也不知道什么是 kalokagathia，所以他就希望拜访一位是 kalos kagathos 的人，即伊斯科马柯斯。然而，如果我们注意到色诺芬的其他书写，则可以看到苏格拉底无疑是 kalos kagathos（参《回忆苏格拉底》卷一，2.18；《会饮》卷一，1；卷九，1），他的伙伴们抱着成为 kaloi kagathoi 的愿望来拜访他（参《回忆苏格拉底》卷一，2.2，2.48，6.14；卷四，5.10，7.1，8.11）。与 Natali 不同，Danzig（2003）页 62 认为，苏格拉底的齐家困境妨碍他被称为 kalos kagathos。

全不同"(参 Natali[2001],页 285)有些夸张,我不认为对于城邦来说前者比苏格拉底更为有用(参 Natali[2001],页 282)。尽管有很多理由来说明《齐家》中苏格拉底在场的原因,[①] 其出发点则在于指出苏格拉底和伊斯科马柯斯代表的齐家类型的相同价值,纳塔里最终却宣称——像很多人那样——伊斯科马柯斯的优越性。就此,在我看来,他是弄错了。

如果我们列出色诺芬的苏格拉底作品中伊斯科马柯斯所持观点,和苏格拉底展示的理论之间的诸多协调之处,足以反驳现有的两个基本解读。[②] 这样的罗列,能够昭显出苏格拉底和伊斯科马柯斯在许多理论方面的深层一致,比如自制的角色(参本文页 270),karteria[生理耐力]的必要性,[③] 关于神的理论,[④] 根据自身能力供奉诸神的义务,[⑤] epimeleia[疗养]的重要性(参本文页 270),自愿服从,[⑥] 身体的料理和锻炼,[⑦] 建设和经营 oikos[家产]的方式[⑧] 等等。

---

① 如同我在它处指出的(参 Bandini & Dorion[2000],页 LXXXVI－LXXXVII),Pomeroy(1994)的评论在这一点上极为令人失望,因为完全忽视了(参页 29－30)这一解读《齐家》时的中心问题。

② 介于目前这一研究的条件限制,我列出这一清单并加以评论。顺便指出,到目前为止,我在苏格拉底伦理和伊斯科马柯斯代表的典型之间,找到了四十多处标志性的印证。我将在不久的将来出版这一清单,并辅以评论。

③ 参《回忆苏格拉底》卷一,2.1,6.6－7;卷二,1.6(苏格拉底);和《齐家》章 7,23(伊斯科马柯斯)。

④ 参《回忆苏格拉底》卷一,4;卷四,3(苏格拉底);和《齐家》章 7,16－32(伊斯科马柯斯)。

⑤ 参《回忆苏格拉底》卷一,3.3;卷四,3.16(苏格拉底);和《齐家》章 11,9(伊斯科马柯斯)。

⑥ 参《回忆苏格拉底》卷三,3.8－10,4.8,5.5－6,9.10－11(苏格拉底);和《齐家》章 7,37;章 21,12(伊斯科马柯斯)。

⑦ 参《回忆苏格拉底》卷一,2.4;卷一,2.19;卷三,12(苏格拉底);和《齐家》章 11,12－13;19－20(伊斯科马柯斯)。

⑧ 参《回忆苏格拉底》卷三,8.8－9(苏格拉底);和《齐家》章 9,4(伊斯科马柯斯)。

因为这里无法列出并评论所有的例证，就以在我看来最为重要的财富的基础为例。[270]我们知道，苏格拉底视自制为所有财富的基本条件，这不仅是他在《齐家》亦是在《回忆苏格拉底》中所持的观点。在我看来，这一点具有绝对的重要性，就此，我认为伊斯科马柯斯与苏格拉底之间并不存在不一致。我认为在第七章中，当伊斯科马柯斯向苏格拉底解释他如何教导妻子时，他也认同 enkrateia 和 sophrosyne[节制]极度重要，无论是对于齐家还是对于肉体享乐的控制来说。如果女子在经营 oikos 方面是男子的极好合作者，而且 enkrateia 是财富的条件的话，那么就不应惊讶于伊斯科马柯斯的说法，诸神使得男女处于这一关系之下(章七，27)，学会节制对于男女来说同等重要(章七，6)。同样，对男子和女子一样，节制乃是所有财富的条件(章七，15)。苏格拉底和伊斯科马柯斯在看待 enkrateia 上的类似并不止于此，与苏格拉底一样，伊斯科马柯斯也赞同 enkrateia 对于统治者来说必不可少，① 而且它是 epimeleia 的条件。② 在我看来，其后一点是基本的，正是 epimeleia 而不是认知，造成了成功和破产的农耕者之间的区别(章二，1—4)。总之，我丝毫不怀疑伊斯科马柯斯能够毫

① 参《回忆苏格拉底》卷一，5.1；卷二，1；卷四，3.1，5.11—12(苏格拉底)；和《齐家》章9，11；章21，12(伊斯科马柯斯)。

② 参《回忆苏格拉底》卷一，2.22，3.11，6.9；卷二，1.20，1.28；卷四，5.7，5.10(苏格拉底)；和《齐家》章12，9—14；章20，6及15(伊斯科马柯斯)。人们反对苏格拉底具备齐家才能的论据通常是错误的，特别是如下的说法：

> 乃是伊斯科马柯斯向他和克里托布勒解释那些有名的精明财产管理者是如何经营的，有的变富了，有的则破产了。如同我们知道的，这需要另一种东西，某种苏格拉底所不知道也没有实践过的东西，甚至对于那些了解这一行业的人也不知晓，即 epimeleia。(Espinas[1905]，页549)

Espinas 注意到了 epimeleia 的重要性，但是他认为苏格拉底不知道这一点则是没有道理的。

不费力地承认苏格拉底的下述看法,即 enkrateia 是德性的基础(《回忆苏格拉底》卷一,5.4)。

如果苏格拉底的财富与伊斯科马柯斯的具有相同的基础,那么什么使前者崇尚俭朴,而后者却家业兴旺呢?在我看来,这一区别不是《齐家》的意旨所在。苏格拉底发现自己"足够[271]富有"(章二,2),并放弃变富的所有方式,《回忆苏格拉底》卷一 6.10 已经清楚解释过了,当他反驳安提丰懒惰和享乐式的幸福时,承认自己满足于作为神性幸福之保证的自足。《回忆苏格拉底》中的这段文字,是古代一项巨大的"财富"(参 Bandini & Dorion [2000]中 testimonia ad《回忆苏格拉底》卷一,6.10 中的注释),必须在与神性相似的角度加以解读。如果诸神赋予人以幸福的类型,那么,人类应该遵循诸神允许的方式,毫不含糊地认识到这种幸福。根据苏格拉底对诸神的呈现,乃是自足——而不是德性或智性训练——保证了他们卓然的幸福,苏格拉底的努力乃是要摆脱所有形式的需求,其中包括钱财。

苏格拉底,或一位知道致富的手段却宁愿弃之不用的哲人的例子,并非史无前例。在《政治学》(*Politique*,卷一,1.1259A6—19)中,亚里士多德讲了关于泰勒斯(Thalès)的一段很有教益的趣闻:"由于人们因其贫穷(*διὰ τὴν πενίαν*)而指责哲学无用",泰勒斯就"运用"他的天文知识,预见到下一季的橄榄将获得丰收,于是他就提前租用了所有的榨油器,并在收获季节重新租出,这使他获得巨大的收益。亚里士多德总结这段逸闻说,"借助他所获得的巨大财富(*πολλὰ χρήματα*),他证明了哲人要致富(*πλουτεῖν*)很容易,但是这并不是他们的兴趣所在"(《政治学》卷一,1,1259a16—18)。在我看来,这对于苏格拉底[色]同样适用,他拥有致富的必要才能,但是他放弃了财富,因为这不是哲人生活的重点所在。

苏格拉底不寻求致富的事实,自然也会招致他对政治没有兴趣的看法。认为自制是个人财富和统治他者能力的基础，是很中肯的。然而，苏格拉底在自制方面超过其他所有人（参《回忆苏格拉底》卷一，2.1；《苏格拉底的申辩》14），却放弃了致富，放弃统治他者，这难道不矛盾吗？答案是否定的。就政治来说，苏格拉底虽然自己不去从事，但是并没有放弃培养他人从政（参《回忆苏格拉底》卷一，6.15；卷二，1；卷四，2，3.1），而且他也不指责那些希望成为政治人士的人。[272]对于齐家致富同样如此，苏格拉底放弃自己致富，但是他培养弟子们齐家的能力，他赞成城邦的兴旺。与柏拉图不同（参《苏格拉底的申辩》31d－32a），色诺芬从来没有给出苏格拉底放弃从政的原因，我们是不是可以认为，柏拉图提到的理由对于苏格拉底[色]也同样适用呢？我不这样认为。柏拉图的看法，与他对所处时代的政治处理一致：为正义而战的人，时刻都有丧命的危险（柏拉图，《申辩》31e－32a），所以雅典政治并不以正义为准则。这一处理可以在苏格拉底[柏]对当时雅典政客们反复辛辣的批评中得以证实：他们并不希望民人更有德性，而是用堡垒、庙宇、船舶、军舰等来建设城邦。在色诺芬看来，这些正是政客所应从事的合理任务（参《希耶罗》章11；《雅典的岁入》[*Revenus*；*Vect*.]VI，1），所以苏格拉底[色]不愿批评当时的政客，事实上，他一直对伯利克勒斯和忒米斯托克勒（Thémistocle）持有敬意（参《回忆苏格拉底》卷二，6.13；《会饮》卷八，39）。并且，苏格拉底[色]从来不曾与对正义的限制，和雅典的政治现实持相对立场。所以我们尽管不清楚苏格拉底[色]不从政的原因，但决不是苏格拉底[柏]在《申辩》中所提到的那些。的确，苏格拉底[色]在《回忆苏格拉底》卷一6.15中说过，培养他人从政比他自己从政更为有用。如果培养他人而自己不从政是可能的，那么我们可以认为，培养他人的齐家本领而自己不管理家业（oikos）或致富也是可能的。

为了更好地理解为何苏格拉底和伊斯科马柯斯生活方式不

同,却有着相同的根基,就需要说明自制并不必然绑定俭朴及 autarkeia[自给自足]。只要自制是德性和所有用处的基础,它就是通往所有被认为有用职务的道路,无论最为谦卑的——比如遵循管家命令行事的奴隶(参《回忆苏格拉底》卷一,5.2;《齐家》章 9,11;章 12,10—14),还是最为高贵的——比如政治首领(参《回忆苏格拉底》卷一,5.1;卷二,1.1—7)。自制同样也是节制致富的条件,能够自我管制的人,不会觊觎他人的财产,而且能够[273]通过正义和诚实的方式致富(见《回忆苏格拉底》卷一,2.22)。自制也能以相当矛盾的方式带来两种不同类型的财富:一,苏格拉底式的财富,类似近乎没有需求的状态,与自足一致;二,以伊斯科马柯斯为代表类型的财富,即以限制需求为前提的家产兴盛和物质丰富。

但是,如果伊斯科马柯斯拥有自制,而且是自己欲望的主人,那么他还需要致富并扩大其产业吗?换句话说,既然不是必需的,为何还要辛苦挣钱?对这个问题,无疑会给予如下回答:不应为自己而追求财富,即使从满足追求者的需求和欲望的角度来看,而应该用于辅助管理 philoi[友人]和城邦。色诺芬深信,个人和集体的财富如果用于城邦和 philoi 的话,则具有很大的用处。这就是苏格拉底不指责物质财富并鼓励统治者努力为城邦致富的原因,也解释了我在稍前处提到的矛盾:苏格拉底鼓励个人和集体的致富而他自己却不这样做,乃是因为他认为财富仅对那些靠节制获得、以及处于作为自我主人的人手中时才有用。就这一点,我基本接受这样的观点,即苏格拉底的生活方式并不适用于所有人,一个城邦如果仅有如苏格拉底那样的个体的话,将失去活力(参 Natali[2001],页 282)。那么,是不是说仅伊斯科马柯斯的生活方式才对城邦有用,苏格拉底的则对他人毫无用处呢?如果是这样的话,将是令人惊讶的。正是在这里,苏格拉底自己邀请我们得出这样一个结论：

> 有很多人不能不求诸他人而生活下去(*οὐ δύνανται ζῆν*)，也有很多人因仅能保证自己的必需而显得幸福(*τὰ ἑαυτοῖς ἀρκοῦντα πορίζεσθαι*)。但是有些人不仅有能力赡养家人(*μὴ μόνον τὸν ἑαυτῶν οἶκον διοικεῖν*)，还能有所节省以便用于城邦建设(*τὴν πόλιν κοσμεῖν*)和帮助友人(*τοὺς* [274] *φίλους ἐπικουφίζειν*)，如何能不将他们视为稳固而强大者呢？(章11,10；亦参章6,8—10)

苏格拉底在这里描绘了三种类型的人，似乎与对话中的三个角色相对应，即克里托布勒、苏格拉底和伊斯科马柯斯。克里托布勒正陷于困境而需要他人的帮助，苏格拉底满足于获得他所需要之物，最后，伊斯科马柯斯有帮助他的朋友和建设城邦(*τὴν πόλιν κοσμεῖν*)的才能。是不是说，仅有那些富有的人，比如伊斯科马柯斯，才能帮助友人并建设城邦呢？纳塔里毫不犹豫地认为，"一个穷人[即苏格拉底]不能与富人[即伊斯科马柯斯]一般对城邦有用"(参 Natali[2001]，页 282)。尽管苏格拉底自己给了我们上述结论(章六，8—10；章十一，10)，我认为我们应对此保持缄默。另外，苏格拉底并不贫穷，我们是否需要再重提一下色诺芬在《回忆苏格拉底》(卷一，3.1)中所宣称的热情，以说明苏格拉底远没有给城邦和拜访他的人带来危害，相反，而是有深深的益处呢？色诺芬的意图是不是就在于指出苏格拉底对于 polis 的用途比那些富有的人少呢？我认为恰恰相反，我将以一个具体的例子来加以说明。

当苏格拉底问伊斯科马柯斯是否因操心所有这些财产而有烦恼的时候，后者回答说：

> 苏格拉底，我感到快乐，因为能够慷慨供奉诸神（θεοὺς μεγαλείως τιμᾶν），友人有所需求时（φίλους, ἄν τινος δέωνται, ἐπνφελεῖν）也能加以帮助。在我可能的范围内，从来不让城邦缺乏用于建设的资源（τὴν πόλιν μηδὲν ⟨τὸ⟩ κατ᾽ ἐμὲ χρήμασιν ἀκόσμητον εἶναι）。（章11,9）

在肯定他的财产乃是用于有需求的友人和城邦"建设"的同时，伊斯科马柯斯符合苏格拉底反复强调的对philoi[友人]和城邦有益的要求（参《回忆苏格拉底》卷一，6.9；卷二，1.19，6.1；卷四，2.11，5.3—6，5.10）。我们可以通过《回忆苏格拉底》中一段精彩的文字，证明苏格拉底对其友人、民人、外邦人及城邦的用途，超过那些拥有大量物质财富的人：

> [275]相反，苏格拉底是民众和他人的友人，这是家喻户晓的。实际上，尽管他有着无数的崇拜者，无论是城邦民人还是外邦人，他从来没有为他的教导而收取报酬，他毫不保留地给与所有人他自身的财富（ἀλλὰ πᾶσιν ἀφθόνως ἐπήρκει τῶν ἑαυτοῦ）。友人中的一些，无偿得到[他教导的]只言片语后，却把它们高价转卖给他人。这些人与他不同，不是民众的友人，因为他们拒绝与那些不能付给他们报酬的人交往。如若与他人相比，苏格拉底为我们城邦带来的光彩（κόσμον τῇ πόλει παρεῖχε, πολλῷ μᾶλλον），比利卡斯（Lichas）为拉刻岱蒙（Lacédémoniens）带来的更多。利卡斯因他的仁慈而著称（ὃς ὀνομαστὸς ἐπὶ τούτῳ），每逢田径运动，他都款待那些在拉刻岱蒙停留的外邦人。而苏格拉底一生之中，不吝惜自己的财富（τὰ ἑαυτοῦ δαπανῶν τὰ μέγιστα），给所有对他有希冀的人以最大的服务（τὰ μέγιστα... ὠφέλει）。他带给拜访

他的人的,乃是使后者变得更优秀。(卷一,2.60—61)

我们相信,乍一看,苏格拉底不能与那些能够对城邦荣耀和建设(κόσμος)① 有贡献的富人相比。然而,即使就这一层关系来说,苏格拉底的价值也超过了那些富人:他毫无保留且不懈地给出(δαπανῶν)自己的财富,也就是说他的智慧,使他人更优秀,与那些在公共事业方面被迫付出巨大开销(τὴν πόλιν κοσμεῖν,克里托布勒[章 2,5—6]和伊斯科马柯斯[章 7,3]需要完成的是义务)的富人相比,为城邦的荣耀和建设付出的更多。苏格拉底的俭朴生活,使得他有着很多的闲暇为城邦服务(参《回忆苏格拉底》卷一,6.9)。

如果有人批评我借《回忆苏格拉底》的光芒来阅读《齐家》,并由此误读了《齐家》的特殊性,我将在随后的解读中,[276]以不仅在色诺芬的四篇苏格拉底作品中,而且其全部作品都可以看到的大量一致性教义来加以证明。比如,我们在《居鲁士的教育》(卷八,3.39—48)中看到,介于斐劳拉斯(Phéraulas)和萨斯(le Sace)之间的齐家,与苏格拉底和伊斯科马柯斯有着类似或一致的关联。财富给斐劳拉斯带来压力,因为财富使得他忙个不停,给他带来烦恼和忧虑;萨斯则感到满足,因为财富使得他能够有余力供养诸神并帮助友人和宾客。斐劳拉斯立即把他所有的财产都给了萨斯,两个人由此都感到幸福:对于斐劳拉斯来说,他最终摆脱了管理财产的烦

① 据 Élien(《轶史》[*Histoire variée*],卷二,13 = SSR 1 A 29),苏格拉底是"城邦的饰品"(κόσμον ταῖς 'Αθήναις ὄντα)。同样,据 Marinus(《普洛克罗斯传》(*Vie de Proclus*),32.36),神曾宣称,普洛克罗斯是城邦的饰品(Πρόκλος ὁ κόσμος τῆς πολιτείας)。从这两段文字中,可以看到对《回忆苏格拉底》卷一 2.60—61 的重忆。

恼,从而有了闲暇(σχολή);[①] 萨斯则因为有了巨大的财富,从而更能用于其职责。斐劳拉斯和萨斯之间的对比,不能理解成一方获益另一方不获益的两种对立立场,因为色诺芬没有偏爱两者中的任何一方。这两种对于财富的态度彼此都是合理的,由于它们的互补性,彼此之间不存在任何根本的对立:斐劳拉斯让出了自己的财富,作为交换,他要求萨斯满足他节制和俭朴生活之所需(εὐτελής)。[②] 认识到放弃财富的人需要一个更为富有之人的供养,在我看来,色诺芬道出了一个有着沉重后果的实情:或许苏格拉底的物质困乏,实际上乃是为了衬托某些更为富有友人的仁慈。[③]

苏格拉底和伊斯科马柯斯代表表面上彼此不同甚至对立的两种齐家类型,但实际上却是一致与互补的:城邦需要伊斯科马柯斯,亦需要苏格拉底。如果我们拒绝某些学者要求我们选择的那些介于两者之间的错误关联的话,我们对《齐家》的理解将有很大提升。我们不需要选择苏格拉底而排斥伊斯科马柯斯,抑或相反,因为这两种齐家类型有着相同的基础,并且拥有共同的目标——对友人和城邦有益——两者同样合理和必需。不要忘记,[277]色诺芬是分工劳作(参《居鲁士的教育》卷八,2.5—6)的支持者,这一点无疑也是苏格拉底和伊斯科马柯斯的看法,而且是出于使城邦更能获益的考虑。也就是说,如果一定要问色诺芬偏向哪一类型?我倾向于认为,色诺芬作为伊斯科马柯斯的 alter ego

---

① 参《居鲁士的教育》卷八,3.47—48,3.50。同样,苏格拉底(《回忆苏格拉底》卷一,6.9)与安提斯忒涅(《会饮》卷四,44),因为生活方式俭朴,从而拥有足够的闲暇(schole)。

② 色诺芬用同样一个词(εὐτέλεια)来描述苏格拉底(参《回忆苏格拉底》卷一,3,5)和安提斯忒涅(参《会饮》卷四,42)的生活方式。

③ 至少有两段文字可以看出,苏格拉底如果需要,可以向友人要求物质帮助。参《齐家》章2,8;《苏格拉底的申辩》17。

[知己],[1] 认识到了苏格拉底齐家的优越性。[2] 苏格拉底不仅对他的友人和城邦有用,而且他也是最正义、最谦逊、最自由(参关于苏格拉底的神谕,《苏格拉底的申辩》14)、最优秀和最幸福的人(参《回忆苏格拉底》卷四,8.11)。对此,色诺芬或伊斯科马柯斯是否会有所保留呢?我们可以存疑。

我所呈现的解读有双重意义:一方面,很好地阐释了《齐家》中苏格拉底角色的根基,我们没有理由再怀疑《齐家》是不是一部真正的苏格拉底言辞;另一方面,人们长久认为《齐家》中相互矛盾(章1—6和7—21)且彼此独立的两种观点(参 Delebecque[1957],页235—237,363,368—370;Bourriot[1995],页323),从此呈现为两个兼容的部分,互补并且直接关联,而且可以在它们之间发现众多的联系(尤其章3,Pomeroy[1994]页230指出它是"对《齐家》内容的俯瞰")。

如果色诺芬倾向于伊斯科马柯斯的齐家,无疑乃是因为苏格拉底的齐家不能普遍适用于民人整体,所以,从这个角度来看,后者面对的不是多数人。苏格拉底的齐家就如同他的"禁"欲,那些不能在齐家或性上模仿苏格拉底的人,可以满足于一个至少为苏格拉底所认同的不甚严格的体制。需要记住,苏格拉底在这一点上是他自己的主人,[278]就爱之快感来说,他对最美的肉体无动于衷;然而,他并未评判那些不能无动于衷而借女妓或娼妓倾泻欲望的人,认为这些对他们的灵魂并无影响(《回忆苏格拉底》卷

---

① 参 Danzig(2003),页74:"他自己的生活[色诺芬]更与伊斯科马柯斯而不是苏格拉底相似"。在投入希隆特(Scillonte)的产业之后,色诺芬接受了伊斯科马柯斯的生活,而放弃了苏格拉底的。

② 这一点上,我完全赞同 Danzig:"尽管色诺芬不像苏格拉底那样生活,但并不说明他认识不到后者的卓越"(Danzig[2003],页74)。相反的观点,参 Natali(2001),页284。

一,3.14)。同样,在齐家方面,他所代表的是“自足”的形式,但并不因此反对那些寻求致富的人,而是认为符合正义要求的致富能服务于友人和城邦。介于“禁”欲和齐家“俭朴”方面的对比,显然不是我们所期望的,但是,在我看来却是允许的,因为对财富的热爱和欲望都直接以自制为基础。

最后,苏格拉底和伊斯科马柯斯之间的关系问题,必须在对话的申辩维度加以理解(可参阿里士多芬《云》中清晰的暗示[章3,7—10;章11,3,18,25])。克里托布勒陷入困境并因为缺乏自制而使自身事务濒于破产,苏格拉底在教导他的同时,也证明了自己不是导致青年人堕落的原因。正是《回忆苏格拉底》中色诺芬指出的处于第一位的苏格拉底式自制,被用来作为对使青年人堕落的控诉的反驳。既然自制是所有德性的基础,苏格拉底本人是自制的榜样,他如何能够给自己的青年伙伴们带来有害影响呢(参《回忆苏格拉底》卷一,2.1—8)?而且,向克里托布勒呈现了同时作为 kalos kagathos[贤良之士]和 oikonomikos[齐家者]的伊斯科马柯斯,证明了苏格拉底向年青人建议的是为城邦所认同并取得成功的榜样(参《齐家》6,17)。但是,要确认并非苏格拉底的伙伴,并且看起来没有闲暇对哲学感兴趣(参《齐家》章7,1)的伊斯科马柯斯,与苏格拉底拥有很多共同价值,则是很有些困难。如果色诺芬的意旨,在于指出苏格拉底的教导远不与城邦价值和利益相反而是与之相合的话,就需要恰好有一位对哲学没有兴趣的 kalos kagathos[贤良之士],与苏格拉底所希冀的 oikonomikos[齐家者]类型完全吻合。然而,色诺芬为安排这一角色也付出了代价,需要他牺牲苏格拉底的独特之处,尤其他的中肯。如果城邦自己能造就[279]苏格拉底希望培养的 oikonomikoi[齐家者],

而我们在色诺芬的作品中却找不到一个例子,① 那么从苏格拉底那里获得的教导又有什么用处呢?

参考文献

ARNIM, H. von 1923: *Xenophons Memorabilien und Apologie des Sokrates*, Copenhague, 1923 (Acad. Dan., Historisk-filologiske meddelelser, 8. 1).

AUBONNET, J. 1960: Aristote, *Politique*. Tome I, *Introduction*, *Livres I et II*. Texte établi et traduit par —, Paris, 1960 (Collection des Universités de France).

BANDINI, M. & L.-A. DORION 2000: Xénophon, *Mémorables*, tome 1: *Introduction générale*, *Livre I*, texte établi par M. Bandini et traduit par L.-A. Dorion, Paris, 2000 (Collection des Universités de France).

BOURRIOT, F. 1995: Kalos kagathos — kalokagathia: *d'un terme de propagande de sophistes à une notion sociale et philosophique. Étude d'histoire athénienne*, 2 vol., Hildesheim, 1995 (Spudasmata, 58).

BRICKHOUSE, T.C. & N.D. SMITH 2000: *The Philosophy of Socrates*, Boulder, Colo., 2000 (History of Ancient and Medieval philosophy).

CASTER, M. 1937: «Sur l'*Économique* de Xénophon», *dans Mélanges offerts à A.—M. Desrousseaux par ses amis et ses élèves en l'honneur de sa cinquantième année d'enseignement supérienr (1887 — 1937)*, Paris, 1937, p. 49—57.

CHANTRAINE, P. 1949: Xénophon, *Économique*, texte établi et traduit par —, Paris, 1949 (Collection des Universités de France).

COOPER, J.M. 1998: «Socrates», dans E. Craig (éd.), *Routledge Encyclopedia of Philosophy*, vol. 9, Londres-New York, 1998, p. 8—19.

---

① 苏格拉底伙伴中唯一一个似乎善于齐家的乃是卡尔米德(参《回忆苏格拉底》卷三,7),但是没有任何暗示显示他是从苏格拉底那里获得这一才能的。另外,我们看到苏格拉底在对年青的欧绪德谟的教导中,一点都没有谈到齐家(参《回忆苏格拉底》卷四,2—3,5—7)。安提斯忒涅(《回忆苏格拉底》卷三,4)是另一个齐家能力为苏格拉底所认同,却对哲学毫无兴趣的 oikonomikos[齐家者]的例子。

DANZIG, G. 2003: «Why Socrates was not a farmer: Xenophon's *Oeconomicus* as a philosophical dialogue», *Greece & Rome*, 50 (2003), p. 57—76.

DELEBECQUE, E. 1951: «Sur la date et l'objet de l'*Économique*», *Revue des études grecques*, 64 (1951), p. 21—58.

— 1957, *Essai sur la vie de Xénophon*, Paris, 1957.

ESPINAS, A. 1905: «Xénophon, l'économie naturelle et l'impérialisme hellénique», *Revue de métaphysiquc et de morale*, 13 (1905), p. 545—560.

LUCCIONI, J. 1953: *Xénophon et le socratisme*, Paris, 1953 (Publications de la Faculté des lettres d'Alger [2. sér.], 25).

MARCHANT, E.C. 1923: Xenophon, *Memorabilia and Oeconomicus*. With an English translation, Londres-Cambridge (Mass.), 1923 (The Loeb Classical Library).

NATALI, C. 2001: «Socrate dans l'*Économique* de Xénophon», dans G. Romeyer Dherbey (dir.) & J.-B. Gourinat (éd.), *Socrate et les socratiques*, Paris, 2001 (Bibliothèque d'histoire de la philosophie. Nouveile série), p. 263—288.

POMEROY, S.B. 1994: *Xenophon*, Oeconomicus: *a social and historical commentary*. With a new English translation, New York-Oxford, 1994.

RIEDINGER, J.-C. 1995: Xénophon, *L'Économique*. Traduit et présenté par —, Paris, 1995 (Rivages poche. Petite bibliothèque).

RUDBERG, G. 1939: *Sokrates bei Xenophon*, Uppsala-Leipzig, 1939 (Uppsala universitets årsskrift, 1939.2).

STRAUSS, L. 1970: *Xenophon's Socratic Discourse: an interpretation of the* Oeconomicus. With a new, literal translation of the *Oeconomicus* by C. Lord, Ithaca (New York), 1970.

— 1992: *Le discours socratique de Xénophon* [1970] suivi de *Le Socrate de Xénophon* [1972]; en appendice *L'esprit de Sparte et le goût de Xénophon*. Traduit par Olivier Sedeyn, Combas, 1992 (Polemos).

WOLFF, F. 1985: *Socrate*, Paris, 1985 (Philosophies, 6).

色诺芬的苏格拉底作品研究文献补充书目

(1984—2008)

多里安(Louis-André Dorion) 撰

[283]莫里松 (Donald R. Morrison) 所编的奠基性参考文献出版 20 年之后,[①] 我们觉得有必要加纂一份补充参考文献。对色诺芬的苏格拉底作品兴趣的反弹,从对这些作品的研究出版物数量的增长上就可见一斑。不妨稍微做一番比较:莫里松的参考文献横跨近 400 年,包括 1384 个条目;而眼前这一份补充参考文献仅收录了最近 24 年的研究成果,就有 246 个条目。莫里松的参考文献出版于 1988 年,没有收录 1984 之后的翻译和研究,所以我们的补充参考文献收录的为 1984 年以来出现的条目,不包括莫里松参考文献中已经提到的一些再版与翻译条目。与莫里松不同,我们的参考文献并非仅仅限于色诺芬的部分苏格拉底作品(《回忆苏格拉底》、《会饮》、《齐家》、《苏格拉底的申辩》),亦含括了《希耶罗》(*Hiéron*)和《阿格西劳斯》(*Agésilas*),力求涉及所有与苏格拉底有关的作品。要知道,苏格拉底作品与色诺芬其他作品——比如《居鲁士的教育》、《斯巴达政制》(*République des*

① 《色诺芬苏格拉底作品的版本、翻译及研究参考文献(1600—至今)》(*Bibliography of editions, translations, and commentary on Xenophon's Socratic writings* [1600-*Present*]),Pittsburgh,Mathesis Publications,1988,XVII—103p。

Lacédémoniens)，甚至《论狩猎》(*L'art de la chasse*)和《论骑兵首领》(*Le commandant de cavalerie*)——之间，存在直接的联系。在我看来，在一部与苏格拉底作品有关的参考文献中，最好不含括那些苏格拉底并不在场的其他色诺芬作品。[284]我深信，即使色诺芬的苏格拉底作品(logoi sokratikoi)构成了一个和谐而协调的整体，对它们的研究也不能脱离于色诺芬的其他作品，因为在后者之中，我们可以找到同样的术语、关切及主题思想。

为了编纂这份参考文献，我特别参考了《语文学年鉴》(*Année Philologique*)、《卢汶参考文献索引》(*Répertoire bibliographique de Louvain*)、《哲学家索引》(*Philosopher's Index*)，及其他三份专门研究色诺芬作品的有关参考文献：

GONZÁLEZ CASTRO, José Francisco, *Diez años (1988－1997) de bibliografía sobre Jenofante*, Tempus, 22(1999)，页 5－20。

L'ALLIER, Louis, *Bibliographie complète de Xénophon d'Athènes*) http://www3.sympatico.ca/lallier.louis/

VELA TEJADA, José, Post H.R. Breitenbach: *tres décadas de estudios sobre Jenofante* (1967－1997), Actualización científica y bibliográfica, Universidad de Zaragoza, Departamento de Ciencias de la Antigüedad, 1998 (Monografias de filologia griega, 11), VIII－224p。

对标题与色诺芬的苏格拉底作品没有任何直接关系的研究，我在目录之后以方括号标出该研究所涉及的色诺芬作品。最后，抱着能不断更新这一参考文献的心愿，真诚欢迎读者们给予更正或查漏补缺，若您有新的条目，恭请通过以下邮箱与我联系：louisandre.dorion@umontreal.ca。

1. 版本及/或译本

AUDRING, Gert 1992: *Xenophon: Ökonomische Schriften* [texte et traduction], Berlin, Akad.-Verl. (Schriften und Quellen der Alten Welt, 38), 1992, 168 p.

BANDINI, Michele & Louis-André DORION 2000: *Xénophon: Mémorables*, tome *I: Introduction générale*, *Livre I* [introduction, traduction et notes par L.-A. Dorion; histoire et établissement du texte par M. Bandini], Paris, Les Belles Lettres, 2000 (Collection des Universités de France), CCCXXXII—174 p.

BARTLETT, Robert C. 1996: *Xenophon. The shorter Socratic writings: Apology of Socrates to the jury*, *Oeconomicus*, *and Symposium* [introduction, traduction et notes], Ithaca (N.Y.), Comell University Press, 1996, X—201 p.

BONNETTE, Amy L. 1994: *Xenophon: Memorabilia* [introduction, traduction et notes], Ithaca (N.Y.), Cornell University Press, 1994, XXVIII—170 p.

BOWEN, Anthony J. 1998: *Xenophon: Symposium* [introduction, texte et commentaire], Warminster, Aris & Phillips, 1998, VIII— 146 p.

CIRIGNANO, John S. 1993: *Xenophon's Symposium: a collation, text, and text history*, Diss. University of Iowa City, 1993, 147 p.

CONCORDIA, Ignazio 1989: *Senofonte: Apologia di Socrate* [introduction, traduction et notes], Palerme, Edicooper, 1989, 77 p.

DANZIG, Gabriel 2002: *Socratic dialogues: Xenophon's Apology of Socrates*, *Symposium and Oeconomicus* [introduction, traduction en hébreu, notes et commentaires], Jerusalem, Shalem Press, 2002, 172 p.

DÍAZ SOTO, Marcelo 1986: *Jenofonte: Recuerdos de Sócrates*, *Banquete*, *Apología* [traduction], Barcelone, Edicomunicación, 1986 (Col. Filosofía y ensayo), 253 p.

DOTY, Ralph 1994: *Xenophon Oeconomicus VII—XIII* [introduction, texte grec, commentaire et lexique], Londres, Bristol Classical Press, 1994, VII—83p.

DOYLE, James 2002: *Xenophon: Apology of Socrates*, [traduction], dans C.D.C. Reeve (éd.), *The trials of Socrates: six classic texts*, Indianapolis (Ind.), Hackett, 2002, p. 177—184.

DUMONT, Jean-Noël 1998: *Premières leçons sur l'*Apologie de Socrate *de Platon. Suivies de l'*Apologie de Socrate *de Xénophon*, [traduction], Paris, P.U.F., 1998, v— 118 p.

KONSTAN, David 1987: *Xenophon's Apology of Socrates* [texte grec, commentaires], Bryn Mawr (Pa.), Thomas Library, 1987 (Bryn Mawr Greek Commentaries), IV— 10 p.

LINNIÉR, Sture 2004: *Xenofon: Ledarskap* [*Économique*] [texte et traduction], Stockholm, Wahlström och Widstrand, 2004, 111 p.

MUELLER, Armin 1990: *Xenophon: Memorabilien*, *Auswahl aus den vier Biichern* [introduction, texte et commentaire], Münster, Aschendorff, 1990 (Aschendorffs Sammlung Lateinischer und Griechischen Klassiker), 136 & 100 p.

NAPOLETANO, Michele & Marco DORATI 1995: *Senofonte. Apologia di Socrate*, [introduction de M. Napoletano, traduction de M. Dorati], Milan, La Vita Felice, 1995, 64 p.

NATALI, Carlo 2003: *Senofonte. L'amministrazione della casa: Economico* [introduction, traduction et notes], Rome, Edizioni di Storia e Letteratura, [3]2003 (Temi e testi. Reprint, 1), 256p. [[1]1988, Venise, Marsilio, I1Convivio].

OP DE COUL, Michiel 2000: *Xenophon. Symposium. Sokrates' verdediging*, Amsterdam, Athenaeum-Polak & Van Gennep, 2000, 83 p.

POMEROY, Sarah B. 1994: *Xenophon*, Oeconomicus: *a social and historical commentary* [traduction et commentaire], Oxford, O.U.P., 1994, XII—388 p.

PRADO, Anna Lia Amaral de Almeida 1999, *Xenofonte: Econômico* [traduction], São Paulo, Martins Fontes, 1999, 99 p.

RADSPIELER, Hans & Jan Philipp REEMTSMA 1998: *Xenophon: Sokratische Denkwtirdigkeiten* [traduction], Frankfurt am Main, Eichborn, 1998 (Die Andere Bibliothek, 163), LXIII—272 p.

RIEDINGER, Jean-Claude 1995: *Xénophon: l'Économique* [introduction et traduction], Paris, Payot-Rivages, 1995 (Rivages Poche/Petite Bibliothèque, 145), 134 p.

ROSCALLA, Fabio 1991: *Senofonte: Economico* [introduction, traduction et notes], Milan, Biblioteca Universale Rizzoli, 1991 (BUR. L), 256 p.

SANTONI, Anna 1989: *Senofonte. I memorabili* [introduction, traduction et notes], Milan, Biblioteca Universale Rizzoli, 1989 (BUR. L, 701), 400 p.

TANASESCU, G. 1987: *Amintiri despre Socrate: Convorbiri memorabile. Despre economie. Banchetul. Apologia* [traduction], Bucarest, Bucuresti Univers, 1987, xx—271 p.

TERREAUX, Claude 1997: *Xénophon: tenir sa maison (L'Économique)* [présentation et traduction], Paris, Arléa, 1997, 125 p.

TREDENNICK, Hugh & Robin WATERFIELD 1990: *Xenophon: Conversations of Socrates* [introduction et traduction], Londres, Penguin, 1990, 366 p.

VITALI, Mario 1993: *Platone, Senofonte. Simposio: dialoghi erotici di Socrate* [texte et traduction], presentazione di F. Maspero, Milan, Gruppo editoriale Fabbri-Bompiani-Sonzogno-ETAS, 1993 (Tascabili Bompiani C.,19) LXVII—248 p.

ZARAGOZA, Juan 1993: *Jenofonte: Recuerdos de Sócrates, Económico, Banquete, Apología de Sócrates* [introduction, traduction et notes], Madrid, Editorial Gredos, 1993 (Biblioteca Clisica Gredos, 182), 386 p.

2. 研究文献

ABEL, Karlhans 5984: «Die Lockung der Kakia. Textkritisches zu Prodikos 84B2 D.-K. = Xenophon *Mem.* 2, 1, 24», *Hermes*, 112 (1984), p. 491—493.

ACOSTA MÉNDEZ, Eduardo 1994: «Sócrates, Aristón estoico y Filodemo: sobre la percepción de la divinidad», dans *Actas del VIII congreso español de estudios cládsicos* (Madrid, 23—28 de septiembre de 1991), Madrid, Ed. Clásicas, 1994, vol. II, p. 83—89. — [*Mém.* IV 3, 13 *sq.*]

AGNE, Djibril 1993 : «Le démon de Socrate: un masque de liberté», *Dialogues d'histoire ancienne*, 19 (1993), p. 275—285. — [*Mém.*]

ANASTASIADIS, Vasilis I. 2005: «Charmidès et Phéraulas: possession et renoncement aux biens chez Xénophon», dans Vasilis I. Anastasiadis & Panagiotis N. Doukellis (éd.), *Esctavage antique et discriminations socio-culturelles. Actes du XXVIIIe colloque international du Groupement international de recherche sur l'esclavage antique (Mytilène, 5—7décembre 2003)*, Berne-Francfort -sur-le-Main, Lang, 2005, p. 77—90.— [*Banq.*]

ANASTAPLO, Gorge 2004: «Socrates of Athens: Xenophon's Apology of Socrates», dans Id., *On Trial: From Adam & Eve to O.J. Simpson*, Lanham, MD, Lexington Books, 2004, p. 140—154.

ANGELI, Anna 1990: «La critica filodemea all 'Economico di Senofonte», *Cronache Ercolanesi*, 20 (1990), p. 39—51.

ANTONACCIO, Carla M. 1999—2000: «Architecture and behavior: building gender into Greek houses», *The Classical World*, 93 (1999—2000), p. 517—533. — [*Écon.* IX.]

AUDRING, Gert 1988: «Xenophon und die ökonomie des attischen Grossgrundbesitzes», dans J. Herrmann & J. Koehn (éd.), *Familie, Staat und Gesellschaftsformation. Grundprobleme vorkapitalistischer Epochen einhundert Jahre nach Friedrich Engels' Werk «Der Ursprung der Familie, des Privateigentums und des Staates»*, Berlin, Akademie-Verl., 1988 (Veröffentl. des Zentralinst. fiir Alte Gesch. & Archöol. der Akad. der Wiss. der DDR, 16), p. 453—457. — [*Écon.*]

AZOULAY, Vincent 2004: *Xénophon et les grâces du pouvoir. De la* charis *au charisme*, Paris, Publications de la Sorbonne, 2004 (Histoire ancienne et médiévale, 77), 512 p. — [*Mém., Apol., Banq., Écon.*]

BANDINI, Michele 1988: «Osservazioni sulla storia del testo dei *Memorabili* di Senofonte in età umanistica», *Studi Classici e Orientali*, 38 (1988), p. 271—292.

—— 1991a: «I *Memorabili* di Senofonte fra il Bessarione, Isidoro di Kiev e Pier Vettori», *Bollettino dei Classici*, 12 (1991), p. 83—92.

—— 1991b: «Nota critica a Xenophon, *Memorabilia* II 9.4», *Studi Classici e Orientali*, 41 (1991), p. 465—466.

—— 1992: «Testimonianze antiche al testo dei *Memorabili* di Senofonte», *Atti e memorie dell'Accademia toscana di scienze e lettere La Colombaria*, 57 (1992), p. 11—40.

—— 1993: «I manoscritti della *fabula Prodici*», *Scritti in memoria di Di-*

no Pieraccioni, a cura di Michele Bandini e Federico G. Pericoli, Florence, Istituto papirologico «G. Vitelli», 1993, p. 39—45. — [*Mém*. II 1.]

—— 1994a : «*PBerol* 21108 e l'Omero di Senofonte», *Maia. Rivista di Letterature classiche*, 46 (1994), p. 19—21.— [*Mém*. I 2, 58.]

—— 1994b:«La costituzione del testo del *Commentarii socratici* di Senofonte dal Quattrocento ad oggi», *Revue d'histoire des textes*, 24 (1994), p. 61—91.

—— 1995:«Note critiche a Senofonte (*Comm*. 1.1.18, *Cyrop*. 4.6.4, *Comm*. 2.1.23 e 2.1.1)», *Res publica Litterarum*, 18 (1995), p. 19—26.

—— 2000: «Senofonte, *Memorabili* 2, 1, 30», *Studi Classici e Orientali*, 47(2000), p. 71—79.

—— 2004: «Su alcuni echi del *Simposio* di Senofonte in Caritone», *Res publica Litterarum*, 27 (2004), p. 115—118.

—— 2006:«Senofonte nella prima età paleologa : il testo di *Memor*. IV 3, 7—8 nel codice Urb. gr. 95», *Néa Rhomi*, 3 (2006), p. 305—316.

BERNS, Laurence 1992: «Xenophon's Alcibiades and Pericles on the Question of Law, with Applications to the Polity of the United States», dans J. Murley, R. Stone, & W. Braithwaite (éd.), *Law and Philosophy: Essays in Honor of George Anastaplo*, vol. I, Athens, OH, Ohio University Press, 1992, p. 464—477.

BIESECKER, Susan L. 1991:«Rhetorical discourse and the constitution of the subject. Prodicus' *The choice of Heracles*», *Argumentation*, 5 (1991), p. 159—169.— [*Mém*. II 1.]

BIRAUD, Michèle 2005: «Les citations homériques de Nicératos au chapitre IV du *Banquet* de Xénophon: ruptures de la cohérence conversationnelle ou cohérence méconnue?», dans A. Jaubert (éd.), *Cohésion et cohérence: études de linguistique textuelle*, Lyon, ENS Éd., 2005, p. 99—111.

BLANCHARD, Kenneth 1994: «On Xenophon's *Memorabilia*», *Review of Politics*, 56 (1994), p. 686—689.

BOCKISCH, Gabriele 1993: «Prodikos bei Xenophon: zu Motiv und Stil in den *Memorabilien*», dans K. Zimmermann (éd.), *Der Stilbegriff in den Altertumswissenschaften*, Rostock, Universität Rostock Institut für Altertumswissenschaft, 1993, p. 7—10. — [*Mém*. II 1.]

BOURRIOT, Félix 1995: *Kalos Kagathos-Kalokagathia. D'un terme de propagande de sophistes à une notion sociale et philosophique. Étude d'histoire athéninne*, Hildesheim, G. Olms Verlag, 2 vol., 1995 (Spudasmata, 58). [*Cf.* vol. I, p. 287—352: «*Kalos kagathos*, *Kalokagathia* dans Xénophon».]

BRANCACCI, Aldo 1990: *Oikeios logos. La filosofia del linguaggio di Antistene*, Naples, Bibliopolis, 1990 (Elenchos, 20), 302 p.; trad. française par S. Aubert: *Antisthène. Le discours propre*, Paris, Librairie philo-sophique J. Vrin, 2005 (Tradition de la pensée classique), 286 p. — [*Mém.*, *Banq.*, *Écon.*]

—— 1993: «Érotique et théorie du plaisir chez Antisthène», dans R. Goulet & M.-O. Goulet-Cazé (éd.), *Le cynisme ancien et ses prolongements*, Paris, P.U.F., 1993, p. 35—55. — [*Banq.* III 8, IV 35—44; *Mém.* IV 5, 9— 11.]

—— 1995: «*Ethos* e *pathos* nella teoria delle arti. Una poetica socratica della pittura e della scultura», *Elenchos*, 16 (1995), p.101—127. — [*Mém.* III 10.]

—— 1997a: «Socrate critico d'arte», dans G. Giannantoni & M. Narcy (éd.), *Lezioni socratiche*, Naples, Bibliopolis, 1997 (Elenchos, 26), p. 121— 151. [Version légèrement modifiée de Brancacci 1995.]

—— 1997b: «Le modèle animal chez Antisthène», dans B. Cassin & J.-L. Labarrière (éd.), *L'animal dans l'Antiquité*, Paris, Librairie philosophique J. Vrin, 1997, p. 207—225. — [*Mém.* 1 4.]

—— 2004: «Socrate, la musique et la danse. Aristophane, Xénophon, Platon», dans Dorion & Brisson 2004a, p. 193—211. — [*Banq.*]

BRICKHOUSE, Thomas C. & Nicholas D. SMITH 2000: *The philosophy of Socrates*, Boulder (Co.), Westview Press, 2000 (History of Ancient and Medieval Philosophy), x—290 p. [*Cf.* section 1.4.2: «Xenophon's Socrates», p.38—44.]

BRUELL, Christopher 1984: «Strauss on Xenophon's Socrates», *The Political Science Reviewer*, 14 (1984), p.263—318.

—— 1987: «Xenophon», dans L. Strauss & J. Cropsey (éd.), *History of Political Philosophy*, Chicago, University of Chicago, ^{3}1987, p. 90—117. [*Mémorables*, avec mention de l'*Apologie de Socrate*, du *Banquet* et de l'*Économique*.]

—— 1988—1989：«Xenophon and his Socrates»，*Interpretation*，16（1988—1989），p. 295 — 306. [Repris，avec des modifications，en guise d'introduction à Amy L. Bonnette 1994，p. VII—XXII.]

BUZZETTI，Eric B. 1998：*The «middle road» of Socratic political philosophy：Xenophon's presentation of Socrates' view of virtue in the* Memorabilia，Thèse de doctorat（Ph. D.），Boston College（Boston，Mass.），1998，234 p. Pour le sommaire de la thèse，*cf* DA 1999—2000，50（1）：233A.

——2001：«The rhetoric of Xenophon and the treatment of justice in the *Memorabilia*»，*Interpretation*，29（2001），p. 3—33.

—— 2002：«New developments in Xenophon studies»，*Interpretation*，30（2002），p.157—178.

CALVO MARTÍNEZ，Tomás 2008：«La religiosité de Socrate chez Xénophon»，dans Narcy & Tordesillas 2008，p. 49—64.

CARRIÈRE，Jean-Claude 1998：«Socratisme，platonisme et comédie dans le *Banquet* de Xénophon. Le *Banquet* de Xénophon et le *Phèdre* de Platon»，dans P. Hoffmann & M. Trédé（éd.），*Le Rice des Anciens，Actes du colloque international（Univ. de Rouen/ENS，11 — 13 janvier 1995）*，Paris，Presses de l'École Normale Supérieure，1998，p.243—271.

CHARLTON，William 1991：«Xenophon's Socrates as a philosopher»，dans K. Boudouris（éd.），*The Philosophy of Socrates*，Athènes，1991，p. 86—90.

CIRIGNANO，John S. 1993：«The manuscripts of Xenophon's *Symposium*»，*Greek，Roman and Byzantine Studies*，34（1993），p.187—210.

CLASSEN，Carl Joachim 1984：«Xenophons Darstellung der Sophistik und der Sophisten»，*Hermes*，112（1984），p.154—167.

COOPER，John M. 1999：«Notes on Xenophon's Socrates»，dans *Reason and emotion. Essays on ancient moral psychology and ethical theory*，Princeton，Princeton University Press，1999，p. 3—28.

COREY，David 2002：«The case against teaching virtue for pay：Socrates and the Sophists»，*History of Political Thought*，23（2002），p. 189—210. — [*Mém*. I 2，5—6；I 6，5；*Apol*. 16.]

DANZIG，Gabriel 2002：«La prétendue rivalité entre Platon et Xénophon»，*Revue française d'histoire des idées politiques*，16（2002），p. 351—

368. — [*Banq.*]

—— 2003a: «Why Socrates was not a farmer: Xenophon's *Oeconomicus* as a philosophical dialogue», *Greece & Rome*, 50 (2003), p. 57—76.

——2003b: «Apologizing for Socrates: Plato and Xenophon on Socrates' behavior in court», *Transactions of the American Philological Association*, 133 (2003), p. 281—321.

—— 2004: «Apologetic elements in Xenophon's *Symposium*», *Classica et Mediaevalia*, 55 (2004), p.17—47.

—— 2005: «Intra-Socratic polemics: the *Symposia* of Plato and Xenophon», *Greek, Roman and Byzantine Studies*, 45 (2005), p.331—357.

DAVIES, David O. 1989: *The Education of Socrates in Xenophon's* Oeconomicus, Thèse de doctorat (Ph. D.), State University of New York (Buffalo), 1989, 259 p. Pour le sommaire de la thèse, *cf.* DA 50, 1989, 942A—943A.

DEFILIPPO, Joseph & Phillip T. MITSIS 1994: «Socrates and Stoic natural law», dans P. Vander Waerdt (éd.), *The Socratic Movement*, Ithaca (N.Y.), Comell University Press, 1994, p. 252—271. — [*Mém.* IV 4.]

DEGRADI, Sergio 2000: «Sessualità e matrimonio in alcuni scritti di Senofonte», *Nuova Rivista Storica*, 84 (2000), p.97—106. — [*Écon.*]

DÖRING, Klaus 1998: « Sokrates, die Sokratiker und die von ihnen begrüindeten Traditionen», dans H. Flashar (éd.), *Die Philosophie der Antike*, Vol. 2.1: *Sophistik, Sokrates, Sokratik, Mathematik, Medizin*, Bâle, Schwabe & Co. AG Verlag, 1998, p. 139 — 364. [Pour le Socrate de Xénophon, voir § 15 «Xenophon», p.182—200.]

DORION, Louis-André 2001a: «À l'origine de la question socratique et de la critique du témoignage de Xénophon: l'étude de Schleiermacher sur Socrate (1815)», *Dionysius*, 19 (2001), p.51—74.

——2001b: «L'exégèse straussienne de Xénophon: le cas paradigmatique de *Mémorables* IV 4», *Philosophie Antique*, 1 (2001), p.87—118.

——2002: «La responsabilité de Cyrus dans le déclin de l'empire perse selon Platon et Xénophon», *Revue française d'histoire des idées politiques*, 16, (2002), p.369—386. — [*Mém.* I 2, 19—28.]

——2003a: «*Akrasia* et *enkrateia* dans les *Mémorables* de Xénophon», *Dialogue*, 42 (2003), p.645—672.

—— 2003b: «Socrate, le *daimonion* et la divination», dans J. Laurent (éd.), *Les dieux de Platon*, *Actes du colloque organisé a l'Université de Caen Basse-Normandie* (*Caen*, *24—26 janvier 2002*), Caen, Presses Universitaires de Caen, 2003, p.169—192.

—— 2004a: «Qu'est-ce que vivre en accord avec sa *dunamis*? Les deux réponses de Socrate dans les *Mémorables*», dans Dorion & Brisson 2004, p.235—252.

—— 2004b: «Socrate et la *basilikê tekhnê*: essai d'exégèse comparative», dans V. Karasmanis (éd.), *Socrates. 2400 years since his death (399 B.C. —2001 A.D.)*, *International Symposium Proceedings (Athens-Delphi, 13—21 July 2001)*, European Cultural Centre of Delphi, Hellenic Ministry of Culture, 2004, p. 51—62.

—— 2004c: *Socrate*, Pads, P.U.F., 2004 («Que sais-je?», 899), 128 p. [*Cf*. chap. 5: «Le Socrate de Xénophon», p.95—113.]

——2005a: « The *Daimonion* and the *Megalêgoria* of Socrates in Xenophon's *Apology*», dans P. Destrée & N.D. Smith (éd.), *Socrates' Divine Sign: Religion*, *Practice*, *and Value in Socratic Philosophy* (= *Apeiron*, 38/2 [juin 2005]), Kelowna (B.C.), Academic Printing and publishing, p.127—142.

—— 2005b: «Xenophon's Socrates», dans S. Ahbel-Rappe & R. Kamtekar (éd.), *A Companion to Socrates*, Oxford, Blackwell, 2005 (Blackwell Companions to Philosophy, 34), p.93—109.

—— 2006: «Socrate et l'utilité de l'amitié», *Revue du M.A.U.S.S.*, 27 (2006) [= *De l'anti-utilitarisme*. *Anniversaire*, *bilan et controverses*], p.269— 288.

—— 2008: «Socrate *oikonomikos*», dans Narcy & Tordesillas 2008, p.253—281.

DORION, Louis-André & Luc BRISSON 2004a: (éd.), *Les Écrits socratiques de Xénophon* (= *Les études philosophiques*, 2004/2), p.137—252.

—— & Luc BRISSON 2004b, «Pour une relecture des écrits socratiques de Xénophon», dans Dorion & Brisson 2004a, p.137—140.

ERLER, Michael 2002: «Stoic *oikeiosis* and Xenophon's Socrates», dans T. Scaltsas & A.S. Mason (éd.), *The philosophy of Zeno*, Larnaka, The Municipality of Larnaca, 2002 (Zeno of Citium and his Legacy), p. 241—257.

FOUCAULT, Michel 1984: *Histoire de la sexualité*, vol. 2: *L'usage des plaisirs*, Paris, Gallimard, 1984 (Bibliothè-que des histoires). [*Cf.* chap. III: «Économique», p.157—203.]

FRAZIER, Françoise 1997: «Quelques remarques autour de la facilité de l'art agricole dans l'*Économtque* de Xénophon (XV—XX)», *Revue des études grecques*, 110 (1997), p.218—230.

GALÍ OROMÍ, Neus 2005: «La "mímesis" de la pintura y la escultura en el pensamiento de Jenofonte», *Synthesis*, 12 (2005), p.37—57. — [*Mém.* III 10.]

GARCÍA-DENCHE NAVARRO, M. 1994: «La esposa y la granjera en Jenofonte y en Columela», dans Macía Aparicio *et alii*, *Quid ultra faciam?*, Universidad autónoma de Madrid, 1994, p. 239—243. — [*Écon.*]

GARELLI-FRANÇOIS, Marie-Hélène 2002: «Le spectacle final du *Banquet* de Xénophon: le genre et le sens», *Pallas*, 59 (2002), p.177—186.

GARLAN, YVON 1989: « À propos des esclaves dans l'*Économique* de Xénophon», dans M.-M. Mactoux & E. Geny (éd.), *Mélanges Pierre Lévêque*, vol. II: *Anthropologie et Société*, 1989 (Annales littér. de l'Université de Besançon, 377), p.237—243.

GERA, Deborah Levine 1993: *Xenophon's* Cyropaedia. *Style, genre, and literary technique*, Oxford, Clarendon Press, 1993 (Oxford Classical Monographs), XII—348 p.[*Cf.* chap. 2: «Socrates in Persia», p.26—131.]

——2007: «Xenophon's Socrateses», dans M. Trapp (éd.), *Socrates from Antiquity to the Enlightenment*, Aldershot, Ashgate, 2007 (Publications for the Centre for Hellenic Studies, King's College London, 9), p. 33—50.

GILULA, Dwora 2002: «Entertainment at Xenophon's *Symposium*», *Athenaeum*, 90 (2002), p. 207—213.

GINI, Anthony 1992—1993: «The manly intellect of his wife: Xenophon, *Oeconomicus* ch. 7», *The Classical World*, 86 (1992—1993), p.483—486.

GISH, Dustin Avery 2003: *Xenophon's Socratic rhetoric: a study of the* Symposium, Thèse de doctorat (Ph. D.), University of Dallas (Dallas, Tex.), 2003, 488 p. Pour le sommaire de la thèse, *cf.* DAI-A 2003—2004 64 (7): 2631.

GOLDHILL, Simon 1998: «The seductions of the gaze: Socrates and his girlfriends», dans P. Cartledge, P. Millett & S. von Reden (éd.), *Kosmos. Essays in order, conflict and community in classical Athens*, Cambridge, C.U.P., 1998, p.105—124. — [*Mém.* III 11.]

GOULET-CAZÉ, Marie-Odile 1986: *L'ascèse cynique. Un commentaire de Diogène Laërce VI 70 — 71*, Paris, Librairie philosophique J. Vrin, 1986 (Histoire des doctrines de l'Antiquité classique, 10), 292 p. [*Cf.* p.134—140: «Le Socrate de Xénophon».]

GOURINAT, Jean-Baptiste 2008: « La dialectique de Socrate selon les *Mémorables* de Xénophon», dans Narcy & Tordesillas 2008, p.129—159.

GRANDJEAN, Yves 1991: « À propos de la demeure d'Ischomachos (Xénophon, *Économique*, IX 2—10)», dans P. Goukowsky & C. Brixhe (éd.), *Hellènika symmikta: histoire, archéologie, épigraphie*, Nancy, Presses Universitaires de Nancy, 1991 (Études d'archéologie classique, 7), p. 67— 83.

GRAY, Vivienne J. 1989: «Xenophon's *Defence of Socrates*: the rhetorical background to the Socratic problem», *Classical Quarterly*, 39 (1989), p. 136—140.

——1992: «Xenophon's *Symposion*: the display of wisdom», *Hermes*, 120 (1992), p. 58—75.

——1995: «Xenophon's image of Socrates in the *Memorabilia*», *Prudentia*, 27 (1995), p.50—73.

——1998: *The framing of Socrates. The literary interpretation of Xenophon's* Memorabilia, Stuttgart, Franz Steiner Verlag, 1998 (Hermes Einzelschriften, 79), 202 p.

—— 2000: «Xenophon and Isocrates», dans C. Rowe & M. Schofield (éd.), *The Cambridge History of Greek and Roman Political Thought*, Cambridge, C.U.P., 2000, p. 142—154. — [*Mém.*]

—— 2004a: «Le Socrate de Xénophon et la démocratie», dans Dorion & Brisson 2004a, p.141—176.

—— 2004b: «A short response to David M. Johnson 'Xenophon's Socrates on law and justice'», *Ancient Philosophy*, 4 (2004), p.442—446.

——2006: «The linguistic philosophies of Prodicus in Xenophon's "Choice of Heracles"?», *The Classical Quarterly*, 56 (2006), p. 426—435.

HANSEN, Mogens Herman 1995: *The trial of Sokrates — from the Athenian point of view*, Copenhagen, Munksgaard, 1995 (The Royal Danish Academy of Sciences and Letters, Historik-filosofiske Meddelelser, 71), 36 p. — [*Apol.*]

HARVEY, F.D. 1984: «The wicked wife of Ischomachos», *Échos du monde classique*, 28 (1984), p. 68—70.

HINDLEY, Clifford 1999: «Xenophon on male love», *Classical Quarterly*, 49 (1999), p. 74—99. — [*Mém.* I 3, 8—15; II 1, 1; *Banq.* IV 10—18, VIII.]

—— 2004: «Sophron *Eros*: Xenophon's ethical erotics», dans C. Tuplin (éd.), *Xenophon and his world, Papers from a conference held in Liverpool in July 1999*, Stuttgart, Franz Steiner Verlag, 2004 (Historia Einzelschriften, 172), p. 125—146.— [*Mém.*, *Banq.*]

HOBDEN, Fiona 2004: «How to be a good symposiast and other lessons from Xenophon's *Symposium*», *Proceedings of the Cambridge Philological Society*, 50 (2004), p. 121—140.

HOFFMANN, Genevieve 1985: «Xénophon, la femme et les biens», dans C. Priault (éd.), *Familles et biens en Grèce et à Chypre*, Paris, L'Harmattan, 1985 (Histoire et perspectives méditerranéennes, 4), p. 261—280. — [*Écon.*]

HUSS, Bernhard 1997: «In Xenophontis *Symposium* observatiunculae criticae», *Illinois Classical Studies*, 22 (1997), p. 43—50.

——1999a: *Xenophons Symposion. Ein Kommentar*, Stuttgart-Leipzig, Teubner, 1999 (Beitäge zur Altertumskunde, 125), 493 p.

—— 1999b: «The dancing Socrates and the laughing Xenophon, or the other *Symposium*», *American Journal of Philology*, 120 (1999), p, 381—409.

——1999c: «Der Text von Xenophons *Symposion* in cod. *Mutinensis* 129 und cod. *Monacensis* 494», *Philologus*, 143 (1999), p. 344—347.

JOHNSON, David M. 2003: «Xenophon's Socrates on law and justice», *Ancient Philosophy*, 23 (2003), p. 255—281. — [*Mém.* IV 4.]

——2004: «A reply to Vivienne Gray», *Ancient Philosophy*, 24 (2004), p. 446—448. [Voir Gray 2004b.]

——2005: «Xenophon at his most Socratic (*Memorabilia* 4.2)», *Oxford Studies in Ancient Philosophy*, 29 (2005), p. 39—73.

JOHNSTONE, Steven 1994: «Virtuous toil, vicious work: Xenophon on aristo cratic style», *Classical Philology*, 89 (1994), p. 219—240. — [*Écon.*]

JORQUERA NIETO, José Miguel 1994: «Productividad y "kalokagathia" en el oikos de Iscómaco», dans *Actas del VIII congreso español de estudios clásicos (Madrid, 23 — 28 de septiembre de 1991)*, Madrid, Ed. Clásicas, vol. II, 1994, p. 83—89.

JOYAL, Mark 1997: «"The divine sign did not oppose me": a problem in Plato's *Apology*?», dans M. Joyal (éd.), *Studies in Plato and the Platonic tradition. Essays presented to John Whittaker*, Aldershot, Ashgate Publishing Ltd, 1997, p. 43—58. — [*Mém.* IV 8, 1—6; *Apol.* 1—9.]

KAHN, Charles 1996: *Plato and the Socratic dialogue: The philosophical use of a literary form*, Cambridge, C.U.P., 1996, XIV—431 p. [*Cf* «Appendix: on Xenophon's use of Platonic texts», p. 393—401,]

KANELOPOULOS, Charles 1993: «Les techniques et la cité: les positions de Xénophon», *Annali della Scuola Normale Superiore di Pisa*, 23 (1993), p. 33—70. — [*Mém.*, *Écon.*]

LUZZATTO, Maria Tanja 1986: «Xenophon, *Symposium* III 9 — 10. Pap. graec. mon. 160», dans A. Carlini (éd.), *Papiri Letterari Greci della Bayerische Staatsbibliothek di Monaco di Baviera*, Stuttgart, 1986, p. 95—97 et fig. 24.

MACKENZIE, D.C. 1985: «The wicked wife of Ischomachus ... again», *Échos du monde classique*, 29 (1985), p. 95—96.

MAREIN, Marie-Françoise 1993: «L'*Économique* de Xénophon: traité de morale? traité de propagande?», *Bulletin de l'Association Guillaume Budé* 1993, p. 226—244.

——1997: «Le travail de la terre et ses techniques à travers l'*Économique* de Xénophon», *Bulletin de l'Association Guillaume Budé* 1997, p. 189—209.

MAZZARA, Giuseppe 2007a: «La morale di Socrate è teonoma? Aspetti con vergenti della religiosità socratica in Senofonte, *Memorabili* I 4 — IV 3 e in Platone, *Alcibiade I e Apologia*», dans G. Mazzara (éd.), *Il Socrate dei dialoghi*, *Seminario palermitano del gennaio 2006*, Bari, Levante editori, 2007 (Le Rane), p. 105—138.

—— 2007b: «*Memorabili* IV 4. Nel dialogo tra Socrate ed Ippia chi dei due è plagiato dall'altro?», dans G. Mazzara (éd), *Il Socrate dei dialoghi*, *Seminario palermitano del gennaio 2006*, Bari, Levante editori, 2007 (Le Rane), p. 139—160.

MAZZONI DAMI, Daniela 1999: «L'amore coniugale e la figura della sposa ideale nella trattatistica antica», *Atenee Roma*, 44 (1999), p. 14—25. — [*Écon.*]

MCPHERRAN, Mark 1994: «Socrates on teleological and moral theology», *Ancient Philosophy*, 14 (1994), p. 245—262. — [*Mém.* I 4, IV 3.]

MORRISON, Donald R. 1987: «On Professor Vlastos' Xenophon», *Ancient Philosophy*, 7 (1987), p. 9—22.

—— 1994: «Xenophon's Socrates as Teacher», dans P. A. Vander Waerdt (éd.), *The Socratic movement*, Ithaca (N. Y.), Comell University Press, 1994, p. 181—208.

—— 1995: «Xenophon's Socrates on the just and the lawful», *Ancient philosophy*, 15 (1995), p. 329—347; trad. française: «Justice et légalité selon le Socrate de Xénophon», dans G. Romeyer Dherbey (dir.) & J.-B. Gourinat (éd.), *Socrate et les socratiques*, Paris, Librairie philosophique J. Vrin, 2001 (Bibliothèque d'histoire de la philosophie. Nouvelle série), p. 45—70. — [*Mém.* IV 4.]

—— 1996: «Xénophon», dans J. Brunschwig & G. E. R. Lloyd (éd.), *Le Savoir grec*, Paris, Flammarion, 1996, p. 843—849; version anglaise: «Xenophon», dans J. Brunschwig & G. E. R. Lloyd, (éd.), *Greek Thought. A Guide to Classical Knowledge*, Cambridge (Ma.), Harvard University Press, 2000, p. 779—784.

——2004: «Tyrannie et royauté selon le Socrate de Xénophon», dans Dorion & Brisson 2004a, p. 177—192.

——2008: «Remarques sur la psychologie morale de Xénophon», dans Narcy & Tordesillas 2008, p. 11—28.

MOSSÉ, Claude 1999: «Le travail des femmes dans l'Athènes de l'époque classique», *Saitabi*, 49 (1999), p. 223—227. — [*Mém.* II 7.]

MUELLER-GOLDINGEN, Christian 2004: «Xenophon, *Memorabilien*: Bemerkungen zu einem missverstandenen Werk der sokratischen Philosophie», dans *Das Kleine und das Grosse: Essays zur antiken Kultur und Geistesgeschichte*, Munich, Saur, 2004 (Beiträge zur Altertumskunde, 213), p. 106—113.

MURNAGHAN, Sheila 1988: «How a woman can be more like a man. The dialogue between Ischomachus and his wife in Xenophon's *Oeconomicus*», *Helios*, 15 (1988), p. 9—22.

NAILS, Debra 1985: «The shrewish wife of Socrates», *Échos du monde classique*, 29 (1985), p. 97—99. — [*Mém*. II 2, *Banq*. II 10, *Écon*. VII.]

NARCY, Michel 1995: «Le choix d'Aristippe (Xénophon, *Mémorabtes* II 1)», dans G. Giannantoni *et al*., *La tradizione socratica*, *Seminario di studi*, Naples, Bibliopolis, 1995 (Memorie dell'Istituto italiano per gli Studi filosofici, 25), p. 71—87.

—— 1997: «La religion de Socrate dans les *Mémorables* de Xénophon», dans G. Giannantoni & M. Narcy (éd.), *Lezioni socratiche*, Naples, Bibliopolis, 1997 (Elenchos, 26), p. 13—28.

——2004: «La meilleure amie de Socrate. Xénophon, *Mémorables*, III 11», dans Dorion & Brisson 2004a, p. 213—234.

——2005: «Socrates sentenced by his *daimôn*», dans P. Destrée & N.D. Smith (éd.), *Socrates' Divine Sign: Religion, Practice, and Value in Socratic Philosophy* (= *Apeiron*, 38/2 [juin 2005]), Kelowna (B. C.), Academic Printing and Publishing, p. 113—126.

——2007: «La Teodote di Senofonte: un Alcibiade al femminile?», dans G. Mazzara (éd.), *Il Socrate dei dialoghi*, *Seminario palermitano del gennaio 2006*, Bari, Levante editori, 2007 (Le Rane), p. 53—62. — [*Mém*. III 11.]

——2008: «Socrate et son âme dans les *Mémorables*», dans Narcy & Tordesillas 2008, p. 29—47.

NARCY, Michel & Alonso TORDESILLAS 2008: (éd.) *Xénophon et Socrate: Acres du colloque d'Aix-en-Provence (6—9 novembre 2003)*, Paris, Librairie philosophique J. Vrin, 2008 (Bibliothèque d'histoire de la philosophie. Nouvelle série).

NATALI, Carlo 1985: «Alle origini dell' "economica" antica», *Cheiron*, 2 (1985), p. 9—29. — [*Écon*.]

——1990: «Da Senofonte a Via col vento», dans *Gli antichi e noi. L'esperienza greca e romana alle soglie del 2000*, Rovigo, Accademia dei Concordi, 1990, p. 51—71. — [*Écon*.]

——1995: «Oikonomia *in the Hellenistic political thought*», dans A. Laks & M. Schofield (éd.), *Justice and Generosity, Proceedings of the*

Sixth Symposium Hellenisticum (Cambridge, August 17—23 1992), Cambridge, C.U.P., 1995, p. 95—128. — [*Écon.*]

——2001: «Socrate dans l'*Économique* de Xénophon», dans G. Romeyer Dherbey (dir.) & J.-B. Gourinat (éd.), *Socrate et les socratiques*, Pads, Librairie philosophique J. Vrin, 2001 (Bibliothèque d'histoire de la philosophie. Nouvelle série), p. 263—288.

——2004: «Socrates' dialectic in Xenophon's *Memorabilia*», dans V. Karasmanis (éd.), *Socrates. 2400 years since his death (399 B. C. — 2001 A. D.), International Symposium Proceedings (Athens-Delphi, 13—21 July 2001)*, European Cultural Centre of Delphi, Hellenic Ministry of Culture, 2004, p. 15 — 27. [Article repris dans L. Judson & V. Karasmanis (éd.), *Remembering Socrates*, Oxford, O.U.P., 2006, p. 3—19.]

—— 2005: «La religiosità in Socrate secondo Senofonte», *Humanitas*, 60 (2005), p. 670—691.

NAVIA, Luis E. 1984: «A reappraisal of Xenophon's *Apology*», dans E. Kelly (éd.), *New Essays on Socrates*, New York, University Press of America, 1984, p. 47—65.

—— 1987: *Socratic Testimonies*, Lanham (Md.), University Press of America, 1987, VIII—371 p. [*Cf.* chap. 3: «The testimony of Xenophon», p. 117— 193.]

—— 1993: *The Socratic presence. A study of the sources*, New York, Garland, 1993, VIII—403 p. [*Cf.* chap. 3: «The Socrates of Xenophon»p. 59— 117.]

NEITZEL, Heinz 1984: «Die logische Form der sokratischen Argumentation in Xenophons *Memorabilien* III 9, 4—5», *Hermes*, 112 (1984), p. 493—500.

——1989: «Das System der sokratischen Erziehung im 4. Buch der *Memorabilien* Xenophons», *Gymnasium*, 96 (1989), p. 457—467.

NEY, Hugues-Olivier 2008: «Y a-t-il un art de penser? La *techne* manquante de l'enseignement socratique dans les *Mémorables* de Xénophon», dans Narcy & Tordesillas 2008, p. 181—204.

NIKOLAÏDOU-KYRIANIDOU, Vana 1998: «Prodicos et Xénophon ou Le choix d'Héraklès entre la tyrannie et la loyauté», dans L.G. Mendoni & A.I. Mazarakis Ainian (éd.), *Kea-Kythnos: History and Archaeology:*

Proceedings of an International Symposium (Kea-Kythnos, 22—25 June 1994), Athènes, Kentron Ellinikis kal Romaïkis Archaiotitos, Ethnikon Idryma Erevnon-Paris, De Boccard, 1998, p. 81—98.

—— 2008: «Autorité et obéissance: le maître idéal de Xénophon face à son idéal de prince», dans Narcy & Tordesillas 2008, p. 205—234.

O'CONNOR, David K. 1994: «The erotic self-sufficiency of Socrates: a reading of Xenophon's *Memorabilia*», dans P.A. Vander Waerdt (éd.), *The Socratic movement*, Ithaca (N.Y.), Cornell University Press, 1994, p. 151—180.

——1998: «Xenophon», *Routledge Encyclopedia of Philosophy*, 1998, p. 810—815.

——1999: «Socrates and political ambition: the dangerous game», dans J.J. Cleary & G.M. Gurtler (éd.), *Proceedings of the Boston Area Colloquium in Ancient Philosophy*, vol. XIV, Leiden, Brill, 1999, p. 31—52. — [*Mém*. IV.]

PAGANELLI, Leonardo 1991: «Senofonte e il linguaggio contabile», *Lexis*, 7—8 (1991), p. 135—154. — [*Écon.*]

——1992: *Un diatogo sul management* (*Senofonte*, Economico *I—VI*), Milan, Cisalpino Istituto Editoriale Universitario, 1992, 171 p.

PANGLE, Thomas L. 1985: «The political defence of Socratic philosophy: a study of Xenophon's *Apology of Socrates to the jury*», *Polity*, 18 (1985), p. 98—114.

——1994: «Socrates in the context of Xenophon's political writings», dans P.A. Vander Waerdt (éd.), *The Socratic movement*, Ithaca (N.Y.), Cornell University Press, 1994, p. 127—150.

——1996: «On the *Apology of Socrates to the jury*», dans R.C. Bartlett (éd.), *Xenophon. The shorter Socratic writings: Apology of Socrates to the jury, Oeconomicus, and Symposium*, Ithaca (N.Y.), Cornell University Press, 1996, p. 18—38 [Version révisée de Pangle 1985.]

PATZER, Andreas 1999: «Der Xenophontische Sokrates als Dialektiker», dans K. Pestalozzi (éd.), *Der fragende Sokrates* (Colloquium Rauricum, 6), Stuttgart/Leipzig, Teubner, 1999, p. 50—76.

PENDRICK, Gerard J. 1993: «The ancient tradition on Antiphon reconsidered», *Greek, Roman and Byzantine Studies*, 34 (1993), p. 215—228. — [*Mém*. I 6.]

PHILLIPS, John 1989: «Xenophon's *Memorabilia* 4. 2», *Hermes*, 117 (1989), p. 366—370.

PIRENNE-DELFORGE, Vinciane 1988: «Épithètes cultuelles et interprétation philosophique. À propos d'Aphrodite Ourania et Pandémos à Athènes», *L'Antiquité classique*, 57 (1988), p. 142—157. — [*Banq*. VIII 9—10.]

PLÁCIDO, Domingo 1991: «Senofonte socratico», dans L. Rossetti & O. Bellini (éd.), *Logos e logoi*, (Quaderni dell'Istituto di Filosofia dell'Università degli Studi di Perugia, Facoltà di Magistero, 9), Naples, Ed. Scientifiche Italiane, 1991, p. 41—53.

—— 1999: «La posición del trabajo en el pensamiento de Jenofonte», dans J. Annequin, É. Geny & É. Smadja (éd.), *Le travail: recherches historiques (Table ronde de Besançon, 14 et 15 novembre 1997)*, Besançon, Presses Universitaires Franc-Comtoises-Paris, Les Belles Lettres, 1999, p. 41—53.

—— 2001: *La dépendance dans l'*Économique *de Xénophon*, (*Index thématique des références à l'esclavage et à la dépendance*, 8), Besançon, Presses Universitaires Franc-Comtoises, 2001 (Instimt des Sciences et Techniques de l'Antiquité. Série «Esclavage et dépendance»), 140 p.

—— 2008: «L'historicité du personnage de Socrate dans l'*Économique* de Xénophon», dans Narcy & Tordesillas 2008, p. 231—247.

POMEROY, Sarah B. 1984: «The Persian king and the queen bee», *American Journal of Ancient History*, 9 (1984), p. 98—108. — [*Écon*. IV.]

—— 1989: «Slavery in the Greek domestic economy in the light of Xenophon's *Oeconomicus*», *Index*, 17 (1989), p. 11—18.

PONTIER, Pierre 2001: «Place et fonction du discours dans l'œuvre de Xénophon», *Revue des études anciennes*, 103 (2001), p. 395—408. — [*Mém*., *Écon*.]

——2006: *Trouble et ordre chez Platon et Xénophon*, Paris, Librairie philosophique J. Vrin (Histoires des doctrines de l'Antiquité classique, 34), 2006, 528 p. — [*Mém*., *Banq*., *Apol*., *Écon*.]

PUCCI, Pietro 2002: *Xenophon. Socrates' Defense*, [introduction et commentaire], Amsterdam, Adolf M. Hakkert Editore, 2002, 109 p.

RADT, Stefan L. 1990: «Zu Xenophons *Symposion*», *Mnemosyne*, 43 (1990), p. 22—32.

RENAUD, François 2008: «Les *Mémorables* de Xénophon et le *Gorgias* de Platon: étude comparative», dans Narcy & Tordesillas 2008, p. 161—180.

RICHER, Nicolas 2007: «Le modèle lacédémonien dans les œuvres non historiques de Xénophon (*Cyropédie* exclue)», *Ktema*, 32 (2007), p. 405—434.

ROSCALLA, Fabio 1990a: «Influssi antistenici nell'*Economico* di Senofonte», *Prometheus*, 16 (1990), p. 207—216.

——1990b: « La dispensa di Iscomaco: Senofonte, Platone et l'amministrazione della casa», *Quaderni di Storia*, 16 (1990), p. 35—55.

——2004: «*Kalokagathia* e *kaloikagathoi* in Senofonte», dans C. Tuplin (éd.), *Xenophon and his World: Papers from a conference held in Liverpool in July 1999*, Stuttgart, Franz Steiner Verlag, 2004 (Historia Einzelschriften, 172), p. 115—124. — [*Mém.*, *Écon.*]

RÓSPIDE LÓPEZ, Alfredo & Francisco MARTÍN GARCÍA 1995: *Index Socraticorum Xenophontis Operum*, Hildesheim-Zürich-New York, Olms — Weidmann, 1995 (Alpha-Omega, Reihe A, Lexika, Indizes, Konkordanzen zur klassischen Philologie), 236 p.

ROSSETTI, Livio 1993: «"If we link the essence of rhetoric with deception". Vincenzo on Socrates and rhetoric», *Philosophy and Rhetoric*, 26 (1993), p. 311—321. — [*Mém.* IV 2.]

——2007: «L'*Eutidemo* di Senofonte: *Memorabili* IV 2», dans G. Mazzara (éd.), *Il Socrate dei dialoghi: Seminario palermitano del gennaio 2006*, Bari, Levante editori, 2007 (Le Rane), p. 63—103.

——2008: «Savoir imiter c'est connaître: le cas de *Mémorables*, III 8», dans Narcy & Tordesillas 2008, p. 111—127.

ROSSUM STEENBEEK, M.E. van 1994: «Notes on Xenophon», *Mnemosyne*, 47 (1994), p. 454—465. — [*Mém.* I 2, 46; I 3, 12—13; III 1, 4; *Banq.* IV 64, VIII 8; *Écon.* VIII 20.]

ROY, James 1985: «Antisthenes' affairs with Athenian women. Xenophon, *Symposium* IV 38», *Liverpool Classical Monthly*, 10 (1985), p. 132—133.

RUIZ SOLA, Aurelia 1992: «Continuidad y norma en el uso formular del Libro I de *Las Memorables*», dans J. Zaragoza, A. González Senmartí &

E. Artigas (éd.), *Homenatge a Josep Alsina: Actes del Xè simposi de la Secció catalana de la SEEC (Terragona, 28 a 30 de novembre de 1990)*, Terragona, Diputació de Terragona, vol. I, 1992, p. 285—289.

——1994: «Análisis formal de las *Memorables*», dans *Actas del VIII Congreso español de estudios clásicos (Madrid, 23 — 28 de septiembre 1991)*, Madrid, Ed. Clásicas, 1994, vol. II, p. 409—413.

SANDBACH, F.H. 1985: «Plato and the Socratic work of Xenophon», dans P. E. Easterling & B.M.W. Knox (éd.), *The Cambridge History of Classical Literature*, Cambridge, C.U.P., 1985, p. 478—480.

SANSONE, David 2004: «Heracles at the Y», *Journal of Hellenic Studies*, 124 (2004), p. 125—142. — [*Mém.* II 1, 21—34.]

SANTI AMANTINI, Luigi 2000: «Voci di pace nella storiografia di Senofonte», *Rivista Storica dell'Antichità*, 30 (2000), p. 9—26. — [*Mém.* IV 4, 17— 18.]

SANTONI, Anna 2005: «A proposito del rapporto fra genitori e figli in *Memorabili* 2, 2: valori antichi e nuovi nel Socrate dei "Memorabili"», dans Antje Kolde, Alessandra Lukinovich et André-Louis Rey (éd.), *Koruphaio andri: mélanges offerts à André Hurst*, Genève, Droz, 2005, (Recherches et rencontres, 22), p. 509—516.

SANTORO, Maria Carolina 1997: «Il fr. 19 Snell del "Sisifo" di Crizia come testimonianza della concezione socratica del divino: Crizia "accusatore" di Socrate?», *Elenchos*, 18 (1997), p. 257—276. — [*Mém.* I 2,31.]

SCAIFE, Allen Ross 1994 — 1995: «Ritual and persuasion in the house of Ischomachus», *The Classical Journal*, 90 (1994—1995), p. 225—232.

SCHMITT-PANTEL, Pauline 1994—1995: «Autour d'une anthropologie des sexes: à propos de la femme sans nom d'Ischomaque», *Métis*, 9 — 10 (1994— 1995), p. 299—305.

SCHMOLL, Edward A. 1989 — 1990: « The manuscript tradition of Xenophon's *Apologia Socratis*», *Greek*, *Roman and Byzantine Studies*, 31 (1989— 1990), p. 313—321.

SEAGER, Robin 2001: «Xenophon and Athenian democratic ideology», *Classical Quarterly*, n.s. 51 (2001), p. 385—397. — [*Mém.*]

SEDLEY, David N. 2005: «Les origines des preuves stoïciennes de l'existence de Dieu», *Revue de métaphysique et de morale*, 2005, p. 461—487. — [*Mém.* I 4.]

SEEL, Gerhard 2004: «*If you know what is best, you do it*. Socratic intellectualism in Xenophon and Plato», dans V. Karasmanis (éd.), *Socrátes. 2400 years since his death (399 B. C. — 2001 A. D.)*, International Symposium Proceedings (Athens-Delphi, 13—21 July 2001), European Cultural Centre of Delphi, Hellenic Ministry of Culture, 2004, p. 29—50. [Article repris dans L. Judson & V. Karasmanis (éd.), *Remembering Socrates*, Oxford, O.U.P., 2006, p. 20—49.]

SÖRBOM, Gööran 1991: «Xenophon's Socrates on the Greek art revolution», dans K. Boudouris (éd.), *The Philosophy of Socrates*, Athènes, 1991, p. 339—349. — [*Mém*. III 10.]

SOTO RIVERA, Rubén 1995: «Kairogénesis socrática», *Estudios de filosofía* (Antioquía, Colombie), 12 (1995), p. 31—46. — [*Mém*. IV 4.]

STANZEL, Karl-Heinz 1993: «Das sogenannte Zeugenproblem bei Xenophon: *Mem*. I 4, 19», *Rheinisches Museum*, 136 (1993), p. 121—126.

—— 1997: «Xenophontische Dialogkunst. Sokrates als Gesprächsführer im *Symposion*», *Gymnasium*, 104 (1997), p. 399—412.

STAVRU, Alessandro 2008: «Socrate et la confiance dans les *Agraphoi nomoi* (Xénophon, *Mémorables*, IV 4, 19—25). Réflexions sur les *socratica* de Walter Friedrich Otto», dans Narcy & Tordesillas 2008, p. 65—85.

STEVENS, John A. 1994: «Friendship and profit in Xenophon's *Oeconomicus*», dans P.A. Vander Waerdt (éd.), *The Socratic movement*, Ithaca (N.Y.), Cornell University Press, 1994, p. 209—240.

STRAUSS, Leo 1992: *Le discours socratique de Xénophon* [1970], suivi de *Le Socrate de Xénophon* [1972], (trad. par Olivier Sedeyn), Combas, Éd. de l'Éclat, 1992, XVII—242 p.

—— 1994—1995: «The problem of Socrates», *Interpretation*, 22 (1994—1995), p. 321—338. — [*Mém*.]

—— 1995—1996: «The origins of political science and the problem of Socrates: six public lectures», *Interpretation*, 23 (1995—1996), p. 127—207. — [*Mém*., *Écon*.]

TANNER, Godfrey 1996: «Xenophon's Socrates: who were his informants?», *Prudentia*, 28 (1996), p. 35—47.

TEJERA, Victorino 1984: «Ideology and literature: Xenophon's *Defense of Socrates* and Plato's *Apology*. Commentary on Navia», dans E. Kelly (èd.), *New Essays on Socrates*, New York, University Press of America, 1984, p. 151—159. [Commentaire de Navia 1984.]

THESLEFF, Holger 2002: «Intertextual relations between Xenophon and Plato?», *Arctos*, 36 (2002), p. 143—157. — [*Mém*. IV 2 et IV 4.]

THOMSEN, Ole 2001: «Socrates and love», *Classica et Mediaevalia*, 52 (2001), p. 117—178. — [*Banq.*, *Mém*. I 3, 5—15; I 6, 11—14; III 11.]

TILG, Stefan 2004: «Die naive Hetäre und die grosse Politik (Xenophon, *Memorabilia*, 3, 11)», *Museum Helveticum*, 61 (2004), p. 193—206.

TIRELLI, A. 2001: *«Una moglie come si deve»: lo statuto della γυνή nell'*Economico *di Senofonte*, Naples, Arte Tipografica, 2001 (Quaderni del Dipartimento di Scienze dell'Antichità/Università degli Studi di Salerno, 27), 92 p.

TOO, Yun Lee 2001: «The economies of pedagogy: Xenophon's wifely didactics», *Proceedings of the Cambridge Philological Society*, 47 (2001), p. 65—80. — [*Écon.*]

TORDESILLAS, Alonso 2008: «Socrate et Prodicos dans les *Mémorables* de Xénophon», dans Narcy & Tordesillas 2008, p. 87—110.

TSOUYOPOULOS, Nelly 1994: «*Oikos*, *oikonomia* und die Stellung der Frau in der griechischen Antike bei Xenophon und Aristoteles», dans I. Richarz (éd.), *Haushalten in Geschichte und Gegenwart: Beiträge eines internationalen disziplinübergreifenden Symposions an der Universität Münster vom 6. —8. Oktober 1993*, Göttingen, Vandenhoeck & Ruprecht, 1994, p. 41—49. — [*Écon.*]

VANCAMP, Bruno 1994: «Réflexions sur l'attitude de Platon, d'Aristophane et de Xénophon envers Socrate», dans S. Byl et L. Couloubaritsis (éd.), *Mythe et philosophie dans les* Nuées *d'Aristophane*, Bruxelles, Ousia, 1994, p. 174—190.

VANDER WAERDT, Paul A. 1993: «Socratic justice and self-sufficiency. The story of the Delphic oracle in Xenophon's *Apology of Socrates*», *Oxford Studies in Ancient Philosophy*, 11 (1993), p. 1—48.

VIANO, Cristina 2001: «La cosmologie de Socrate dans les *Mémorables* de Xénophon», dans G. Romeyer Dherbey (dir.) & J.-B. Gourinat (éd.), *Socrate et les socratiques*, Paris, Librairie philosophique J. Vrin, 2001 (Bibliothèque d'histoire de la philosophie. Nouvelle série), p. 97—119.

VILATTE, S. 1986: «La femme, l'esclave, le cheval et le chien. Les emblèmes du *kalos kagathos* Ischomaque», *Dialogues d'histoire ancienne*, 12 (1986), p. 271—294.

VLASTOS, Gregory 1991: *Socrates, Ironist and moral philoso-pher*, Ithaca (N.Y.), Cornell University Press, 1991, XII—334 p. (*cf.* chap. 3: «The evidence of Aristotle and Xenophon», p. 81—106); trad. française par C. Dalimier: *Socrate: ironie et philosophie morale*, Pads, Aubier, 1994 (Aubier-Philosophie), 455 p. (*cf.* chap. 3: «Le témoignage d'Aristote et celui de Xénophon», p. 117—150).

WATERFIELD, Robin 2004: «Xenophon's Socratic mission», dans C. Tuplin (éd.), *Xenophon and his World: Papers from a conference held in Liverpool in July 1999*, Stuttgart, Franz Steiner Verlag, 2004 (Historia Einzelschriften, 172), p. 79—113.

WILES, David 2000: «Théâtre dionysiaque dans le *Banquet* de Xénophon», *Cahiers du Groupe Interdisciplinaire du Théâtre Antique*, 13 (2000), p. 107—117.

WOHL, Victoria 2004: «Dirty dancing: Xenophon's *Symposium*», dans P. Murray & P. Wilson (éd.), *Music and the Muses. The culture of mousikê in the classical Athenian city*, Oxford, Oxford University Press, 2004, p. 337—363.

ZADOROJNYI, Alexei V. 1998: «Two reflections on Heraclitus», *Scholia*, n. s. 7 (1998), p. 62—71. — [*Mém.* I 2, 4.]

ZOEPFFEL, Renate 2001: «Sokrates und die Pythagoreer», dans H.L. Kessler (éd.), *Sokrates-Studien*, vol. 5: *Sokrates: Nachfolge und Eigenwege*, Zug, Die Graue Edition, 2001 (Die graue Reihe, 31), p. 167—200. — [*Écon.*]

色诺芬引用索引

其他古代作者引用索引

现代作者引用索引

作者

Tomás CALVO MARTÍNEZ, Université Complutense de Madrid

Louis-André DORION, Université de Montréal

Jean-Baptiste GOURINAT, CNRS (Paris)

Donald R. MORRISON, Rice University

Michel NARCY, CNRS (Villejuif)

Hugues-Olivier NEY, Université de Provence

Vana NICOLAÏDOU-KYRIANIDOU, Université de Thessalie

Domingo PLÁCIDO, Université Complutense de Madrid

François RENAUD, Université de Moncton

Livio ROSSETTI, Université de Pérouse

Alessanro STAVRU, Institut Oriental, Naples

Alonso TORDESILLAS, Université de Provence

译者附记

2009 年受刘小枫先生之托翻译这部论文集，其间的因缘想来也是巧妙；这份译稿且算是对 Tordesillas 先生自 2004 年以来诸多关照的一份小小的感谢。

译者长期在法国学习和生活，手边没有足够的中文参考资料，译文中古典原文段落均按论文作者所用法译本迻译，不恰切之处，恳请各位读者谅解。这里要特别感谢刘小枫先生审读初稿，并修正了通用人名、篇名及某些术语的译法。

译者对色诺芬作品的涵养有限，文集各位作者的文风亦有很大差异，有些表述颇为艰涩，译文中不妥、谬误之处难免，敬请读者诸君指出并予以批评。

译者谨识

2010 年底

校于 2011 年初夏

图书在版编目(CIP)数据

色诺芬与苏格拉底 / (法) 纳尔茨 (Narcy,M.),(法) 托尔德希拉斯 (Tordesillas,A.) 编;冬一,慈照译.
--上海:华东师范大学出版社,2012.12
(经典与解释. 色诺芬集)
ISBN 978-7-5675-0103-4
I.①色… II.①纳…②托…③冬… ④慈… III.①色诺芬(约前431~前355)-哲学思想-研究 IV.①B502.29

中国版本图书馆 CIP 数据核字(2012)第292395号

华东师范大学出版社六点分社

企划人 倪为国

色诺芬集

色诺芬与苏格拉底

编　　者　(法)纳尔茨　(法)托尔德希拉斯
译　　者　冬　一　慈　照
审读编辑　朱　茜
责任编辑　彭文曼
封面设计　童赟赟

出版发行　华东师范大学出版社
社　　址　上海市中山北路3663号　邮编　200062
网　　址　www.ecnupress.com.cn
电　　话　021-60821666　行政传真　021-62572105
客服电话　021-62865537
门市(邮购)电话　021-62869887
地　　址　上海市中山北路3663号华东师范大学校内先锋路口
网　　店　http://hdsdcbs.tmall.com

印 刷 者　上海景条印刷有限公司
开　　本　890×1240　1/32
插　　页　2
印　　张　11
字　　数　190千字
版　　次　2014年5月第1版
印　　次　2014年5月第1次
书　　号　ISBN 978-7-5675-0103-4/B.744
定　　价　48.00元

出 版 人　朱杰人

(如发现本版图书有印订质量问题,请寄回本社客服中心调换或者电话021-62865537联系)